GÉOGRAPHIE GÉNÉRALE

PHYSIQUE, POLITIQUE, ÉCONOMIQUE,

RÉDIGÉE D'APRÈS LES PROGRAMMES OFFICIELS
DE L'ENSEIGNEMENT CLASSIQUE ET SPÉCIAL

Par L. SANIS

CHEVALIER DE LA LÉGION D'HONNEUR, OFFICIER D'ACADÉMIE,
PROFESSEUR SPÉCIAL DE GÉOGRAPHIE DES COLLÉGES DE PARIS.

SIXIÈME ÉDITION

REVUE ET MODIFIÉE.

PARIS.

IMPRIMERIE ET LIBRAIRIE CLASSIQUES

De J. DELALAIN et FILS

RUE DES ÉCOLES, VIS-A-VIS DE LA SORBONNE.

GÉOGRAPHIE GÉNÉRALE.

GÉOGRAPHIE GÉNÉRALE

PHYSIQUE, POLITIQUE, ÉCONOMIQUE,

RÉDIGÉE D'APRÈS LES PROGRAMMES OFFICIELS
DE L'ENSEIGNEMENT CLASSIQUE ET SPÉCIAL

Par L. SANIS

CHEVALIER DE LA LÉGION D'HONNEUR, OFFICIER D'ACADÉMIE,
PROFESSEUR SPÉCIAL DE GÉOGRAPHIE DES COLLÉGES DE PARIS.

SIXIÉME ÉDITION

REVUE ET MODIFIÉE.

PARIS.

IMPRIMERIE ET LIBRAIRIE CLASSIQUES

De J. DELALAIN et FILS

RUE DES ÉCOLES, VIS-A-VIS DE LA SORBONNE.

Les publications géographiques de M. Sanis lui ont valu dix médailles
et un diplôme d'honneur dans les diverses Expositions nationales et
internationales.

GÉOGRAPHIE GÉNÉRALE.

INTRODUCTION.

Objet de la géographie. — Division de la géographie.—Termes de géométrie nécessaires pour l'intelligence du globe terrestre.

1. Objet de la géographie. — La *géographie* a pour objet la description de la terre ou du globe terrestre.

Le mot *géographie* est souvent accompagné de certains compléments , pour indiquer le point de vue particulier sous lequel on considère cette science : ainsi, la *Géographie ancienne*, la *Géographie historique du moyen âge*, la *Géographie historique moderne*, la *Géographie contemporaine*. ¹

La première traite des connaissances géographiques chez les peuples de l'antiquité; la deuxième s'occupe de la géographie des peuples qui ont vécu au moyen âge ; la troisième, de celle des peuples et des États pendant les temps modernes; la quatrième embrasse les connaissances géographiques actuelles.

2. Division de la géographie. — On divise la géographie en trois parties : la géographie *mathématique* ou *astronomique*, la géographie *physique*, la géographie *politique* et *économique*.

La géographie *mathématique* ou *astronomique* traite de la grandeur de la terre, de sa forme et de ses rapports avec les autres corps célestes.

La géographie *physique* ou *naturelle* décrit tout ce que Dieu a créé sur la terre : les mers, les continents, les îles, les montagnes, les fleuves, les rivières, etc.

La géographie *politique* et *économique*, considérant la terre comme séjour de l'homme, traite des nations qu'il a constituées, des villes qu'il a fondées, des chemins de fer, des routes et des canaux qu'il a établis, etc. Elle s'occupe aussi de ce qui a trait à la population, à l'agriculture, à l'industrie et au commerce de chaque pays.

Principaux termes de Géométrie
nécessaires pour l'intelligence du globe terrestre.

3. Objet de la géométrie. — L'objet de la *géométrie* est de considérer la matière par rapport à son étendue et d'examiner la forme des corps qui sont dans l'univers.

Parmi ces corps, les uns ont une forme *définie*, comme les corps sphériques et cubiques ; les autres ont une forme *irrégulière*, comme les pierres et les masses de terre.

Tous les corps possibles présentent à nos yeux trois dimensions : la *longueur*, la *largeur* et la *profondeur*.

4. Ligne. — On nomme *ligne* la longueur prise séparément.

La *ligne droite* est une suite de points successifs qui ont la même direction, comme AB (*fig. 1*).

La *ligne courbe* est une suite de points qui n'ont pas la même direction, comme ABC (*fig. 2*).

5. Surface. — La longueur et la largeur unies et considérées sous une même idée s'appellent *surface*.

La *surface plane* est celle qui est droite et unie : telle est sensiblement la surface d'une glace bien polie. On l'appelle aussi *plan*.

La *surface courbe* est celle qui n'est pas droite, comme celle d'une boule.

On distingue deux sortes de surfaces courbes : l'une nommée *convexe*, parce que ses parties s'arrondissent en dôme comme la surface de la terre ; l'autre s'appelle *concave*, parce que ses parties se creusent comme la surface apparente du ciel.

6. Solide. — La longueur, la largeur et la profondeur unies ensemble prennent le nom de *solide*.

7. Cube. — Un *cube* est un solide qui a six faces égales et la forme d'un dé à jouer.

8. Sphère. — On appelle *sphère* ou *globe* tout solide qui a la forme ronde comme une boule, et dont les lignes droites tirées du centre à la surface sont de même longueur.

1.

9. Cercle. — Le *cercle* est une surface terminée par une ligne courbe, dont tous les points sont également éloignés d'un point intérieur C qu'on appelle *centre* (*fig.* 3).

10. Circonférence. — La ligne courbe qui termine le cercle se nomme *circonférence*.

L'espace renfermé par cette ligne s'appelle *aire du cercle*.

On appelle *rayon* toute ligne droite tirée du centre à la circonférence, comme la ligne CR (*fig.* 3).

Un *diamètre* est une ligne droite qui passe par le centre du cercle et se termine de part et d'autre à la circonférence : telle est la ligne LM (*fig.* 3).

On est convenu de diviser la circonférence de tout cercle, grand ou petit, en 360 parties égales qu'on appelle *degrés*.

Un degré est, par conséquent, la 360ᵉ partie de la circonférence d'un cercle. La moitié de la circonférence est donc de 180 degrés, son tiers est de 120, son quart de 90, sa sixième partie de 60, sa huitième partie de 45.

Le degré se divise en 60 parties égales appelées *minutes*, la minute en 60 *secondes*, la seconde en *dixièmes*, etc.

On marque en abrégé les différentes parties du cercle de cette manière : 8° 15′ 40″7, c'est-à-dire huit degrés quinze minutes quarante secondes sept dixièmes, etc.

11. Angle. — Un *angle* est l'ouverture que font ou laissent entre elles deux lignes qui se réunissent en un point, comme NCO (*fig.* 4).

Le point de réunion des deux lignes qui forment l'angle s'appelle *sommet*.

L'*angle droit* est celui qui a pour mesure le quart de la circonférence du cercle ou un arc de 90°, comme NCO (*fig.* 4).

L'*angle aigu* est celui qui est mesuré par un arc moindre que 90°, comme NCK.

L'*angle obtus* est celui dont la mesure contient plus de 90°, comme NCI.

Tout angle se mesure par l'arc de cercle compris entre ses côtés et qui a pour centre le sommet de cet angle.

On nomme *complément* d'un angle ou d'un arc l'angle ou l'arc qu'il faut y ajouter pour aller à 90°.

On appelle *supplément* ce qu'il faut ajouter à un angle ou à un arc de cercle pour qu'il égale 180°.

12. Perpendiculaire. — Une ligne *perpendiculaire* est celle qui en rencontre une autre sans pencher plus d'un côté que de l'autre, et qui par conséquent fait avec elle des angles droits, comme CD (*fig.* 4) par rapport à la ligne AB.

13. Oblique. — Une ligne oblique est celle qui en rencontre une autre en s'inclinant plus d'un côté que de l'autre, comme la ligne EF par rapport à la ligne ST (*fig.* 5).

14. Parallèles. — Deux lignes ou deux plans sont *parallèles* quand ils conservent toujours la même distance dans tous leurs points : telles sont les lignes ST et VX (*fig.* 5).

15. Triangle. — On appelle *triangle* une figure composée de trois angles et de trois côtés (*fig.* 6).

Un triangle est *rectiligne* lorsque ses côtés sont des lignes droites (*fig.* 6). Il est *sphérique* si les lignes sont des portions de cercle (*fig.* 10).

Le triangle *équilatéral* est celui dont les trois côtés et les trois angles sont égaux (*fig.* 6).

Le triangle *isocèle* est celui qui a deux côtés et deux angles égaux (*fig.* 7).

Le triangle *scalène* est celui dont les trois côtés et les trois angles sont inégaux (*fig.* 8).

Le triangle *rectangle* est celui qui a un angle droit, comme GHL (*fig.* 9), dont l'angle H est droit.

Le triangle *acutangle* est celui dont les trois angles sont aigus (*fig.* 6 et 7).

Le triangle *obtusangle* est celui qui a un angle obtus : tel est l'angle N du triangle MNO (*fig.* 8).

Exercices. Les élèves dessineront sur papier les diverses figures et feront une légende explicative en regard de leur tracé.

GÉOGRAPHIE

MATHÉMATIQUE OU ASTRONOMIQUE.

NOTIONS GÉNÉRALES.

Forme de la terre. — Ses mouvements. — Sa grandeur. — Sphère terrestre. — Cercles de la sphère. — Horizon sensible. — Latitude. — Longitude. — Points cardinaux, points collatéraux, rose des vents.— Orientation sur terre. — Orientation sur mer. — Saisons. — Zones. — Manière de représenter la terre. — Globe, planisphère, mappemonde, cartes. — Orientation des cartes.

16. Forme de la terre. — La terre est un sphéroïde aplati aux pôles et renflé à l'équateur ; mais on la représente ordinairement sous la forme d'une sphère ou boule.

La jonction apparente du ciel et de la terre que nous remarquons autour de nous lorsque nous sommes en rase campagne ou en pleine mer, la forme conique de l'ombre de la terre dans les éclipses de lune, les voyages autour du monde, et la disparition successive d'abord de la coque, puis des mâts d'un navire, à l'horizon, prouvent la sphéricité de la terre.

17. Mouvements de la terre. — La terre a deux mouvements : l'un de *rotation*, en tournant sur elle-même dans l'espace de vingt-quatre heures, ce qui produit le jour et la nuit; l'autre de *translation*, en gravitant autour du soleil dans l'espace de trois cent soixante-cinq jours, cinq heures, quarante-huit minutes, quarante-sept secondes, ce qui constitue l'année dite tropique.

18. Grandeur de la terre. — Le diamètre moyen de la terre est environ de 13,000 kilomètres. Sa circonférence est environ de 40,000 kilomètres. Sa superficie entière est estimée à 524 millions de kilomètres carrés.

19. Sphère terrestre. — Pour déterminer la situation mathématique ou astronomique des divers lieux de la terre, on

construit des *sphères* sur lesquelles on trace des *lignes ima-
ginaires.*

20. Cercles de la sphère. — L'*axe* de la terre est la ligne
droite NS, qui est supposée passer par le centre de la terre
(*fig.* 12).

Les *pôles* de la terre (*fig.* 12) sont les deux extrémités N et S
de l'axe immobile sur lequel le globe terrestre semble tourner
comme sur un essieu.

Celui qui est dans la direction de la constellation de l'Ourse
se nomme *pôle arctique* ou *pôle nord*, et l'autre se nomme
pôle antarctique, parce qu'il est opposé à l'arctique, ou *pôle
sud*, parce qu'il est dans la direction du midi par rapport
à nous.

On appelle *grands cercles* de la terre (*fig.* 12) les cercles qui
divisent la sphère terrestre en deux parties égales ou *hémisphères :*
ce sont l'*équateur* et les *méridiens.*

L'équateur OE (*fig.* 12) est un grand cercle également
distant des pôles de la terre qui partage le globe terrestre
en deux hémisphères. Celui qui est du côté du nord s'appelle *hémisphère septentrional*, et celui du sud, *hémisphère
méridional.*

L'équateur s'appelle encore *ligne équinoxiale*, parce qu'il
y a équinoxe lorsque le soleil paraît arriver à ce cercle, c'est-
à-dire que les jours sont égaux aux nuits pour tous les habitants de la terre.

Les *méridiens* (*fig.* 11) sont de grands cercles qui cou-
pent perpendiculairement l'équateur et qui passent par les
deux pôles.

Les *petits cercles* de la terre (*fig.* 11 et 12) sont des
parallèles à l'équateur qui divisent la sphère terrestre en parties inégales.

On en distingue quatre principaux : les deux *tropiques* et les
deux *cercles polaires.*

Les *tropiques* (*fig.* 12) sont des cercles parallèles à l'équateur,
dont ils sont éloignés de 23° 29'. Celui qui est dans l'hémisphère
septentrional se nomme *tropique du Cancer*, et celui qui
est dans l'hémisphère méridional s'appelle *tropique du Capricorne.*

Les *cercles polaires* (*fig.* 12) sont aussi parallèles à l'équateur, dont ils sont éloignés de 66° 31'; ils sont situés à 23° 29' des pôles dont ils tirent leurs noms. Celui de l'hémisphère septentrional s'appelle *cercle polaire arctique*, et celui de l'hémisphère méridional, *cercle polaire antarctique*.

21. Horizon sensible. — L'*horizon sensible* est le plan qui est tangent à chaque point de la surface de la terre et perpendiculaire à sa verticale, ou plus simplement le plus grand espace de terre ou de mer que l'on peut découvrir lorsqu'on est en rase campagne ou en pleine mer.

Il suit de là que tous les habitants de la terre ont des horizons différents.

On nomme *zénith* le point de la verticale qui atteint le ciel au-dessus de notre tête. Le *nadir* est le point du ciel opposé au zénith et situé de l'autre côté de la sphère.

22. Latitude. — On appelle *latitude* (*fig.* 10) la distance d'un lieu quelconque de la terre à l'équateur.

La distance du pôle arctique à l'équateur forme la *latitude nord* ou *septentrionale*. La distance du pôle antarctique à l'équateur forme la *latitude sud* ou *méridionale*.

Il suit de là que la latitude est nulle à l'équateur et que la plus grande latitude d'un lieu ne dépasse pas le quart du méridien ou 90°. Il y a donc 90° de latitude nord et 90° de latitude sud.

23. Longitude. — On appelle *longitude* (*fig.* 11) la distance du méridien d'un lieu à un méridien principal ou convenu.

Le méridien convenu coupant la terre en deux hémisphères donne lieu à deux longitudes : la *longitude est* ou *orientale* et la *longitude ouest* ou *occidentale*.

La *longitude est* est la distance du méridien d'un lieu à un méridien principal dans l'hémisphère oriental. La *longitude ouest* est la distance du méridien d'un lieu au même méridien principal dans l'hémisphère occidental.

Il suit de là que la plus grande longitude d'un lieu est de la moitié de la circonférence de l'équateur ou de 180°. Il y a donc 180° de longitude est et 180° de longitude ouest.

24. Application de la latitude et de la longitude. — La latitude et la longitude servent à déterminer la situation mathématique des différents lieux de la terre.

L'Europe, l'Asie et l'Amérique du Nord, étant situées dans l'hémisphère septentrional, appartiennent à la latitude nord.

L'équateur, coupant l'Afrique et l'Amérique méridionale de l'est à l'ouest, divise ces parties du monde en latitude méridionale et en latitude septentrionale.

L'Australie, située dans l'hémisphère méridional, appartient à la latitude sud.

La France a adopté pour méridien principal celui qui passe par l'observatoire de Paris. Ce méridien coupe l'Europe et l'Afrique du nord au sud et divise ces parties en longitude orientale et en longitude occidentale. D'après ce méridien, l'Asie et l'Australie appartiennent à la longitude orientale et les deux Amériques à la longitude occidentale.

25. Points cardinaux, points collatéraux, rose des vents. — Les *points cardinaux* sont quatre points de l'horizon éloignés les uns des autres de 90°.

Ces points sont : 1° le *nord* ou *septentrion*, qui est le point où se trouve le pôle arctique ; 2° le *sud* ou *midi*, qui est le point diamétralement opposé au nord, et où se trouve le pôle antarctique ; 3° l'*est*, le *levant*[1] ou l'*orient*, placé sur l'horizon à main droite en regardant le nord ; 4° l'*ouest*, le *couchant*[2] ou l'*occident*, placé aussi sur l'horizon, mais à main gauche.

En écriture, on abrége les points cardinaux de cette manière : N., E., S., O. (*fig.* 12).

Les *points collatéraux* se trouvent aussi sur l'horizon, entre les points cardinaux, dont ils sont éloignés de 45° ; ils le sont entre eux de 90. Ils partagent, par conséquent, l'horizon en quatre parties égales.

Ces points sont : 1° le *nord-est*, placé entre le nord et l'est ; 2° le *nord-ouest*, placé entre le nord et l'ouest ; 3° le *sud-ouest*,

1. On le nomme ainsi parce que le soleil paraît se lever tous les jours de ce côté.

2. Il est ainsi appelé parce que c'est de ce côté que le soleil semble se coucher.

placé entre le sud et l'ouest ; 4° le *sud-est*, placé entre le sud et l'est.

En écriture, on abrége ainsi les points collatéraux : N. E., N. O., S. O., S. E.

En divisant en deux les deux arcs compris entre les points cardinaux et les points collatéraux, puis encore en deux les arcs ainsi obtenus, on a partagé l'horizon en 32 arcs, chacun de 11°15, constituant le *rhumb* ou *rose des vents,* dont les marins se servent en mer pour indiquer de quel côté le vent souffle.

26. Orientation sur la terre.—Orienter un lieu de la terre, c'est déterminer les points cardinaux par rapport à ce lieu. Si nous prenons la ville de Paris pour exemple, nous voyons que, par rapport à cette ville, Châlons-sur-Marne est situé à l'est, Évreux à l'ouest, Orléans au sud et Amiens au nord.

27. Orientation sur la mer. — Pour s'orienter sur la mer et indiquer la marche d'un navire, on se sert d'un instrument appelé *boussole* ou *compas de mer.* Cet instrument se compose d'une *rose des vents* et d'une *aiguille aimantée* mobile, dont la propriété est de se mettre toujours dans la direction du nord au sud. Prolongez de part et d'autre la ligne de l'aiguille jusqu'à l'horizon, ses extrémités seront les pôles magnétiques ; ils diffèrent des pôles terrestres d'un arc qui est aujourd'hui de 18° environ : c'est ce qu'on appelle la déclinaison de l'aiguille aimantée.

28. Saisons. — Les *saisons* sont dues à la révolution annuelle de la terre autour du soleil. La terre s'élève du tropique du Capricorne au tropique du Cancer, puis redescend au point de départ. Le soleil étant à l'équateur, c'est l'équinoxe : la durée de la nuit est égale à la durée du jour par toute la terre. De ce moment à celui où il touche au tropique du Cancer, l'hémisphère septentrional, qui contient la France, a le *printemps ;* puis il revient du tropique du Cancer à l'équateur, c'est l'*été,* entre le solstice d'été et l'équinoxe d'automne ; en continuant de descendre, il atteint le solstice du capricorne : c'est l'*automne,* de l'équinoxe d'automne au solstice d'hiver ; enfin il remonte du tropique du Capricorne à l'équateur : c'est l'*hiver,* entre le solstice d'hiver et l'équinoxe du printemps, où a commencé son mouvement annuel. Le printemps dure près de 93 jours, l'été 93 jours et demi, l'automne 89 jours et demi, l'hiver 89 jours.

29. Zones. — Une *zone* est une partie de la surface terrestre comprise entre deux cercles parallèles. Chaque zone a un nom spécial suivant la température de son atmosphère.

Il y a cinq zones : une *torride*, deux *tempérées* et deux *glaciales* (*fig. 12*).

La *zone torride* est l'espace compris entre les deux tropiques. On la nomme *torride* à cause des chaleurs excessives que le soleil y cause. L'équateur passe par le milieu et la divise en *torride méridionale* et en *torride septentrionale*. Elles ont chacune 23°29' de largeur.

Les *zones tempérées* sont les espaces compris entre les tropiques et les cercles polaires. On les nomme *tempérées* parce qu'elles sont exemptes des grandes chaleurs et des grands froids.

Il y a deux zones tempérées : l'une *septentrionale*, qui s'étend depuis le tropique du Cancer jusqu'au cercle polaire arctique ; l'autre *méridionale*, comprise entre le tropique du Capricorne et le cercle polaire antarctique. Elles ont chacune 43° de largeur.

Les *zones glaciales* sont les espaces compris entre les cercles polaires et les pôles. On les nomme *glaciales* à cause du froid excessif qui y règne.

Il y a deux zones glaciales : l'une, qui s'étend depuis le cercle polaire arctique jusqu'au pôle arctique, est la *zone glaciale arctique*; l'autre, qui est située entre le cercle polaire antarctique et le pôle antarctique, est la *zone glaciale antarctique*. Elles ont chacune 23°29' de largeur.

30. Division des terres d'après les zones. — L'Europe tout entière, à l'exception d'une petite partie de l'extrême nord appartient à la zone tempérée, parce qu'elle est située entre le tropique du Cancer et le cercle polaire arctique.

La partie sud de l'Asie appartient à la zone torride, le centre à la zone tempérée et le nord à la zone glaciale, parce que cette partie de l'ancien continent s'étend au sud jusqu'à l'équateur et est coupée au nord par le cercle polaire arctique.

Le nord de l'Afrique appartient à la zone tempérée, le centre à la zone torride et le sud à la zone tempérée, parce que cette partie du monde est coupée au nord par le tropique du Cancer et au sud par le tropique du Capricorne.

Le sud de l'Amérique du Nord appartient à la zone torride, la partie septentrionale à la zone glaciale et le centre à la zone tempérée, parce que cette grande presqu'île est coupée au nord par le cercle polaire arctique et au sud par le tropique du Cancer.

Le nord de l'Amérique méridionale appartient à la zone torride et le sud à la zone tempérée, parce que cette presqu'île est coupée au sud par le tropique du Capricorne.

Le nord de l'Australie est sur la zone torride et le sud sur la zone tempérée, parce que cette grande île est coupée par le tropique du Capricorne.

Manière de représenter la terre.

31. Globe, planisphère, mappemonde, cartes.—Pour représenter la terre on se sert de *globes*, de *mappemondes* ou de *cartes*.

Un *globe* est une sphère sur laquelle on dessine les terres et les eaux qui composent la surface du globe terrestre.

On appelle *mappemonde* ou *planisphère* une carte qui représente le globe divisé en deux surfaces planes et égales. Chaque moitié de la mappemonde est un *hémisphère*.

On donne le nom de *cartes géographiques* à des plans qui représentent une certaine étendue de la surface de la terre. Une collection de cartes prend le nom d'*atlas*.

32. Orientation des cartes.—Sur les cartes géographiques, le nord est placé au haut de la carte, l'est à droite, le sud au bas, l'ouest à gauche.

Exercices. Les élèves feront un premier tracé des grands et des petits cercles du globe pour se rendre compte des latitudes et des longitudes, un second tracé des points cardinaux et collatéraux, et un troisième tracé pour déterminer les cinq grandes zones : chacun de ces tracés sera accompagné d'une légende explicative.

GÉOGRAPHIE

PHYSIQUE, POLITIQUE ET ÉCONOMIQUE.

CHAPITRE I.

Notions préliminaires.

Divisions de la surface du globe terrestre en terres et en eaux. —Termes relatifs aux terres. — Termes relatifs aux eaux. — Définitions relatives à l'atmosphère. — Grandes divisions du globe terrestre. — Divisions et subdivisions de l'Océan. — Orientation des océans. — Superficie. — Population. — Races humaines. — Langues. — Religions. — Gouvernements.

33. Divisions de la surface du globe terrestre. — La surface du globe terrestre se compose de *terres* et d'*eaux*, ou de *continents*, d'*îles* et de *mers*.

Les eaux occupent les trois quarts de la superficie du globe.

De sa surface jusqu'à une distance de trente-deux kilomètres en hauteur, le globe terrestre est entouré de gaz ou air, dont la masse est appelée *atmosphère*.

Définitions des termes relatifs aux terres.

34. Divisions naturelles des terres. — Les continents, les îles, les archipels, les presqu'îles, les péninsules, les isthmes, les caps, les montagnes, les collines, les plateaux, les plaines, les vallées, les côtes, les plages, les falaises, les dunes, les récifs, les versants, les bassins, forment les divisions naturelles des terres.

Un *continent* est une vaste étendue de terre entourée d'eau de tous côtés.

Une *île* est une étendue de terre entourée d'eau de tous côtés plus petite que le continent.

Un certain nombre d'îles rapprochées les unes des autres forment un *archipel*.

Une *presqu'île* est une portion de continent entourée d'eau de tous côtés, excepté par un seul endroit. Une *péninsule* est une presqu'île qui tient au continent par une base d'une plus grande étendue.

Un *isthme* est une langue de terre qui joint une presqu'île à un continent ou à une autre presqu'île.

Un *cap* ou *promontoire* est une portion de terre élevée qui s'avance dans la mer.

Une grande élévation de terre forme une *montagne*.

Une *chaîne de montagnes* est une suite de montagnes qui se tiennent par leur base et se prolongent à une grande distance. On nomme *massif* l'agglomération de plusieurs chaînes qui se séparent ensuite en divers sens.

Le *faîte* d'une montagne en est la partie la plus élevée ; il est généralement couvert de sommets isolés et élevés qu'on appelle, suivant leurs formes, *pic, dent, ballon, puy*.

Entre les sommets qui surmontent le faîte d'une chaîne, il y a des parties basses servant de passages ; elles reçoivent les divers noms de *col, défilé, port, pas, gorges, portes*.

Un *volcan* est une montagne qui vomit des matières embrasées. L'ouverture se nomme *cratère*.

Une *colline* est une élévation de terre plus petite qu'une montagne.

Un *plateau* est une terre élevée qui présente une surface unie. Un *cirque* est un plateau élevé entouré de montagnes.

Une *plaine* est une grande surface de terre unie et sans pentes sensibles.

Une *vallée* est un enfoncement prolongé entre des montagnes ou des collines. Un *vallon* est une petite vallée.

Les extrémités des continents et des îles forment les *côtes*. On nomme *plage* une côte plate et découverte.

Les *falaises* sont des terres et des rochers escarpés situés le long des côtes. On appelle *dunes* des monticules ou collines de sable qui s'étendent le long des bords de la mer.

Les *récifs* sont des rochers à fleur d'eau dans la mer.

Toutes les pentes des terres qui envoient leurs eaux courantes dans un océan ou une mer forment un *versant*, qui prend le nom de cette mer.

Toutes les pentes des terres qui envoient leurs eaux courantes dans un fleuve forment le *bassin* de ce fleuve.

Définitions des termes relatifs aux eaux.

35. Divisions naturelles des eaux. — L'océan universel ou la mer, les océans, les mers intérieures, les golfes, les baies, les anses, les rades, les ports, les détroits, les pertuis, les manches, les lacs, les étangs, les fleuves, les rivières, les sources, forment les divisions naturelles des eaux.

Toutes les eaux stationnaires et salées qui occupent les grands enfoncements de la terre, et qui couvrent les trois quarts de la surface du globe, prennent le nom universel d'*océan* ou de *mer*. Pour désigner une portion de l'océan universel, on ajoute au mot *océan* un qualificatif : *océan Atlantique, Grand océan*.

L'océan est soumis à des *marées*. Il s'y rencontre des *courants*. La partie voisine des pôles est sillonnée par des *banquises* de glace.

La *marée* est le mouvement périodique des eaux de la mer qui deux fois en vingt-quatre heures recouvrent les côtes jusqu'à une certaine distance, puis se retirent du rivage. Ce mouvement est dû à l'attraction exercée sur la terre par le soleil et surtout par la lune, quand ces deux astres se trouvent au-dessus des eaux par suite de la rotation diurne de la terre.

Un *courant* est un mouvement continu d'eaux de la mer le long des côtes et sur une vaste étendue, ce qui peut faciliter la navigation.

Les *banquises* sont d'énormes montagnes de glace qui se forment sur les côtes baignées par les mers polaires, qui s'en détachent, flottent au hasard, brisent quelquefois les navires ou les emprisonnent pendant des mois entiers.

Une *mer intérieure* ou *méditerranée* est une portion d'océan située dans l'intérieur des terres et jointe en général par un détroit à la grande masse des eaux. Ces mers n'ont ni marée ni courant.

Une portion de mer qui s'avance dans les terres forme un *golfe*. Les *baies*, les *anses*, les *rades* et les *ports* sont de petits golfes.

Un *détroit* est une portion de mer resserrée entre deux terres fort proches l'une de l'autre. Les *pertuis*, les *pas*, les *manches* et les *canaux maritimes* sont des détroits.

Un *lac* est un grand amas d'eau dormante ; il peut être traversé par un cours d'eau.

Un *étang* est un amas d'eau dormante généralement plus petit qu'un lac.

Un *marais* est un amas d'eau peu profond dans l'intérieur des terres.

Les *lagunes* sont des étangs situés sur le bord des mers.

Un *fleuve* est un grand cours d'eau qui porte le même nom depuis sa source jusqu'à la mer.

Une *rivière* est un cours d'eau qui se jette dans un fleuve ou dans une autre rivière.

Un cours d'eau moins important qu'un fleuve et se rendant directement à la mer est aussi qualifié du nom de *rivière*.

Un *ruisseau* est un petit cours d'eau qui va grossir un fleuve ou une rivière. Un *torrent* est un cours d'eau très-rapide qui n'existe généralement que pendant la fonte des neiges ou les grandes pluies sur la pente des montagnes.

Un cours d'eau qui se jette dans un autre cours d'eau prend le nom d'*affluent*. Le point de réunion de deux cours d'eau s'appelle *confluent*.

La *rive droite* d'un fleuve ou d'une rivière est à main droite de la personne qui suit le courant de l'eau. La *rive gauche* est du côté opposé.

Une *source* est une eau qui sort de l'intérieur de la terre pour commencer à couler sur sa surface. Les sources font les fleuves et les rivières ; mais quelquefois aussi ce n'est qu'un filet d'eau. Si l'eau est imprégnée de certains corps chimiques, la source est dite *minérale*.

L'endroit où les eaux d'un fleuve se jettent dans la mer se nomme *embouchure*.

Lorsqu'un fleuve se divise en plusieurs branches avant de se jeter dans la mer, toutes ses branches prennent le nom de *bouches* du fleuve. On appelle *delta* l'espace compris entre la mer et les branches extrêmes d'un fleuve. Un *estuaire* est l'embouchure d'un fleuve quand elle est large.

On appelle *barre de sable* un amas de sable qui s'accumule à l'entrée d'un port ou à l'embouchure d'un fleuve ; *barre d'eau* ou *mascaret*, le refoulement des eaux d'un grand fleuve par la marée.

Définitions relatives à l'atmosphère.

36. L'atmosphère. — L'*atmosphère* est la masse d'air qui entoure notre globe. En couche peu épaisse elle est incolore; en masse, elle paraît bleue. Les principaux éléments de l'air atmosphérique sont : l'oxygène, indispensable à la respiration et à la combustion; l'azote et l'acide carbonique, qui sont d'une grande importance dans la vie des plantes ; la vapeur d'eau, en quantité plus ou moins considérable, qui forme les nuages et se résout en pluie et en rosée.

Les *vents* sont des courants d'air de vitesse variable, soufflant dans toutes les directions.

Les *ouragans* sont des vents d'une violence extrême, qui brisent les arbres et renversent parfois des parties d'édifice.

Les *moussons* sont des vents périodiques, qui soufflent dans la mer des Indes, du 15 avril au 15 octobre du sud-ouest, du 15 octobre au 15 avril du nord-ouest.

Les *nuages*, tantôt flocons légers, tantôt masses profondes et sombres, sont des vésicules creuses ou des gouttelettes pleines dues à une première condensation de la vapeur d'eau.

La *pluie* est la précipitation liquide des vapeurs aqueuses. Elle tombe en quantité plus ou moins grande suivant les pays.

La *rosée* est la vapeur d'eau, contenue dans l'atmosphère, qui se condense, surtout sur les plantes, en gouttelettes très-déliées.

On appelle *climat* la température d'un lieu. Le climat varie suivant les saisons, les zones, la direction des vents, la fréquence des nuages et des pluies, et la proximité de la mer ou des montagnes.

Grandes divisions du globe terrestre.

37. Division des continents. — Le globe terrestre renferme deux vastes étendues de terres, une très-grande île et de nombreux archipels.

La plus grande de ces terres prend le nom d'*ancien continent,* parce que c'est celle qui est connue depuis le plus longtemps.

L'autre terre est nommée *nouveau continent*, parce qu'elle n'est connue que depuis la fin du quinzième siècle.

La grande île découverte au seizième siècle, et désignée sous le nom d'*Australie*, forme un troisième continent.

Le monde connu des anciens se bornait à l'Europe, moins les pays compris entre le Rhin et le Danube et ceux qui sont situés au delà de la mer Baltique et des côtes de la mer Noire, aux côtes septentrionales de l'Afrique et à l'Égypte, à la partie occidentale de l'Asie depuis l'isthme de Suez jusqu'à la mer Caspienne et à l'Indus.

Les trois continents se subdivisent en cinq parties, qu'on nomme les cinq parties du monde : 1° l'*Europe*, 2° l'*Asie*, 3° l'*Afrique*, 4° l'*Amérique*, 5° l'*Océanie*.

1° L'*ancien continent* comprend l'*Asie*, l'*Europe* et l'*Afrique*. L'*Asie*, qui est la plus grande de ces parties, est située au N. E. par rapport aux autres. — L'*Europe*, qui est la plus petite, est située au N. O. — L'*Afrique* est située au S. O. et rattachée à l'Asie par l'isthme de Suez.

2° Le *nouveau continent* comprend l'*Amérique*, qui est formée de deux parties distinctes : l'une au N., qu'on appelle *Amérique septentrionale*, et l'autre au S., qu'on nomme *Amérique méridionale;* ces deux parties se joignent par l'isthme de Panama.

3° L'*Australie*, qui est située au S. E. de l'Asie, forme le *troisième continent* et prend le nom d'*Océanie* avec les nombreuses îles qui l'environnent.

38. Configuration des continents. — L'Europe et l'Asie ont des formes très-irrégulières à cause des mers intérieures qui contournent de nombreuses presqu'îles. L'Afrique a une forme triangulaire. L'Amérique se compose elle-même de deux grandes péninsules. L'Australie forme une espèce de parallélogramme d'un périmètre très-irrégulier.

Divisions de l'Océan.

39. Divisions de l'Océan. — On divise l'Océan en cinq grandes parties, et on leur donne un nom particulier pour les distinguer les unes des autres : *océan Atlantique*, *océan Indien*, *Grand Océan*, *océan Glacial arctique*, *océan Glacial antarctique*[1].

1º L'*océan Atlantique* est la partie de l'Océan, comprise entre les cercles polaires, qui baigne les côtes occidentales de l'ancien continent et les côtes orientales du nouveau continent.

2º L'*océan Indien* est la partie de l'Océan qui baigne l'Afrique à l'E., l'Asie au S., l'Australie à l'O., et qui s'étend vers le sud jusqu'au cercle polaire antarctique.

3º Le *Grand océan* est la partie de l'Océan, située entre les deux cercles polaires, qui baigne les côtes orientales de l'ancien continent et de l'Australie et les côtes occidentales du nouveau continent.

4º L'*océan Glacial arctique* est la partie de l'Océan qui baigne l'ancien et le nouveau continent du côté du nord, et qui s'étend depuis le cercle polaire arctique jusqu'au pôle arctique. Cet océan est rempli de glaces.

5º L'*océan Glacial antarctique* est la partie de l'Océan qui s'étend depuis le cercle polaire antarctique jusqu'au pôle antarctique.

Subdivision des océans.

40. Océan Atlantique. — L'océan Atlantique se subdivise en trois parties :

1º La partie située entre les deux tropiques, que l'on désigne sous le nom d'*océan Atlantique central* ou *équinoxial;*

2º La partie comprise entre le tropique du Cancer et le cercle polaire arctique, que l'on nomme *océan Atlantique boréal;*

3º La partie située entre le tropique du Capricorne et le cercle polaire antarctique, que l'on appelle *océan Atlantique austral.*

Dans l'océan Atlantique se trouve le grand courant appelé *gulf stream;* de l'île de l'Ascension, en Afrique, il gagne à tra-

1. L'océan Glacial arctique et l'océan Glacial antarctique sont aussi désignés sous le nom de *mers polaires*, parce qu'ils occupent la région des pôles.

2.

vers l'océan Atlantique la mer des Antilles, qu'il contourne, ainsi que le golfe du Mexique, remonte vers le nord jusqu'au banc de Terre-Neuve et va se perdre, partie au Spitzberg, partie le long de la Bretagne française et dans le golfe de Gascogne. Un autre courant part du Brésil et suit toute la côte orientale de l'Amérique jusqu'au détroit de Magellan.

41. Océan Indien. — L'océan Indien se divise en deux parties :

1° La partie nord de cette grande mer, qui est connue sous le nom d'*océan Indien septentrional* ou *mer des Indes ;*

2° La partie sud, qui s'appelle *océan Indien austral.*

42. Grand océan. — On divise le Grand océan en trois grandes mers :

1° La partie comprise entre les deux tropiques, qui prend le nom de *Grand océan équatorial* ou *équinoxial,* ou *océan Pacifique ;*

2° La partie située entre le tropique du Cancer et le cercle polaire arctique, qu'on appelle *Grand océan boréal ;*

3° La partie qui est entre le tropique du Capricorne et le cercle polaire antarctique, qu'on nomme *Grand océan austral* ou *mer du Sud* [1].

Le Grand océan a ses courants comme l'océan Atlantique. Le plus important, le *Kuro-Siwo,* né sur les côtes de l'Hindoustan, remonte le long de la Chine et du Japon, pénètre en partie dans la mer de Behring, et va en partie se perdre sur les côtes de l'Amérique anglaise et de la Californie.

Orientation des océans.

43. Océan Atlantique. — L'océan Atlantique central ou équinoxial a pour limites, à l'E., l'Afrique ; à l'O., les deux Amériques ; au S., l'océan Atlantique austral ; au N., l'océan Atlantique boréal.

L'océan Atlantique boréal est borné, à l'E., par l'Europe ; à l'O., par l'Amérique du Nord ; au S., par l'océan Atlantique

---

1. Les deux océans polaires n'ont pas de subdivisions.

central; au N., par l'océan Atlantique central; au N., par l'océan Glacial arctique.

L'océan Atlantique austral est borné, à l'E., par l'Afrique et l'océan Indien austral; à l'O., par l'Amérique du Sud et la mer du Sud; au N., par l'océan Atlantique central; au S., par l'océan Glacial antarctique.

44. Océan Indien. — L'océan Indien septentrional ou mer des Indes est borné, à l'E., par l'Australie; à l'O., par l'Afrique; au S., par l'océan Indien austral; au N., par l'Asie.

L'océan Indien austral a pour limites, à l'E., l'Australie et la mer du Sud; à l'O., l'Afrique et l'océan Atlantique austral; au S., l'océan Glacial antarctique; au N., l'océan Indien septentrional.

45. Grand océan. — Le Grand océan équatorial ou équinoxial, ou océan Pacifique, a pour limites, à l'E., les deux Amériques; à l'O., l'Australie et l'Asie; au N., le Grand océan Boréal; au S., le Grand océan Austral.

Le Grand océan Boréal a pour limites, au N., le détroit de Béring, qui le fait communiquer à l'océan Glacial arctique; au S., le Grand océan équatorial; à l'E., l'Amérique du Nord; à l'O., l'Asie.

Le Grand océan austral ou mer du Sud est limité, à l'E., par l'Amérique; à l'O., par l'Australie et l'océan Indien Austral; au N., par le Grand océan équatorial; au S., par l'océan Glacial antarctique.

Notions de statistique.

46. Population. — L'homme s'élève au-dessus de tous les êtres qui vivent sur la terre par sa constitution et son intelligence; son tempérament et son industrie lui permettent d'habiter sur tous les points du globe.

La population des cinq parties de la terre est estimée à près d'un milliard et demi d'habitants.

47. Races humaines. — L'homme est unique et partout le même : il ne diffère que par la forme de la tête, les cheveux, les traits du visage, la couleur, etc.; ce qui est probablement dû aux climats, à la nourriture, aux habitudes, et autres causes secondaires.

L'espèce humaine, ou, pour mieux dire, le règne humain, se divise en trois grandes races principales, subdivisées en un certain nombre de branches particulières.

1° La *race blanche* a la peau blanche et la figure ovale, un front large, des yeux grands et les cheveux fins, quelquefois bouclés : elle occupe l'Europe, l'Asie occidentale et l'Afrique septentrionale ; cette race a formé partout de nombreuses colonies, particulièrement en Amérique.

2° La *race jaune* a la peau jaunâtre, le visage large et aplati, les yeux très-longs et obliques, les cheveux noirs et roides : elle habite la partie orientale de l'Asie et presque toute l'Océanie ; on la trouve aussi en Amérique.

3° La *race nègre* a la peau noire, le front déprimé, la tête étroite, le nez large et épaté, les lèvres grosses, les cheveux laineux : elle est répandue en Afrique et dans l'Océanie méridionale ; elle a été réduite à l'esclavage et transportée en Amérique.

On distingue encore quelques variétés de races moins nombreuses : celles des *Fellatahs*, au teint rougeâtre, dans le centre de l'Afrique ; des *Cafres*, au teint gris d'ardoise, et des *Hottentots*, au teint brun foncé ou jaune-brun, dans le sud de l'Afrique ; des *Malais*, au teint olivâtre, dans l'ouest de l'Océanie jusqu'à Madagascar ; des *Polynésiens*, au teint basané ou jaune citron clair, à l'est de l'Océanie ; la race *américaine* ou *rouge*, au teint rouge cuivré, qui comprend les indigènes des deux Amériques.

48. Langues. — La philologie compte environ deux mille langues diverses, qu'elle a essayé de classer. On n'a obtenu de résultat à peu près certain que pour les langues de l'Europe, que l'on a rangées, sauf quelques exceptions, sous la dénomination générale de *langues indo-européennes*. Les principales sont en Europe : le *grec*, le *latin* et leurs dérivés, le *français*, l'*italien*, l'*espagnol*, etc.; le *tudesque* ou *germain* et ses dérivés, l'*allemand*, le *danois*, le *suédois*, l'*anglais*, etc.; le *slave* et ses dérivés, le *russe*, le *polonais*, le *croate*, etc. On distingue en Asie : le *turc*, l'*arménien*, le *sanscrit*, le *chinois*, le *tartare*, le *japonais*, etc.; en Afrique : l'*égyptien*, l'*abyssinien*, le *berbère*, le *cafre*, etc.; en Amérique : l'*iroquois*, l'*aztèque*, le *péruvien*, etc.; en Océanie : le *malais*, le *polynésien*, etc.

49. Religions. — Les religions pratiquées par les hommes peuvent se résumer en deux grandes classes : les *monothéistes*, qui ne reconnaissent qu'un Dieu, et les *polythéistes*, qui en admettent plusieurs.

Parmi les religions monothéistes on distingue :

1° Le *christianisme*, qui reconnaît la révélation de Moïse, celle des prophètes et celle qui a été apportée par le Messie, N. S. Jésus-Christ; il est répandu dans les cinq parties du monde, principalement en Europe et en Amérique; il se subdivise en trois branches : le *catholicisme*, qui admet la tradition et l'autorité du pape, successeur de saint Pierre; l'*église grecque*, qui s'est séparée du catholicisme; le *protestantisme*, qui s'est détaché également du catholicisme et est divisé en plusieurs sectes;

2° Le *judaïsme*, qui n'admet de révélation que celle que Moïse et les prophètes ont faite à l'ancien peuple hébreu : les juifs, dispersés par toute la terre, attendent encore le Messie annoncé par les prophètes;

3° Le *mahométisme* ou *islamisme*, qui a été fondé par Mahomet et qui est répandu dans l'Asie occidentale, l'Afrique septentrionale et la Turquie d'Europe.

Parmi les cultes polythéistes ou païens, on distingue :

1° L'ancien *paganisme grec et romain*, aujourd'hui abandonné;

2° Le *brahmanisme*, qui admet un dieu suprême, *Indra*, et au-dessous de lui une trinité composée de *Brahma*, le dieu créateur, *Vichnou*, le dieu conservateur, et *Siva*, le dieu destructeur; c'est la religion des Indiens;

3° Le *bouddhisme*, répandu dans l'Indo-Chine, la Chine et le Japon, qui admet la transmigration des âmes et l'absorption finale de l'homme en Dieu ou leur anéantissement;

4° Le *fétichisme*, qui rend un culte à des animaux, à des plantes, même à des pierres, dont il fait des dieux.

50. Gouvernements. — L'homme n'aime que la famille lorsqu'il est à l'état sauvage; il aime la famille et la tribu lorsqu'il commence à se former en société ; il aime la famille, la cité et la patrie lorsqu'il est civilisé.

La *famille*, qui a été la première forme d'association humaine, s'est agrandie successivement dans la tribu et dans l'État.

Une *tribu* est un petit nombre de familles réunies en société.

On entend par *État* une portion de la surface terrestre dont les habitants sont réunis en société pour vivre sous un même gouvernement.

Par *gouvernement* on comprend les diverses manières d'organiser le pouvoir. Lorsque le pouvoir est confié à une seule main, le gouvernement est monarchique ; lorsqu'il est confié à plusieurs, le gouvernement est républicain.

En parcourant la surface du globe comme séjour de l'homme, nous trouverons des villages, des bourgs et des villes qu'il a fondés sur les bords de la mer et des lacs, sur le cours des fleuves et des rivières, ou sur la pente des collines et des montagnes.

Exercices. Les élèves feront un premier tracé pour indiquer les signes qui représentent les termes géographiques et un second tracé pour représenter les grandes divisions du globe. Chacun de ces tracés sera accompagné de sa légende.

CHAPITRE II.

Europe physique.

Situation, limites, configuration, dimensions. — Mers. — Golfes. — Détroits. — Iles. — Presqu'iles. — Péninsules. — Isthmes. — Caps. — Côtes. — Relief du sol. — Système orographique. — Chaines de montagnes. — Monts, Pics. — Volcans.

51. Situation, limites, configuration, dimensions. — L'Europe, la plus petite et relativement à son étendue la plus peuplée des cinq parties du monde, est comprise entre 34°52′ (cap Théodia, île de Candie) et 71°10′ (cap Nord, en Norwége) de latitude nord et entre 61° de longitude est du méridien de Paris (embouchure de la Kara) et 12°35′ de longitude ouest (cap Sline, côte occidentale d'Irlande).

Ses limites sont : au N., l'océan Glacial arctique ; — à l'E., la chaine des monts Ourals et la mer Caspienne, qui la séparent de l'Asie ; — au S., le Caucase, la mer Noire et la mer Méditerranée ; — à l'O., l'océan Atlantique boréal.

On peut considérer l'Europe comme un trapèze dont la grande base est baignée par la Méditerranée et la base supérieure par l'océan Glacial arctique ; mais les lignes, excepté à l'est, en sont fortement découpées par les mers intérieures et parsemées d'îles. A partir du 51°, au nord et à l'est, ce ne sont que vastes plaines où l'on trouve parfois des lacs nombreux.

Sa plus grande largeur, du nord au sud, est de 4,000 kilomètres ; sa plus grande longueur, du nord-est au sud-ouest, de 5,400 kilomètres ; sa superficie, de 10,000,000 de kilomètres carrés.

52. Mers. — Les mers qui baignent l'Europe sont :

1° L'océan *Glacial arctique*, au nord, qui forme :

La *mer Blanche*, au nord de la Russie.

2° L'océan *Atlantique*, qui forme :

La *mer Baltique*, à l'est et au sud de la presqu'île scandinave ;

La *mer du Nord* ou *océan Germanique*, à l'est de la Grande-Bretagne ;

La *mer d'Irlande*, à l'est de l'île de ce nom ;

La *mer de la Manche*, communiquant à la mer du Nord par le détroit du Pas de Calais ;

La *mer de France*, au sud-ouest de la France.

3° La *mer Méditerranée*, qui forme :

La *mer Tyrrhénienne*, à l'ouest de l'Italie ;

La *mer Adriatique*, à l'est de l'Italie ;

La *mer Ionienne*, à l'ouest de la Grèce ;

La *mer de l'Archipel*, à l'est de la Grèce ;

La *mer de Marmara*, au nord-est de la mer de l'Archipel ;

La *mer Noire*, communiquant à la mer de Marmara par le détroit de Constantinople ;

La *mer d'Azof*, à l'est de la Crimée.

4° La *mer Caspienne*, qui ne communique avec aucune autre mer.

53. Golfes. — Les principaux golfes de l'Europe sont :

1° Dans la *mer Baltique :*

Le golfe de *Bothnie*, au nord ;

Le golfe de *Finlande*, à l'est ;

Le golfe de *Riga* ou de *Livonie*, au sud de celui de Finlande ;

Le golfe de *Dantzick*, au sud ;

2° Dans la *mer du Nord :*

Le golfe du *Zuiderzée*, au nord de la Hollande ;

3° Dans l'*océan Atlantique :*

Le golfe de *Gascogne*, au nord de l'Espagne ;

4° Dans la *Méditerranée :*

Le golfe du *Lion*, au sud de la France ;

Le golfe de *Gênes*, au nord de la Corse ;

5° Dans la *mer Adriatique :*

Les golfes de *Venise* et de *Trieste*, au nord-ouest ;

6° Dans la *mer Ionienne :*

Le golfe de *Tarente*, au sud-est de l'Italie ;

Les golfes de *Patras* et de *Lépante*, au nord de la Morée ;

7° Dans la *mer de l'Archipel :*

Le golfe de *Salonique*, au sud-ouest de la Turquie ;

Le golfe de *Contessa*, à l'est du précédent ;

Le golfe de *Saros*, au sud-est ;

8° Dans la *mer Noire* :

Le golfe de *Pérékop*, au nord.

54. Détroits. — Les détroits les plus remarquables de l'Europe sont :

1° Le détroit de *Kara*, entre le continent et la Nouvelle-Zemble ;

2° Les détroits du *Skager-Rack*, du *Cattégat*, du *Sund*, du *Grand Belt* et du *Petit Belt*, qui font communiquer la mer Baltique avec la mer du Nord ;

3° Le canal du *Nord* et le canal *Saint-Georges*, qui joignent la mer d'Irlande à l'océan Atlantique ;

4° Le détroit du *Pas de Calais*, qui joint la mer du Nord à la mer de la Manche ;

5° Le détroit de *Gibraltar*, qui fait communiquer la mer Méditerranée à l'océan Atlantique ;

6° Le détroit de *Bonifacio*, qui sépare l'île de Corse de l'île de Sardaigne ;

7° Le détroit de *Messine*, qui sépare la Sicile de l'Italie ;

8° Le canal d'*Otrante*, qui fait communiquer la mer Adriatique avec la mer Ionienne ;

9° Le détroit des *Dardanelles*, qui joint la mer de Marmara à la mer de l'Archipel ;

10° Le canal de *Constantinople*, qui joint la mer Noire à la mer de Marmara ;

11° Le détroit d'*Iénikalé*, qui fait communiquer la mer d'Azof avec la mer Noire.

55. Iles. — Les principales îles de l'Europe sont :

1° Dans l'océan *Glacial arctique* :

La *Nouvelle-Zemble*, l'île *Kalgouef*, les îles *Loffoden*, avec le gouffre du *Malstroem* ;

2° Dans la *mer Baltique* :

Les îles *Séeland*, *Fionie*, *Rugen*, *Oland*, *Gottland* et *Aland* ;

3° Dans l'océan *Atlantique* :

L'*Islande*, les îles *Fœroé*, les *Shetland*, les *Orcades*, les *Hébrides*, la *Grande-Bretagne* et l'*Irlande* ;

4° Dans la *Méditerranée* :

Les îles *Baléares*, l'île de *Corse*, la *Sardaigne*, l'île d'*Elbe*, les îles de *Lipari*, la *Sicile*, l'île de *Malte* et la *Crète* ;

5° Dans la *mer Ionienne* :

L'archipel des îles *Ioniennes* ;

6° Dans la *mer de l'Archipel* :

Les *Cyclades* et *Négrepont*.

56. Presqu'îles. — Les presqu'îles les plus importantes de l'Europe sont :

1° La presqu'île de *Danemark*, entre la mer du Nord et la mer Baltique ;

2° La presqu'île de *Morée*, entre la mer de l'Archipel à l'est, la mer Ionienne à l'ouest et la Méditerranée au sud ;

3° La presqu'île de *Crimée*, entre la mer Noire et la mer d'Azof.

57. Péninsules. — Les grandes péninsules de l'Europe sont :

1° La péninsule *Scandinave* (Suède et Norwége), entre l'océan Atlantique et la mer Baltique ;

2° La péninsule *Hispanique* (Espagne et Portugal), entre l'océan Atlantique et la mer Méditerranée ;

3° La péninsule *Italique* (Italie), entre les mers Adriatique, Ionienne et Méditerranée.

58. Isthmes. — Les deux isthmes principaux de l'Europe sont :

1° L'isthme de *Corinthe*, qui joint la presqu'île de Morée au continent ;

2° L'isthme de *Pérékop*, qui joint la presqu'île de Crimée à la Russie.

59. Caps. — Les principaux caps de l'Europe sont :

1° Le cap *Nord*, au nord de la Norwége ;

2° Le cap *Lindesness*, au sud de la Norwége, à l'entrée de la mer Baltique ;

3° Le cap *Skagen*, au nord du Danemark ;

4° Le cap *Sline* à l'ouest, et le cap *Clear*, au sud de l'Irlande ;

5° Le cap *Land's-End* et le cap *Lizard*, au sud-ouest de l'Angleterre, celui-ci à l'entrée de la mer de la Manche ;

6° Le cap *Gris-Nez*, au nord de la France ;

7° Le cap de *la Hogue*, au nord-ouest de la France ;

8° Le cap *Saint-Matthieu*, à l'ouest de la presqu'île de Bretagne ;

9° Les caps *Ortégal* et *Finisterre*, au nord-ouest de l'Espagne ;

10° Les caps *Saint-Vincent*, *Trafalgar* et *Tarifa*, au sud-ouest de la péninsule hispanique ;

11° Le cap *Palos*, au sud-est de l'Espagne ;

12° Le cap *Creux*, au nord-est de l'Espagne ;

13° Le cap *Corse*, au nord de l'île de Corse ;

14° Le cap *Teulada*, au sud de l'île de Sardaigne ;

15° Les caps *Passaro*, *Boco* et *Faro*, en Sicile ;

16° Le cap *Spartivento*, au sud de l'Italie ;

17° Le cap *Leuca*, au sud-est de l'Italie ;

18° Le cap *Promontorio*, au sud de l'Istrie ;

19° Le cap *Matapan*, au sud de la presqu'île de Morée ;

20° Le cap *Matala*, dans l'île de Candie ;

21° Le cap *Apcheron*, sur la mer Caspienne.

60. Côtes. — Les côtes de l'Europe sont très-irrégulières et profondément découpées, surtout au nord et au sud. Au nord, la mer Blanche et la mer Baltique, avec leurs nombreux golfes, s'enfoncent profondément dans les terres. La côte nord-ouest est semée d'archipels et d'îles jusqu'au Pas de Calais. Le nord de la France est défendu par des côtes élevées ; elles deviennent plates et basses au sud-ouest. Au sud, la Méditerranée creuse un cercle de côtes généralement basses, du détroit de Gibraltar à la Sicile, puis la mer Adriatique, sur la côte est de l'Italie. La mer Ionienne et l'Archipel découpent en golfes nombreux les côtes de la Grèce et de la Turquie et contiennent une multitude d'îles. La mer Noire, dans sa partie septentrionale, forme aussi un cercle de côtes qui sont généralement bordées de montagnes et de collines.

61. Relief du sol. Système orographique. — On a réuni les chaînes de montagnes de l'Europe en plusieurs groupes appelés *systèmes*. Le plus important est le *système alpique*, qui couvre de ses ramifications le centre, l'ouest et le sud de l'Europe. Parmi les autres on peut nommer le *système sarmatique* en Russie, le *système scandinave* en Suède, le *système britannique* en Angleterre, le *système hispanique* en Espagne.

62. Chaînes de montagnes. — Les chaînes de montagnes les plus remarquables de l'Europe sont :

1° Les *Alpes scandinaves*, qui parcourent la péninsule de ce nom, du sud au nord entre la mer Baltique et l'océan Atlantique ; le cap Lindesness, qui se baigne dans la mer du Nord, forme l'extrémité méridionale de cette chaîne, et le cap Nord, qui se baigne dans l'océan Glacial arctique, forme l'extrémité septentrionale : cette grande chaîne prend le nom de *Dofrines* dans sa partie méridionale ;

2° La *chaîne des monts Olonetz, Uvalli* et *Chemokonsky,* qui relie au nord les Alpes scandinaves aux monts Ourals ;

3° La *chaîne de l'Oural* ou *des monts Poyas,* qui court du sud au nord, de la mer Caspienne à l'océan Glacial arctique, pour former au nord-est la limite naturelle de l'Europe et de l'Asie ;

4° La *chaîne du Caucase,* qui se dirige de l'est à l'ouest entre la mer Caspienne et la mer Noire : les points extrêmes sont, à l'est, le cap Apcheron, et à l'ouest, le détroit d'Iénikalé ;

5° La *chaîne des monts Carpathes,* qui occupe le centre de l'Europe, entre le versant de la mer Baltique et celui de la mer Adriatique : cette chaîne, après avoir couru de l'ouest à l'est, se recourbe vers le sud et forme un grand arc de cercle ;

6° La *chaîne des monts Balkans* ou *de l'Hémus,* qui se dirige vers l'ouest depuis le canal de Constantinople, entre le Danube, au nord, la mer de Marmara et l'Archipel, au sud ;

7° Les *Alpes helléniques,* qui se détachent des monts Balkans pour se diriger vers le sud en se bifurquant : la branche orientale, ou chaîne de l'Olympe, court vers la mer de l'Archipel, où elle expire par le mont Athos ; la branche occidentale, ou chaîne du Pinde, passe l'isthme de Corinthe, couvre la presqu'île de Morée et se termine au cap Matapan ;

8° La *chaîne des Alpes,* la plus considérable de l'Europe, qui commence au col de Cadibone, près du golfe de Gênes, longe la Méditerranée jusqu'au Var, se dirige de là vers le nord jusqu'à son point culminant, le mont Blanc, où la chaîne prend la route de l'est pour s'incliner plus loin vers le sud et pour longer la mer Adriatique jusqu'à la chaîne des monts Balkans : les Alpes envoient des rameaux dans toutes les directions et couvrent plus de douze cents kilomètres de pays sous divers noms ;

9° La *chaîne des Apennins*, qui parcourt l'Italie dans toute sa longueur, depuis le col de Cadibone jusqu'au cap Spartivento ;

10° La *chaîne du Jura*, qui court du sud-est au nord-est, entre le Rhône et le Rhin, grands fleuves que nous verrons sortir des Alpes pour couler vers deux mers opposées ;

11° La *chaîne des Vosges*, qui se dirige du sud au nord, entre la Meuse et le Rhin ;

12° Les *Cévennes*, qui courent du nord-est au sud-ouest, entre le Rhône, la Loire et la Garonne ;

13° La *chaîne des Pyrénées*, qui s'étend de l'est à l'ouest entre les caps Creux et Finisterre, sous divers noms ;

14° Les *monts Ibériens*, qui se détachent des Pyrénées, pour courir vers le sud jusqu'à la sierra Névada ;

15° La *sierra Névada*, la chaîne la plus méridionale de la presqu'île hispanique, qui longe la Méditerranée de l'est à l'ouest, depuis le cap Palos jusqu'au cap Tarifa ;

16° Les *monts Cheviots*, qui s'étendent de l'est à l'ouest pour diviser la Grande-Bretagne en deux parties, l'une au sud, qu'on nomme Angleterre, et l'autre au nord, qui prend le nom d'Écosse.

17° Les *monts Grampians*, qui couvrent l'Écosse du sud au nord.

63. Monts, Pics. — Les monts et les pics les plus élevés des chaînes de montagnes de l'Europe sont :

1° Le *mont Sneehatta*, dans les Alpes scandinaves, la plus haute sommité de la presqu'île scandinave, 2475 mètres [1] ;

2° Le *Tchar-dagh*, dans la chaîne de l'Hémus, au point de départ des Alpes helléniques, 3200 mètres ;

3° Le *mont Athos*, dans les Alpes helléniques, au nord de la mer de l'Archipel, 2066 mètres ;

4° Le *Finster-Aarhorn* dans les Alpes bernoises, 4400 mètres ;

5° Le *mont Rosa*, dans les Alpes pennines, 4618 mètres ;

6° Le *mont Blanc*, montagne la plus haute de l'Europe, dans les Alpes pennines, 4795 mètres ;

7° Le *mont Viso*, dans les Alpes cottiennes, 3836 mètres ;

1. Altitude ou élévation au-dessus du niveau de la mer.

8° Le *mont Maloïa*, dans les Alpes rhétiques, 3500 mètres ;

9° Le *mont Ortler*, point culminant du Tyrol italien, rameau des Alpes rhétiques, 3917 mètres ;

10° Le *Pic des Trois Seigneurs*, dans les Alpes noriques, 3150 mètres ;

11° Le *Gros Glockner*, dans les Alpes noriques, 3894 mètres ;

12° La *Marmolatta*, point culminant des Alpes carniques, 3508 mètres ;

13° Le *monte Corno*, appelé aussi *il gran Sasso d'Italia*, la plus haute sommité des Apennins, 2902 mètres ;

14° Le *Reculet*, la plus haute sommité du Jura, 1717 mètres ;

15° Le *Ballon d'Alsace*, talon méridional et point culminant des Vosges, 1257 mètres ;

16° Le *Puy de Dôme*, près de Clermont-Ferrand, à l'extrémité nord des monts d'Auvergne, rameau des Cévennes, 1476 mètres ;

17° Le *Puy de Sancy*, sommet du mont Dore, au nord du Plomb du Cantal, 1897 mètres : cette montagne est la plus haute de l'intérieur de la France ;

18° Le *Plomb du Cantal*, dans les monts d'Auvergne, 1858 mètres ;

19° Le *Gerbier de Jonc*, dans les Cévennes, 1562 mètres ;

20° La *Maladetta* ou *pic de Nétou*, la plus haute des Pyrénées, 3482 mètres ;

21° Le *Cerro de Mulhacen*, dans la sierra Névada, 3554 mètres ; on découvre du haut de cette montagne les côtes d'Afrique, qui en sont éloignées de plus de 180 kilomètres ;

22° Le *mont Névis*, dans les monts Grampians, point le plus élevé de la Grande-Bretagne, 1600 mètres.

64. Volcans. — Les trois principaux volcans de l'Europe sont :

1° Le *mont Hécla*, le plus grand des dix volcans de l'Islande, 1700 mètres [1] ;

2° Le *mont Vésuve*, au fond de la baie de Naples, 1052 mètres ;

---

1. Élévation au-dessus du niveau de la mer.

3º Le *mont Etna,* en Sicile, autre volcan, le plus grand de l'Europe, 3313 mètres : sa base, presque circulaire, a près de 160 kilomètres de tour.

Exercices. Le maître fera les démonstrations au tableau noir et sur la carte murale. Les élèves dessineront une Europe avec ses mers, ses golfes, ses détroits, ses îles, ses presqu'îles, ses caps, ses chaînes de montagnes et leurs points les plus élevés.

CHAPITRE III.

Régime des eaux de l'Europe. — Versants et Bassins. — Grands versants. — Ligne de partage des eaux. — Fleuves et rivières. — Lacs.

65. Régime des eaux. — Les plus grands fleuves de l'Europe partent généralement de trois points principaux : le massif des Alpes, d'où sortent le Pô, le Rhône et le Rhin, et un peu plus loin au nord le Danube ; le massif des Carpathes, qui donne naissance à l'Oder, à la Vistule, au Dniester ; le plateau du Valdaï, d'où partent la Duna, le Dniéper, le Volga, et un peu plus à l'est, le Don. La direction générale des eaux de l'Europe est de l'est à l'ouest en remontant presque tous vers le nord, ou de l'ouest à l'est en inclinant au contraire vers le sud.

66. Versants et Bassins. — En parcourant les terres, on remarque qu'à partir de la côte le sol d'un continent ou d'une île s'élève graduellement jusqu'à une suite de montagnes ou de collines au delà de laquelle le terrain s'abaisse jusqu'à la côte opposée ; de telle sorte que chaque continent ou chaque île se compose de pentes générales que l'on appelle *versants.* L'arète que forment les points supérieurs d'un versant prend le nom de *ligne de partage des eaux.* Chaque grand versant se décompose en *versants secondaires :* ces derniers sont terminés par des hauteurs qui se détachent de l'arète principale pour courir d'une manière oblique ou perpendiculaire en s'abaissant graduellement jusqu'à la côte.

Toutes les surfaces d'un versant qui envoient leurs eaux courantes dans un fleuve forment un *bassin géographique.*

Les bassins géographiques sont de deux sortes : les uns embrassent de grandes surfaces et sont arrosés par de grands fleuves ; les autres embrassent des surfaces de moindre étendue et sont arrosés par de petits fleuves. Pour désigner les premiers on ajoute au mot *bassin* celui du fleuve ; exemple : *bassin de la Seine, bassin de la Loire, etc.* ; on désigne les seconds en ajoutant au mot *bassin* celui de *côtier*, exemple : *bassin côtier de la Somme, bassin côtier de l'Orne, etc.*

67. Grands versants de l'Europe. — L'Europe forme deux grands versants :

1° Le *grand versant occidental* ou *versant océanien*, tourné vers le nord, le nord-ouest et l'ouest, est tributaire de l'océan Glacial arctique, de l'océan Atlantique et des mers que ces deux océans forment en Europe ;

2° Le *grand versant méridional* ou *versant méditerranéen*, tourné vers le sud et le sud-est, envoie ses eaux dans la Méditerranée, les mers qui en sont formées et la mer Caspienne.

68. Ligne de partage des eaux des grands versants de l'Europe. — La chaîne des hauteurs qui forment le dos des deux grands versants de l'Europe se compose, en allant du sud au nord : 1° de la *sierra de Ronda* et de la *sierra Névada*, qui courent de l'ouest à l'est depuis le cap Tarifa (détroit de Gibraltar) ; 2° des *monts Ibériens,* qui se dirigent du sud au nord jusqu'aux Pyrénées ; 3° des *Pyrénées*, depuis la vallée de Reynosa (source de l'Èbre) jusqu'au pic de Corlitte (source de l'Aude) ; 4° des *monts Corbières*, rameau des Pyrénées, qui courent vers le nord ; 5° des *Cévennes*, qui courent au nord-nord-est, jusqu'au canal du Centre ; 6° de la *côte d'Or*, du *haut plateau de Langres*, des *monts Faucilles* et des *Vosges méridionales*, qui courent au nord-est depuis la côte d'Or ; 7° des *collines de l'Alsace*, entre le Jura et les Vosges ; 8° du *Jura central*, qui se dirige du nord au sud ; 9° des *collines du Jorat*, qui relient le Jura aux Alpes ; 10° des *Alpes bernoises*, qui courent au nord-est jusqu'au groupe du Saint-Gothard ; 11° des *Alpes centrales*, jusqu'au mont Maloïa ; 12° des *Alpes algaviennes*, qui vont vers le nord ; 13° des *Alpes de Constance,* qui tournent autour du lac de ce nom, en se dirigeant vers l'ouest ; 14° de la partie méridionale des *monts de la Forêt-Noire*, où le Danube prend sa source ; 15° des *monts de Souabe* ou *Rauhe-Alpes,* du *Jura franconien* et du *Fichtel-gebirge*, qui prennent la direction de l'est-nord-est ; 16° des *monts de Bohême*, qui courent vers le sud-est en se rapprochant du Danube ; 17° des *monts de Moravie*, qui prennent la route du nord-est ; 18° des *Carpathes occidentales*, qui se dirigent de l'ouest à l'est ; 19° des *collines de Pologne*, qui se détachent des Carpathes pour suivre la ligne du nord-est ; 20° du *plateau du Valdaï*, où le Volga prend sa source, qui se dirigent du sud-ouest au nord-est ; 21° des *monts Uvalli* et *Chemokonski*, qui ont la direction de l'ouest au nord-est ; 22° des *monts Ourals*, qui courent au nord entre l'Europe et l'Asie jusqu'à l'océan Glacial arctique.

69. Fleuves. — Les fleuves de l'Europe se partagent, selon le versant auquel ils appartiennent, en fleuves tributaires de l'océan Atlantique ou de l'océan Glacial arctique et en fleuves tributaires de la Méditerranée ou de la mer Caspienne.

70. Fleuves tributaires de l'océan Atlantique et de l'océan Glacial arctique. — Les plus grands fleuves qui se rendent dans l'océan Atlantique et dans l'océan Glacial arctique, en commençant par le sud-ouest, sont :

1° Le *Guadalquivir*, qui se jette dans l'océan Atlantique au nord de Cadix ;

2° La *Guadiana*, qui se jette dans l'océan Atlantique à l'est du cap Saint-Vincent ;

3° Le *Tage*, qui se rend dans l'océan Atlantique à Lisbonne ;

4° Le *Duéro*, qui finit dans l'océan Atlantique au sud du cap Finisterre ;

5° La *Garonne*, qui prend le nom de *Gironde* au-dessous de Bordeaux et se jette dans le golfe de Gascogne (mer de France);

6° La *Loire*, qui finit dans la mer de France (océan Atlantique) au-dessous de Nantes ;

7° La *Seine*, qui se jette dans la mer de la Manche au Havre ;

8° La *Meuse*, qui se mêle à une branche du Rhin nommée *Wahal*, pour finir dans la mer du Nord ;

9° Le *Rhin*, qui finit dans la mer du Nord par plusieurs embouchures ;

10° Le *Weser*, qui finit dans la mer du Nord au-dessous de Brême ;

3.

11° L'*Elbe*, qui se jette dans la mer du Nord au-dessous de Hambourg;

12° L'*Oder*, qui se rend dans la mer Baltique au sud de l'île Rugen ;

13° La *Vistule*, qui se jette dans le golfe de Dantzick (mer Baltique);

14° Le *Niémen*, qui se rend dans la mer Baltique au nord-est de la Vistule ;

15° La *Duna*, qui se jette dans le golfe de Riga (mer Baltique);

16° La *Néva*, qui sort du lac Ladoga pour entrer dans le golfe de Finlande (mer Baltique).

17° La *Dvina*, qui se rend dans la mer Blanche à Arkhangel;

18° La *Petchora*, qui se jette dans l'océan Glacial arctique ;

19° La *Tornéa*, qui se jette dans le golfe de Bothnie (mer Baltique) ;

20° Le *Glommen*, qui se rend dans le Skager-Rack, entre la mer Baltique et la mer du Nord ;

21° La *Tamise*, qui se rend dans la mer du Nord au-dessous de Londres ;

22° La *Severn*, qui se jette dans le canal de Bristol (océan Atlantique);

23° La *Liffey*, qui se rend dans la mer d'Irlande au-dessous de Dublin;

24° Le *Shannon*, qui finit dans l'océan Atlantique au-dessous de Limerick.

71. Fleuves tributaires de la Méditerranée ou de la mer Caspienne. — Les plus grands fleuves de l'Europe qui se rendent dans la Méditerranée ou dans la mer Caspienne sont, en commençant par le sud-ouest:

1° L'*Èbre*, qui se jette dans la Méditerranée au sud de Barcelone ;

2° Le *Rhône*, qui se rend dans la Méditerranée par plusieurs embouchures à l'est du golfe du Lion ;

3° Le *Tibre*, qui se jette dans la mer Tyrrhénienne au-dessous de Rome;

4° Le *Pô*, qui se jette dans la mer Adriatique au sud de Venise ;

5° Le *Drin*, qui se rend dans la mer Adriatique au nord du canal d'Otrante ;

6° La *Maritza*, qui finit dans la mer de l'Archipel ;

7° Le *Danube*, qui se jette dans la mer Noire au sud d'Odessa ;

8° Le *Dniester*, qui se rend dans la mer Noire près d'Odessa ;

9° Le *Dniéper*, qui se·jette dans la mer Noire à l'ouest de l'isthme de Pérékop ;

10° Le *Don*, qui finit dans la mer d'Azof ;

11° Le *Volga*, le plus grand fleuve de l'Europe, qui se jette dans la mer Caspienne au-dessous d'Astrakhan ;

12° L'*Oural*, qui se rend dans la mer Caspienne à l'est du Volga et forme la limite de l'Europe et de l'Asie.

72. Lacs. — Les lacs les plus importants de l'Europe sont :

1° Le *lac Saïma*, situé au nord du golfe de Finlande ;

2° Le *lac Onéga*, situé au sud de la mer Blanche ;

3° Le *lac Ladoga*, le plus grand de l'Europe et situé entre le lac Onéga et le golfe de Finlande ;

4° Le *lac Vener*, situé au nord du Cattégat, dans la presqu'île scandinave ;

5° Le *lac Vetter*, situé près et à l'est du lac Vener ;

6° Le *lac Mœlar*, situé à l'est de la presqu'île scandinave ;

7° Le *lac de Neusiedel*, au sud de Vienne, en Autriche ;

8° Le *lac Balaton*, situé au centre du bassin du Danube ;

9° Le *lac de Constance*, traversé par le Rhin ;

10° Le *lac Léman* ou *de Genève*, traversé par le Rhône, entre la Suisse et la France ;

11° Les *lacs Majeur*, de *Côme* et de *Garde*, situés en Italie sur la pente méridionale des Alpes ;

12° Le *lac Lomond*, en Écosse.

Exercices. Le maître fera les démonstrations au tableau noir et sur la carte murale. Les élèves feront le tracé des versants de l'Europe avec l'indication des hauteurs qui déterminent la ligne de partage des eaux ; ils ajouteront à leur tracé les fleuves, les lacs, les étangs.

CHAPITRE IV.

Suite des versants et bassins de l'Europe. — Grand versant occidental
de l'Europe. — Versant hispanique occidental. — Premier versant
français occidental. — Deuxième versant français occidental.

Grand versant occidental de l'Europe.

73. Division du grand versant occidental de l'Europe.—
Le *grand versant occidental de l'Europe* ou *versant océanien*
peut être divisé en huit versants secondaires, qui appartiennent
au continent, et quatre versants insulaires, savoir :

1° Le *versant hispanique occidental*, tributaire de l'océan
Atlantique ;

2° Le *premier versant français occidental*, tributaire de la
mer de France (océan Atlantique) ;

3° Le *second versant français occidental*, tributaire de la mer
de la Manche ;

4° Le *versant germanique occidental*, tributaire de la mer du
Nord ;

5° Le *versant germanique oriental* ou *versant prussien oriental et russe occidental*, tributaire de la mer Baltique ;

6° Le *versant russe septentrional*, tributaire de l'océan Glacial arctique ;

7° Le *versant scandinave oriental et méridional*, tributaire de
la mer Baltique et de la mer du Nord ;

8° Le *versant scandinave occidental*, tributaire de l'océan
Atlantique et de la mer du Nord ;

9° Le *versant britannique oriental*, tributaire de la mer du
Nord ;

10° Le *versant britannique occidental*, tributaire de la mer
d'Irlande et de l'océan Atlantique ;

11° Le *versant irlandais oriental*, tributaire de la mer d'Irlande ;

12° Le *versant irlandais occidental*, tributaire de l'océan
Atlantique.

Versant hispanique occidental.

74. Ceinture du versant hispanique occidental. — Le *versant hispanique occidental*, tributaire de l'océan Atlantique, se compose : 1° de la pente nord de la sierra Névada ; 2° de la pente occidentale des monts Ibériens ; 3° de la pente sud des Pyrénées cantabriques, asturiques et de Galice. Les points extrêmes sont le cap Tarifa, au S., et le cap Ortégal, au N.

75. Bassins du versant hispanique occidental. — Trois grandes chaînes partent du rivage de l'océan Atlantique, courent vers l'est, traversent le versant dans toute sa largeur et se terminent ou s'effacent dans le grand plateau central que forme la chaîne ibérique. Ces trois chaînes de montagnes forment avec les deux qui leur sont parallèles, l'une au nord, les Pyrénées asturiques, et l'autre au sud, la sierra Névada, quatre grands bassins arrosés chacun par un fleuve : 1° le *Guadalquivir*, 2° la *Guadiana*, 3° le *Tage*, 4° le *Duéro*, et des bassins côtiers.

76. Bassin du Guadalquivir. — Le *bassin du Guadalquivir* se forme : 1° de la pente nord de la sierra Névada ; 2° des pentes occidentales des premières sierras des monts Ibériens ; 3° des pentes méridionales de la grande chaîne qui se détache du plateau central sous le nom de sierra Moréna, entre le Guadalquivir et la Guadiana.

Cours du Guadalquivir. — Le *Guadalquivir* prend sa source dans un rameau de la sierra Sagra (monts Ibériens), coule à l'ouest dans des lieux sauvages et presque inhabités et passe à Cordoue. De là le fleuve devient navigable et arrose Séville. Plus loin il baigne sur sa droite un désert de 200 kilomètres de surface, au delà duquel il se jette dans la baie de Cadix (océan Atlantique) après un cours d'environ 400 kilomètres.

Affluent de gauche. — Le *Xénil* naît au centre de la sierra Névada, pour couler du sud-est au nord-ouest, jusqu'à Palma, ville près de laquelle il joint le fleuve.

77. Bassin de la Guadiana. — Le *bassin de la Guadiana* est formé : 1° par la pente septentrionale de la chaîne entre le Guadalquivir et la Guadiana (sierra Moréna); 2° par la pente

occidentale du plateau central ; 3° par la pente méridionale de
la chaîne entre le Tage et la Guadiana, que nous désignons sous
les noms de serra de Monchique, serra Estremoz, sierra de San-
Mamed, sierra de Guadalupe et montagnes de Tolède, lesquelles
s'effacent peu à peu dans le grand plateau.

Cours de la Guadiana. — La *Guadiana* prend sa source
dans des lagunes du plateau central, disparaît après 16 kilomètres de cours dans des joncs et des roseaux ; puis à 20 kilomètres de là, dans un endroit appelé *Yeux de la Guadiana*, l'eau
surgit de terre à gros bouillons et forme un beau canal qui se
dirige à l'ouest jusqu'à Badajoz, où le fleuve tourne à angle droit
vers le sud pour se jeter, à l'est du cap Sainte-Marie, dans le
golfe de Cadix, après un cours de 640 kilomètres.

Affluent de gauche. — La *Zuja*, dont le bassin contient les
riches mines de mercure d'Almaden.

78. Bassin du Tage. — Le *bassin du Tage* est formé : 1° par
la pente nord de la chaîne entre le Tage et la Guadiana, que
nous avons déjà décrite ; 2° par le milieu du plateau central,
que talute au nord-est la sierra d'Albarracin (monts Ibériens) ;
3° par la pente méridionale de la chaîne située entre le Tage et
le Duéro, qui est la plus considérable et la plus élevée de l'intérieur de la presqu'île hispanique : la partie orientale de cette
chaîne se compose des groupes de Somo-sierra, de la sierra de
Guadarrama et de la sierra d'Avila ; la partie centrale se compose des sierras de Gredos et de Gata ; la partie occidentale se
compose de la sierra d'Estrella et des sierras de Louza et de
Cintra.

Cours du Tage. — Le *Tage* naît sur les confins du plateau
central, dans la sierra d'Albarracin, arrose des campagnes tour-
mentées par un ciel sans nuages ou par des tempêtes affreuses,
passe à Tolède, ville espagnole, coule à l'O. d'une manière tor-
rentueuse jusqu'à Abrantès, ville portugaise ; là son cours devient paisible et large : il arrive ainsi à Santarem, où il s'élargit
de plus en plus et devient un grand lac maritime sur lequel se
trouve à droite Lisbonne, capitale du Portugal. Le Tage débouche
dans l'océan Atlantique au-dessous de cette ville par une large
ouverture dont les caps Roca au N. et Espichel au S. sont les
extrémités, après un cours de 680 kilomètres.

Affluent de droite. — Le *Hénarès* se grossit du *Mançanarez*, qui passe à Madrid, capitale de l'Espagne.

79. Bassin du Duéro. — Le *bassin du Duéro* est formé : 1° de la pente septentrionale de la chaîne entre le Tage et le Duéro, que nous avons décrite dans le bassin du Tage ; 2° par la pente occidentale de la partie nord du plateau central, les sierras de Moncayo, d'Urbion et d'Oca ; 3° par la pente méridionale des Pyrénées asturiennes et galiciennes, montagnes très-hautes, qui vont se baigner dans l'océan Atlantique par le cap Finistérre, où elles arrivent.

Cours du Duéro. — Le *Duéro* prend sa source dans des lagunes au revers méridional de la sierra d'Urbion, dans les monts Ibériens, passe près des ruines de Numance, coule à l'O. jusqu'à Zamora, ville espagnole. De là, le fleuve se dirige au S. pendant 80 kilomètres, pour reprendre sa route de l'ouest jusqu'à l'océan Atlantique, où il arrive, après un cours de 600 kilomètres, en face de Porto, ville portugaise.

Affluents de droite. — 1° La *Pisuerga* descend du plateau de Reynosa, dans les Pyrénées cantabriques, arrose Valladolid, ville espagnole, et se grossit à gauche de l'*Arlanzon*, qui passe à Burgos, et à droite du *Carrion*, qui arrose Palencia.

2° L'*Esla* descend des Pyrénées asturiennes, coule du N. au S. et reçoit à sa droite le *Torio*, qui passe à Léon.

Affluents de gauche. — 1° L'*Eresma* descend de la sierra de Guadarrama pour arroser Ségovie, ville espagnole.

2° Le *Tormès* naît dans la sierra de Gredos et arrose Salamanque.

80. Bassin côtier du Duéro (rive droite). — Au N. du Duéro, le *Minho* descend de la sierra de Mondonédo, dans les Pyrénées asturiennes, et coule en général du N. E. au S. O. jusqu'à l'océan Atlantique.

81. Bassin côtier du Duéro (rive gauche). — Au S. du Duéro, le *Mondégo* descend de la serra d'Estrella, coule à l'O. S. O., arrose Coïmbre, ville portugaise, et se jette dans l'océan Atlantique au cap Mondégo.

Premier versant français occidental.

82. Ceinture du premier versant français occidental. —
Le *premier versant français occidental*, tributaire de la mer de
France (océan Atlantique), se forme : 1° de la pente septentrionale des Pyrénées gallo-ibériques jusqu'au pic de Corlitte ; 2° de
la pente occidentale des Corbières, rameau des Pyrénées, jusqu'au col de Naurouse ; 3° de la pente occidentale des Cévennes ;
4° de la pente méridionale des monts du Nivernais ; 5° du revers
méridional du dos de terrain qu'on désigne sous les noms de
plateaux d'Orléans et de la Beauce ; 6° de la pente méridionale
des collines du Perche et de Normandie ; 7° de la pente méridionale des petites montagnes de Bretagne que l'on nomme
monts d'Arrée. Les points extrêmes sont le cap du Figuier, au
S., et le cap Saint-Mathieu, au N.

83. Bassins du premier versant français occidental. —
Le *premier versant français occidental* forme deux grands bassins : 1° la *Garonne*, 2° la *Loire*, et plusieurs bassins côtiers.

84. Bassin de la Garonne. — Le *bassin de la Garonne* est
formé : 1° par la pente nord des Pyrénées, basses, hautes et
centrales ; 2° par la pente occidentale des Corbières, appendice
des Pyrénées, jusqu'au col de Naurouse ; 3° par la pente N. O.
des Cévennes méridionales, montagnes Noires, de l'Espinous,
Garrigues et Lozère ; 4° par la pente occidentale des monts
d'Auvergne, de la Margeride, du Cantal et des monts Dore : ces
montagnes, principal rameau des Cévennes, forment le plateau
le plus élevé de l'intérieur de la France ; 5° par la pente méridionale des montagnes du Limousin, appendice des monts d'Auvergne ; 6° par la pente occidentale des plateaux de Gatine.

Cours de la Garonne. — La *Garonne* prend sa source au val
d'Aran, dans les Pyrénées centrales, coule au N. N. E. jusqu'à
Toulouse ; de là le fleuve tourne au N. O., passe à Bordeaux et
prend le nom de *Gironde* depuis son confluent avec la Dordogne ; puis elle forme un grand canal qui atteint la largeur de
14,000 mètres. Enfin, ce fleuve joint la mer de France entre les
forts de Royan, sur la droite, et de la pointe de Grave, sur la
gauche, après un cours de 570 kilomètres. En avant de son

embouchure, on remarque la tour de Cordouan, le plus beau des phares de France. La Garonne est navigable pendant 468 kilomètres et flottable pendant 86 kilomètres.

Affluents de droite. — 1° Le *Salat* naît dans les Pyrénées centrales, coule au N., arrose Saint-Girons.

2° L'*Ariége* descend du pic de Corlitte, court au N. O. et arrose Foix.

3° Le *Tarn* descend du bois des Armes, dans les Cévennes, coule à l'O., arrose Alby, devient navigable à Gaillac, passe à Montauban et finit près de Castel-Sarrasin. Il reçoit, à gauche, l'*Agout*, qui passe à Castres, et, à droite, l'*Aveyron*, qui naît dans les monts de Lévezou, appendice des Cévennes, coule à l'O. et arrose Rhodez.

4° Le *Lot* descend du mont Lozère, coule à l'O., passe à Mende, à Cahors, et finit à Aiguillon ; il a pour affluents de droite la *Truyère*, qui coule entre la Margeride, à l'E., et les monts d'Aubrac, au S.; le *Sellé*, qui passe à Figeac.

5° La *Dordogne* descend du mont Dore, où elle a deux sources, la *Dore* et la *Dogne*, coule à l'O., arrose Souillac, Libourne et Bourg, où elle a 1,400 mètres de largeur et où elle joint la Garonne pour former la Gironde ; son cours est de 360 kilomètres, dont 292 sont navigables. La Dordogne reçoit un grand nombre d'affluents : à gauche, la *Cère*, qui descend du Cantal et passe près d'Aurillac ; à droite, la *Vézère*, qui descend des monts du Limousin, reçoit par la gauche la *Corrèze*, qui passe à Tulle et qui est navigable pendant 48 kilomètres ; l'*Isle*, qui coule dans une belle vallée, arrose Périgueux, est navigable pendant 120 kilomètres et finit à Libourne après s'être grossi de la *Dronne* par la droite.

Affluents de gauche. — 1° La *Save* descend des montagnes de Bigorre et finit à Grenade.

2° Le *Gers* arrose Auch et joint la Garonne au-dessus d'Agen.

3° La *Baïse* passe à Mirande, à Condom et à Nérac et se jette dans la Garonne en amont du confluent du Lot.

85. Bassins côtiers de la Garonne (rive droite). — Les bassins côtiers situés au nord de la Garonne sont : 1° la *Seudre;* 2° la *Charente;* 3° la *Sèvre-Niortaise;* 4° le *Lay.*

1° La *Seudre* prend sa source dans les dernières collines d'entre Gironde et Charente, court du S. E. au N. O., est navigable à Saujon et finit près de Marennes dans la mer de France.

2° La *Charente* vient de Chéronac, dans les monts du Limousin, court d'abord du S. E. au N. O., arrose Civray, descend du N. au S. jusqu'à Angoulême, ancienne capitale de l'Angoumois; de là, la rivière tourne à l'O., arrose Jarnac, Cognac, Saintes, Taillebourg, Rochefort, sur la rive droite du fleuve, à 8 kilomètres de son embouchure dans la mer de France, embouchure qui est défendue par les forts Lupin et de la Pointe. Son cours est de 320 kilomètres; il est naturellement navigable jusqu'à Saintes et artificiellement jusqu'à Angoulême. Ce fleuve a pour affluents : à gauche, la *Touvre*, qui porte bateau vers sa source et semble être la reproduction de la *Tardouère* et du *Bandiat*, qui se perdent à quelques kilomètres plus haut dans des gouffres souterrains; elle est très-poissonneuse et ne gèle jamais; la *Seugne*, qui arrose Jonzac; à droite, la *Boutonne*, qui passe à Saint-Jean-d'Angely.

3° La *Sèvre-Niortaise* descend du plateau de Gatine, coule à l'O., arrose Niort et finit au-dessous de Marans dans la mer de France. Elle reçoit, à droite, la *Vendée*, qui descend du même plateau et est navigable à Fontenay-le-Comte.

4° Le *Lay* descend aussi du plateau de Gatine, court du N. E. au S. O., laisse sur sa gauche Luçon, reçoit l'*Yon*, qui arrose La Roche-sur-Yon, et finit dans la mer de France.

86. Bassins côtiers de la Garonne (rive gauche). — Les bassins côtiers situés au S. de la Garonne sont ceux de la *Bidassoa*, de l'*Adour* et de la *Leyre*.

1° La *Bidassoa,* qui ne serait pas signalée si elle ne servait pendant 20 kilomètres de frontière entre la France et l'Espagne, est un torrent qui descend des Pyrénées pour couler au nord jusqu'au golfe de Gascogne.

2° L'*Adour* descend du mont Tourmalet, coule d'abord au N. O., arrose la délicieuse vallée de Campan, passe à Tarbes, décrit un arc de cercle pour couler au S. O., passe à Bayonne et se jette dans le golfe de Gascogne au-dessous de cette ville, après un cours de 280 kilomètres; il est navigable pendant 125 kilomètres et sujet à de grands débordements. Ses affluents sont : à gauche, le *Gave de Pau,* qui descend de la cascade de Gavarnie et passe à Pau et à Orthez; à droite, la *Midouze*, qui se forme à Mont-de-Marsan du *Midou* et de la *Douze*.

3° La *Leyre* prend sa source au point de jonction des collines landaises et des collines bordelaises et se jette dans le bassin d'Arcachon.

87. Bassin de la Loire. — Le *bassin de la Loire* se forme : 1° des pentes septentrionales et orientales des hauteurs entre la Loire et la Garonne, que nous avons décrites plus haut ; 2° des pentes occidentales des Cévennes septentrionales, monts du Vivarais, du Lyonnais, du Beaujolais et du Charolais ; 3° de la pente occidentale de la partie S. de la côte d'Or ; 4° de la pente méridionale des montagnes du Morvand ; 5° des plateaux d'Orléans et de la Beauce ; 6° de la pente méridionale des collines du Perche et de Normandie ; 7° des mêmes pentes des monts d'Arrée.

Cours de la Loire. — La *Loire* naît au Gerbier des Joncs, section du Vivarais, dans les Cévennes, coule du S. au N., arrose Saint-Rambert, où elle est navigable ; Roanne ; Digoin, d'où part le canal du Centre, qui joint la Loire à la Saône ; Nevers, Sancerre, Cosne ; Briare, où commence un canal qui joint la Loire à la Seine ; Gien ; Jargeau, d'où le fleuve se dirige en arc de cercle, de l'E. à l'O., pour arroser Orléans, Beaugency, Blois, Tours, Saumur, Ancenis, Nantes, Paimbœuf. Enfin, le fleuve finit dans la mer de France, entre le fort Minden et Saint-Nazaire, après un cours de 950 kilomètres et une navigation de 770 kilomètres.

Affluents de droite. — 1° Le *Furens*, torrent dont les eaux sont très-propres à tremper le fer, descend des monts du Lyonnais et passe à Saint-Étienne.

2° L'*Arroux* descend du sommet de l'angle que font la côte d'Or et les monts du Morvand pour couler au S. O.

3° La *Nièvre* finit à Nevers.

4° La *Mayenne* descend des collines du Bocage ou de Normandie, coule au S., arrose Mayenne, Laval, Château-Gontier ; elle prend le nom de *Maine* après avoir reçu la Sarthe, arrose Angers, et finit au-dessous des Ponts-de-Cé, après un cours de 200 kilomètres. La Mayenne est navigable pendant 140 kilomètres.

5° La *Sarthe* descend des collines de Normandie, arrose Alençon, le Mans, où elle est navigable, et se joint à la Mayenne au-dessous de Châteauneuf, après s'être grossie, à gauche, de l'*Huisne,* qui sort des collines du Perche, et du *Loir,* qui naît dans les plateaux de Courville, arrose Vendôme, Château-du-Loir et La Flèche. La Sarthe est navigable pendant 126 kilomètres et le Loir pendant 114.

6° L'*Erdre* sort des collines de l'Anjou et joint la Loire à Nantes.

Affluents de gauche. — 1° L'*Allier* prend sa source au mont Lozère, se dirige du S. au N., arrose Châteauneuf-de-Randon, Brioude, où il est navigable, Issoire, Vichy, Moulins, et finit au-dessous de Nevers, après un cours de 350 kilomètres et une navigation de 246 kilomètres. L'Allier se grossit, à droite, de la *Dore ;* à gauche, de l'*Alagnon* et de la *Sioule :* la première descend des montagnes du Vélay, coule au N. O. et arrose Ambert et Thiers ; la seconde descend du Cantal, coule de l'O. à l'E. et arrose Murat ; la troisième sort des monts d'Auvergne pour couler du S. au N. E.

2° Le *Cher* descend des monts d'Auvergne, coule au N. O., arrose Montluçon, Saint-Amand, Vierzon, où commence sa navigation, et finit au-dessous de Tours ; il reçoit à sa droite : l'*Yèvre,* grossi de l'*Auron,* qui passe à Bourges, et la *Sauldre,* qui passe à Romorantin.

3° L'*Indre* descend d'un rameau du Limousin, coule au N. O., arrose La Châtre, Châteauroux, Loches, et finit entre Tours et Saumur.

4° La *Vienne* descend du plateau de Mille-Vaches, coule d'abord de l'E. à l'O., arrose Limoges, remonte au N., passe à Châtellerault et finit au-dessous de Chinon, après un cours de 300 kilomètres. Cette rivière reçoit : à gauche, le *Clain,* qui arrose Poitiers ; à droite, la *Creuse,* qui descend des monts du Limousin, passe près de Guéret, se grossit de la *Gartempe* par la gauche et finit au-dessous de la Haye après un cours de 200 kilomètres.

5° Le *Thouet* reçoit par la droite la *Dive,* qui passe à Moncontour, coule du S. au N. et finit près de Saumur.

6° La *Sèvre-Nantaise* descend du plateau de Gatine, arrose Châtillon, Clisson, reçoit à droite la *Moine,* qui passe à Chollet, et à gauche la *Maine,* qui passe à Montaigu, et finit à Nantes.

7° La *Boulogne* traverse le lac de Grand-Lieu, pour finir au-dessous de Nantes, sous le nom d'*Achenau.*

88. Bassins côtiers de la Loire (rive droite). — Les bassins côtiers de la Loire sont ceux de la *Vilaine*, du *Blavet*, de l'*Odet* et de l'*Aulne*.

1° La *Vilaine* prend sa source dans les collines du Maine, coule à l'O. jusqu'à Rennes, tourne de là au S. O. et finit par une large embouchure, au-dessous de la Roche-Bernard, dans la mer de France. Elle reçoit : à gauche, l'*Isac*, dont on s'est servi pour le grand canal de Nantes à Brest ; à droite l'*Ille*, qui, arrive à Rennes et qui a servi pour le canal qui joint la Vilaine à la Rance ; le *Meu*, qui arrose Montfort ; l'*Oust*, qui vient des monts d'Arrée et finit à Redon.

2° Le *Blavet* prend source aux monts d'Arrée et passe à Pontivy pour finir, à Lorient, dans la mer de France.

3 L'*Odet* vient des monts Noirs bretons, arrose Quimper et se jette dans la mer de France.

4° L'*Aulne* descend des monts d'Arrée, coule à l'O., arrose Châteaulin et finit dans la rade de Brest (mer de France).

Second versant français occidental.

89. Ceinture du second versant français occidental. — Le *second versant français occidental*, tributaire de la mer 'de la Manche, est formé : 1° par la pente septentrionale des hauteurs entre la Loire et la Seine, que nous avons déjà décrites ; 2° par la pente septentrionale de la côte d'Or et du plateau de Langres ; 3° par la pente occidentale des monts de Meuse ; 4° par la même pente de l'Argonne occidentale ; 5° par la pente occidentale des Ardennes occidentales, du plateau de Saint-Quentin, du plateau d'Arras et des hauteurs de Montreuil jusqu'au cap Gris-Nez. Les points extrêmes sont : le cap Saint-Matthieu, à l'O., et le cap Gris-Nez, au N.

90. Bassins du second versant français occidental. — Le *second versant français occidental* renferme le grand bassin de la *Seine* et plusieurs bassins côtiers.

91. Bassin de la Seine. — Le *bassin de la Seine* a pour ceinture : 1° les collines du pays de Caux, les Ardennes occidentales, l'Argonne occidentale et les monts de Meuse ; 2° dans la dorsale : le haut plateau de Langres et la partie septentrionale de la côte d'Or jusqu'au mont Moresol ; 3° les monts du Morvand, les collines du Nivernais, le plateau d'Orléans, les plaines de la Beauce, le plateau de Courville, les collines du Perche et celles du Lieuvin.

Cours de la Seine. — La *Seine* prend sa source dans les hauteurs de la côte d'Or, près de Chanceaux, à une hauteur de 446 mètres, court du S. E. au N. O. et arrose Châtillon, Bar-sur-Seine, Troyes, court du N. E. au S. O., depuis le confluent de l'Aube jusqu'à celui de l'Yonne, passe à Pont-sur-Seine, à Nogent-sur-Seine, à Montereau, où le fleuve reprend la direction du N. O. pour arroser Melun, Corbeil et Paris. A sa sortie de Paris elle fait de nombreux détours et arrose Saint-Cloud, Saint-Denis, Saint-Germain, Mantes, Les Andelys, Pont-de-l'Arche, Elbeuf, Rouen, Caudebec, Quillebœuf, et finit entre Le Havre et Honfleur dans la mer de la Manche. Elle est navigable depuis Méry (Aube), pendant 554 kilomètres, et son cours est de 780 kilomètres.

Affluents de droite. — 1° L'*Aube* descend du plateau de Langres et arrose Bar-sur-Aube et Arcis-sur-Aube, où elle est navigable ; elle finit dans la Seine entre Méry et Nogent.

2° La *Marne* descend du plateau de Langres, coule pendant tout son cours parallèlement à la Seine, passe au pied de Langres, à Chaumont, Saint-Dizier, où elle est navigable, Vitry-le-François, Châlons, Épernay, Château-Thierry, Meaux et Charenton, où elle arrive dans la Seine, après un cours de 400 kilomètres. Elle reçoit à droite : 1° la.*Saulx*, grossie de l'*Ornain*, qui passe à Bar-le-Duc, et dont le cours finit à Vitry-le-François ; 2° l'*Ourcq*, qu'on a dérivé pour former le canal qui porte ce nom ; à gauche, le *Grand-Morin*.

3° L'*Oise* descend des Ardennes occidentales, coule du N. E. au S. O. et arrose Guise, La Fère, Compiègne, Pontoise, pour finir dans la Seine à Conflans-Sainte-Honorine, après un cours de 180 kilomètres. Elle reçoit : 1° à droite, le *Thérain*, qui arrose Beauvais ; 2° à gauche, l'*Aisne*, qui naît dans l'Argonne, coule du S. E. au N. O., pour arroser Sainte-Menehould, Vouziers, Rethel, Soissons, et finit au-dessus de Compiègne, après un cours de 160 kilomètres : elle se grossit : 1° à droite, de l'*Aire*, qui arrose Varennes ; 2° à gauche, de la *Vesle*, qui arrose Reims.

Affluents de gauche. — 1° L'*Yonne* naît dans les petites montagnes du Nivernais, près de Château-Chinon, coule vers le N., arrose Clamecy, Auxerre, où elle est navigable, Joigny, Sens ; elle finit à Montereau, après un cours de 200 kilomètres. Elle reçoit à droite : la *Cure*, qui passe d'abord près de Vézelay, ensuite au pied de Voutenay ; le *Serein*, qui arrose Noyers ; l'*Armançon*, qui passe à Tonnerre.

2° Le *Loing* naît dans les plateaux qui bordent la Loire, coule au N. O., arrose Montargis, Nemours, et finit au-dessous de Moret.

3° L'*Essonne* prend source dans le plateau d'Orléans, coule au N. E. et finit à Corbeil.

4° L'*Eure* sort des plateaux de Courville, coule au N. E. et au N. O., arrose Chartres, est navigable à Maintenon, passe près de Dreux, arrose Louviers, et finit après 100 kilomètres de cours, près du Pont-de-l'Arche. Elle reçoit à sa gauche : l'*Avre*, qui arrose Verneuil ; l'*Iton*, qui passe à Évreux.

5° La *Rille* naît dans les collines de Normandie, arrose Pont-Audemer, et peut être considéré comme le dernier affluent de la Seine, rive gauche.

92. Bassins côtiers de la Seine (rive droite). Les bassins côtiers situés au N. de la Seine sont ceux de la *Bresle*, de la *Somme*, de l'*Authie* et de la *Canche*.

1° La *Bresle* arrose Aumale, est navigable à Eu et finit au Tréport dans la Manche.

2° La *Somme* naît dans les plateaux de Saint-Quentin, coule à l'O., arrose Saint-Quentin, Péronne, Amiens, Abbeville, et finit entre Le Crotoy et Saint-Valery dans la Manche.

3° L'*Authie*, petit cours d'eau parallèle à la Somme, passe à Doullens et se jette dans la Manche.

4° La *Canche* arrose Hesdin et Montreuil pour se jeter dans la Manche à Étaples.

93. Bassins côtiers de la Seine (rive gauche). — Les bassins côtiers situés à l'O. de la Seine sont ceux du *Gouet*, de la *Rance*, de la *Sélune*, de la *Sienne*, de la *Douve*, de la *Vire*, de l'*Orne* et de la *Toucques*.

1° Le *Gouet* descend des monts d'Arrée, coule vers le N. pour joindre la Manche près de Saint-Brieuc.

2° La *Rance* descend des monts de Bretagne, arrose Dinan et finit à Saint-Malo dans la Manche.

3° La *Sélune* naît dans les collines du Cotentin, coule à l'O., arrose Avranches et finit dans les grèves de la Manche.

4° La *Sienne* prend sa source dans les collines du Cotentin, coule à l'O., passe à Coutances et se rend dans la Manche.

5° La *Douve* prend sa source dans la pente orientale des collines du Cotentin, passe à Saint-Sauveur-le-Vicomte, où elle est navigable, et finit dans la Manche. Elle reçoit plusieurs affluents, dont le plus considérable, la *Taute*, arrose Carentan.

6° La *Vire* descend du revers septentrional des collines de Normandie, coule au N., arrose Vire, Saint-Lô, et finit dans des grèves considérables, à côté de la Douve, dans la Manche.

7° L'*Orne* naît dans les collines du Bocage, arrose Sées, Argentan, Caen, où il est navigable; il finit en face des rochers du Calvados, dans la Manche, après un cours de 140 kilomètres.

8° La *Toucques* arrose Lisieux, où elle est navigable, et Pont-l'Évêque; elle finit à Trouville dans la Manche.

Exercices. Le maître fera les démonstrations au tableau noir et sur la carte murale. Les élèves feront le tracé des versants et des bassins dont il est question dans ce chapitre.

CHAPITRE V.

Suite des versants et des bassins de l'Europe. —Versant germanique occidental. — Versant germanique oriental ou versant prussien oriental et russe occidental. — Versant russe septentrional. — Versant scandinave oriental et méridional. — Versant scandinave occidental. — Versant britannique oriental. — Versant britannique occidental. — Versant irlandais oriental. — Versant irlandais occidental.

Versant germanique occidental.

94. Ceinture du versant germanique occidental. — Le *versant germanique occidental*, tributaire de la mer du Nord, est formé à l'O. : 1° par le revers septentrional des hauteurs de Montreuil, d'Arras et de Saint-Quentin; 2° par la pente orientale des Ardennes occidentales, de l'Argonne et des monts de Meuse; 3° par la pente septentrionale des monts Faucilles; 4° par la pente orientale du Jura ; au S. : 5° par la pente nord des Alpes bernoises et des Alpes centrales; 6° par la pente occidentale des Alpes grises et algaviennes; 7° par le revers méridional des hauteurs de Constance et de la Forêt-Noire; à l'E. : 8° par les pentes septentrionales des Alpes de Souabe et du Fichtel-gebirge ; 9° par le revers septentrional des monts de Bohême et de Moravie ; 10° par le revers occidental des Riesen-gebirge, des monts de Lusace, des collines du Brandebourg et des hauteurs peu sensibles qui sont situées entre l'Elbe et l'Oder et courent du S. au N., jusqu'à la pointe du Jutland. Les points extrêmes sont le cap Gris-Nez, au S. O., et la pointe du Jutland, au N. E.

95. Bassin du versant germanique occidental. — Le versant germanique occidental renferme cinq bassins principaux : 1° l'*Escaut*, 2° la *Meuse*, 3° le *Rhin*, 4° le *Weser*, 5° l'*Elbe* et plusieurs bassins côtiers.

96. Bassin de l'Escaut. — Un dos de pays parallèle à la côte et d'une faible élévation forme la ceinture occidentale du *bassin de l'Escaut;* les hauteurs de Montreuil, d'Arras et de Saint-Quentin forment la ceinture méridionale; de fortes col-

4.

lines qui se détachent de Saint-Quentin pour se diriger vers l'E. jusqu'à Maestricht, et ensuite à l'O. jusqu'à la mer du Nord, en se déprimant, forment la ceinture orientale. Ce bassin est généralement plat et l'un des plus fertiles de l'Europe.

Cours de l'Escaut. — L'*Escaut* prend sa source dans les plateaux de Saint-Quentin, coule du S. au N., arrose Cambrai, Valenciennes, Condé, où il sort de France pour entrer en Belgique ; il passe ensuite à Fontenoy, Tournay, Gand. De Gand, le fleuve coule de l'O. à l'E., arrose Anvers, où il a 500 mètres de largeur ; de là, il tourne au N. O. et entre en Hollande au-dessous du fort de Bath, se partage en deux branches pour entrer dans la mer du Nord après un cours de 344 kilomètres. Il est navigable depuis Cambrai.

Affluents de droite. — 1° La *Haine* arrose Mons et Jemmapes, pour finir à Condé.

2° Le *Rupel* se forme de deux rivières qui se réunissent au-dessous de Malines : la *Senne*, au S., qui arrose Bruxelles ; la *Dyle*, au S. E., qui passe à Louvain et à Malines.

Affluents de gauche. — 1° La *Sensée* naît près de Bapaume pour finir à Bouchain.

2° La *Scarpe* descend des hauteurs entre la Somme et l'Escaut, arrose Arras, Douai, et se termine au-dessous de Saint-Amand.

3° La *Lys* sort des hauteurs de Montreuil, se dirige du S. O. au N. E., arrose Aire et Armentières, où elle sert de limites à la France. Cette rivière entre en Belgique, en arrosant Menin et Courtray ; elle arrive ensuite à Gand, où elle se mêle avec l'Escaut, après avoir reçu par la droite la *Brette*, qui passe à Béthune, et la *Deûle*, qui arrose Lille.

97. Bassin de la Meuse.—Le *bassin de la Meuse* est formé : 1° à l'O., par la pente orientale des hauteurs que nous avons décrites dans les bassins de l'Escaut et de la Seine ; 2° au S., par le revers septentrional du plateau de Langres, dont nous avons déjà parlé ; 3° à l'E., par la pente occidentale de l'Argonne orientale, des Ardennes orientales et de l'Eifel-gebirge.

Cours de la Meuse. — La *Meuse* prend sa source dans le plateau de Langres, coule au N. dans une vallée étroite et encaissée, arrose Neufchâteau, Commercy, Saint-Mihiel, Verdun, où elle est navigable ; de là, la Meuse passe à Sedan et à Mézières.

Elle sort de France à Givet pour entrer en Belgique et pour arroser Dinant, Namur et Liége. La Hollande la possède depuis Maestricht ; au-dessous de cette ville, elle tourne à l'O., arrose Grave, se mêle à la branche du Rhin qui porte le nom de *Wahal*, passe à Dordrecht, se divise en plusieurs branches qui forment un grand nombre d'îles, et se perd dans la mer du Nord, après un parcours de 900 kilomètres, dont 360 en France ; elle est navigable pendant 700 kilomètres, dont 200 en France.

Affluents de droite. — 1° Le *Chiers* descend des Ardennes, coule de l'E. à l'O., arrose Longwy, Montmédy, et finit entre Mouzon et Sedan.

2° Le *Semoy* descend des mêmes hauteurs que le Chiers, coule parallèlement à lui, mais hors de France, arrose Bouillon et finit en France au-dessous de Mézières.

3° L'*Ourthe* naît dans la partie des Ardennes connue sous le nom de *Hohe-Venne*, coule du S. au N. et reçoit par la droite la *Vesdre*, qui passe à Limbourg.

4° La *Roër* descend de l'Eifel-gebirge, coule au N. O., arrose Juliers et Ruremonde et finit près de cette ville.

Affluents de gauche. — 1° La *Sambre* prend sa source dans les Ardennes entre La Capelle et Le Câteau-Cambrésis, coule du S. O. au N. E., arrose Landrecies et Maubeuge ; de là elle passe en Belgique, où elle arrose Charleroy, et finit dans la Meuse à Namur, après un cours de 160 kilomètres ; elle reçoit à droite la *Grande-Helpe*, qui passe à Avesnes.

2° Le *Jaar* arrose Tongres et finit à Maestricht.

98. Bassin du Rhin. — Le *bassin du Rhin* est formé : 1° à l'O., par la pente orientale de l'Eifel-gebirge ; 2° par les mêmes pentes des Ardennes et et l'Argonne orientale ; 3° par le revers septentrional des monts Faucilles ; 4° par les pentes orientales et occidentales des Vosges ; 5° par la trouée de Belfort, qui lie les Vosges au Jura ; 6° par le revers oriental du Jura, jusqu'au mont Tendre ; 7° au S., par les collines du Jorat, depuis le mont Tendre jusqu'à la Dent de Jaman ; 8° par les pentes septentrionales des Alpes bernoises, depuis la Dent de Jaman jusqu'au groupe du Saint-Gothard ; 9° par les mêmes pentes des Alpes centrales, depuis le Saint-Gothard jusqu'au mont Maloïa ; 10° par la pente occidentale des Alpes grises et algaviennes ; 11° par la pente méridionale des hauteurs de Constance et de

la Forêt-Noire (Schwarz-wald) ; 12° à l'E., par la pente septentrionale des Alpes rudes (Rauhe-Alp) ou Alpes de Souabe ;
13° par la même pente du Steiger-wald ; 14° par la pente occidentale du Fichtel-gebirge ; 15° par la pente méridionale du
Franken-wald et du Rhone-gebirge ; 16° par le revers occidental du Vogelberg et de l'Egge-gebirge.

Cours du Rhin. — Le *Rhin* se forme de trois rivières principales : celle du S. E., ou le *Rhin supérieur*, descend des
Alpes centrales, court du S. E. au N. O. et arrose Splugen ;
celle de l'O., ou le *Rhin inférieur*, descend des grandes masses
du Saint-Gothard, court au N. E. et se grossit à droite de la
troisième rivière, ou *Rhin du milieu*, pour aller se joindre au
Rhin supérieur à Reichenau. Le fleuve ainsi formé coule au N.,
passe près de Coire, arrose Vadutz, et tombe dans le lac de
Constance après 120 kilomètres de cours; ce lac, élevé de
398 mètres au-dessus de la mer, a 80 kilomètres de longueur
du S. E. au N. O. En sortant du lac, le Rhin coule à l'O., arrose
Schaffhouse, forme une cascade de 20 mètres au-dessous de
cette ville et arrive à Bâle. De là, il tourne brusquement au N.,
arrose Huningue, Spire, Manheim et Mayence, où il fait un
mouvement vers l'O., remonte ensuite au N. O., arrose Coblentz, Cologne, Dusseldorf et Wesel. Au-dessous de Schenk,
le Rhin, se divise en deux grandes branches : celle du S. O. se
nomme *Wahal* et celle du N. O. conserve le nom de *Rhin*. Le
Wahal arrose Nimègue et se joint à la Meuse au-dessous de
Thiel. Le Rhin, après la séparation. du Wahal, coule au N. E.
et, au-dessus d'Arnhem, se partage en deux branches : celle de
l'E. s'appelle *Yssel* et va se jeter dans le golfe du Zuyderzée.
Après la séparation de la branche de l'Yssel, il arrose Arnhem
et se divise encore en deux bras : celui du S., qui prend le nom
de *Leck*, emporte la plus grande masse d'eau et se joint à la
Meuse au-dessus de Rotterdam; celui qui conserve le nom du
fleuve se traîne lentement au N. O., arrose Utrecht et finit au-
dessous de Leyde, dans la mer du Nord, après un cours de
1,300 kilomètres. Sa navigation, qui commence près de Coire,
ne devient importante qu'après Schaffhouse.

Affluents de droite. 1° L'*Elz* descend de la Forêt-Noire et
reçoit le *Treisam*, qui passe à Fribourg; sa direction est du
S. E. au N. O.

2° La *Murg* passe à Rastadt et arrose une vallée étroite et difficile.

3° Le *Neckar* sort de la jonction de la Forêt-Noire et des Alpes de Souabe, coule d'abord au S. E., tourne ensuite au N. jusqu'à Sulz, passe près de Stuttgart, prend la direction du N. O., passe à Heidelberg et finit à Manheim, après avoir reçu la *Fils*, le *Kocher*, le *Jaxt*, l'*Enz* et l'*Eslatz*.

4° Le *Mein* prend sa source dans le Fichtel-gebirge, coule du S. E. au N. O., arrose Bayreuth, prend la direction générale du S. O., passe à Wurtzbourg, Hanau et Francfort, et finit en face de Mayence, après avoir reçu la *Rednitz*, qui vient du Steiger-wald, la *Tauber*, qui descend des mêmes montagnes, la *Kintzig*, qui finit à Hanau, et la *Nidda*, qui passe près de Bergen.

5° La *Lahn* descend du Vogelberg, arrose Nassau et tombe dans le Rhin au-dessus de Coblentz.

Affluents de gauche. — 1° Le *Thur* descend des monts Kurfisten, en Suisse, coule au N. dans la direction du lac de Constance, court ensuite à l'O. parallèlement au Rhin jusqu'au-dessous de sa chute.

2° L'*Aar* descend des glaciers du Finster-Aarhorn, dans les Alpes bernoises, court au N. O., traverse les lacs de Brienz et de Thun, arrose Thun, remonte au N. jusqu'à Berne, tourne de là au N., arrose Soleure, Aarau, et finit en face de Waldshut, après un cours de plus de 400 kilomètres. L'Aar reçoit à gauche la *Sarine*, qui descend des Diablerets, dans les Alpes bernoises, coule au N. et arrose Fribourg; le *Tihl*, qui sort du lac de Neuchâtel et traverse le lac de Bienne pour se rendre dans l'Aar; à droite : la *Reuss*, qui est formée de deux sources qui viennent de la Furca et du Saint-Gothard et qui se réunissent à Hospital, se dirige au N., passe au Trou d'Uri, caverne de 80 mètres de longueur, arrive au pont du Diable, lequel joint deux rochers à pic, de là passe près d'Altorf, traverse le lac des Quatre-Cantons, sort de ce lac à Lucerne, reçoit les eaux du lac de Zug et finit au-dessous de Bruck; la *Limmat*, qui descend, sous le nom de *Linth*, du mont Todiberg, coule du S. au N., passe près de Glaris, reçoit à droite les eaux du lac de Wallenstadt, tourne au N. O., traverse le lac et la ville de Zurich et finit dans l'Aar près du confluent de la Reuss.

3° L'*Ill* naît dans les dernières hauteurs du Jura, court au N.

et arrose Altkirch, Mulhouse, Colmar, Schelestadt et Strasbourg, et finit au-dessous de cette ville, après un cours de 160 kilomètres.

4° La *Moder* descend des Vosges, coule de l'O. à l'E., arrose Haguenau et reçoit la *Zorn*, qui passe à Saverne.

5° La *Lauter* naît dans les Vosges, coule de l'O. à l'E., arrose Wissembourg et finit au-dessous de Lauterbourg.

6° La *Moselle* prend source aux monts Faucilles, coule au N. O., arrose Remiremont, Épinal, Toul, Pont-à-Mousson, sort de France à Pagny, arrose Metz, Thionville, Sierck, passe à Trèves, et finit à Coblentz après un cours de 520 kilomètres. La Moselle a de nombreux affluents : à droite : la *Meurthe*, qui descend des Vosges, coule du S. E. au N. O., passe à côté de Lunéville, arrose Nancy et finit au-dessous de cette ville; la *Seille*, qui coule dans un pays marécageux pour finir à Metz ; la *Sarre*, qui prend sa source dans les Vosges, coule du S. au N., arrose Sarrebourg et Sarreguemines, coule ensuite vers le N. O., passe à Sarrebruck et à Sarrelouis et finit au-dessus de Trèves; à gauche : la *Soure*, qui descend des Ardennes orientales, coule du N. O. au S. E. et finit au-dessous d'Echternach, après avoir reçu par la droite l'*Alzette*, qui naît aussi dans les Ardennes orientales, coule du S. au N. et arrose Luxembourg.

99. Bassin du Weser. — Le *bassin du Weser* est formé : 1° par le revers oriental de l'Egge-gebirge et du Vogelberg; 2° par la pente occidentale du Thuringer-wald, du Hartz et des collines peu sensibles entre le Weser et l'Elbe.

Cours du Weser. — Le *Weser*, qui prend sa source dans le Franken-wald sous le nom de *Werra*, court au N. O., arrose Munden, où il reçoit la *Fulde*. A partir de ce confluent le fleuve se nomme *Weser*, court au N., arrose Minden et Brême, et finit dans la mer du Nord. Son cours est de 500 kilomètres.

Affluents de droite. — La *Neisse* passe à Eisenach. L'*Aller* prend source près de Magdebourg, pour couler du S. E. au N. O., et reçoit l'*Ocker*, qui arrose Brunswick, et la *Leine*, qui passe à Gœttingue et à Hanovre.

Affluent de gauche. — La *Fulde* sort du Rhone-gebirge, coule du S. au N. et arrose Fulde et Cassel.

100. Bassin côtier du Weser (rive gauche). — Un bassin côtier, celui de l'*Ems*, est situé à l'O. du Weser.

L'*Ems* prend source dans l'Egge-gebirge, coule du S. au N., reçoit l'*Aa*, qui passe à Munster, et finit dans le golfe de Dollart.

101. Bassin de l'Elbe. — Le *bassin de l'Elbe* est formé : 1° par les pentes orientales des collines entre le Weser et l'Elbe ; 2° par les mêmes pentes des monts du Hartz et du Thuringer-wald ; 3° par le revers septentrional des monts de Bohême et de Moravie ; 4° par la pente occidentale des Riesen-gebirge et des faibles hauteurs situées entre l'Elbe et l'Oder.

Cours de l'Elbe. — L'*Elbe* descend des Riesen-gebirge (montagnes des Géants), coule du N. au S., puis du S. E. au N. O., arrose Dresde, Magdebourg, Lauenbourg et Hambourg, et finit par une embouchure de 8 kilomètres dans la mer du Nord, après un cours de 1,150 kilomètres.

Affluent de droite. — Le *Havel* naît dans les lacs du Mecklembourg, coule du N. au S., passe à Spandau, où il tourne à l'O., arrose Potsdam et Brandebourg et se grossit de la *Sprée*, qui passe à Berlin, et de la *Nuthe*, qui finit à Potsdam.

Affluents de gauche. — 1° La *Moldau* prend sa source dans le Bœhmer-wald, coule d'abord au S. E., puis au N., arrose Prague et joint l'Elbe à Melnik.

2° La *Mulde* naît dans les montagnes occidentales de la Bohême, coule du S. au N. et joint l'Elbe à Dessau.

3° La *Saale* descend du Fitchtel-gebirge, coule du S. au N., passe à Halle et à Bernbourg et reçoit l'*Ilm*, qui passe à Weimar, l'*Unstrutt*, qui descend du Hartz, coule de l'O. à l'E. et arrose Freyburg, et l'*Elster*, qui descend de l'Erz-gebirge (monts Métalliques) et arrose Leipsick.

Versant germanique oriental.

102. Ceinture du versant germanique oriental. — Le *versant germanique oriental* ou *versant prussien oriental et russe occidental*, tributaire de la Baltique, est formé : 1° par les pentes orientales des hauteurs entre l'Elbe et l'Oder et des Riesen-gebirge ; 2° par le revers septentrional des Karpathes ; 3° par les pentes occidentales des collines de Pologne et du plateau de Valdaï ; 4° par les pentes occidentales des monts Olonetz. Les points extrêmes sont la pointe du Jutland, à l'O., et le golfe de Bothnie, au N.

103. Bassins du versant germanique oriental. — Le versant germanique oriental forme sept bassins : 1° l'*Oder*, 2° la *Vistule,* 3° la *Prégel,* 4° le *Niémen,* 5° la *Duna,* 6° la *Narva,* 7° la *Néva.*

104. Bassin de l'Oder. — Le *bassin de l'Oder* est formé : 1° par les pentes des hauteurs mentionnées dans le versant de la Baltique dont il fait partie ; 2° par les pentes insensibles des collines entre l'Oder et la Vistule.

Cours de l'Oder. — L'*Oder* naît dans les monts Sudètes, coule du S. E. au N. O., arrose Breslau, Francfort et Stettin, pour finir dans la mer Baltique; il a 900 kilomètres de cours, dont 640 sont navigables.

Affluent de droite. — La *Wartha* descend des hauteurs entre l'Oder et la Vistule, coule du S. E. au N. O., puis de l'E. à l'O., et reçoit à gauche la *Prosna,* qui sert de limite entre la Prusse et la Russie.

Affluents de gauche. — 1° La *Neiss* passe à Glatz.

2° La *Bober* se grossit de la *Queiss* et passe à Landshut.

105. Bassin de la Vistule. — Le *bassin de la Vistule* est formé : 1° par le revers oriental des collines et des plaines entre l'Oder et la Vistule; 2° par le revers septentrional des Karpathes occidentales; 3° par le revers occidental des collines entre la Vistule et le Niémen.

Cours de la Vistule. — La *Vistule* descend des Karpathes, court du S. O. au N. E., arrose Cracovie et Varsovie, tourne au N. O., passe à Thorn et finit près de Dantzick dans la mer Baltique.

Affluents de droite. — 1° Le *San* vient des Karpathes pour finir au-dessous de Sandomir.

2° Le *Bug* naît dans les coteaux de la Galicie, coule au N. O. et finit au-dessous de Modlin, après avoir reçu à sa gauche la *Narew,* qui passe à Lemberg.

Affluent de gauche. — La *Pilica,* rivière considérable, ne baigne aucun lieu important.

106. Bassin de la Prégel. — Le pays qui forme le *bassin de la Prégel* est plat, rempli de lacs et de marais.

Cours de la Prégel. — La *Prégel* reçoit les eaux des lacs intérieurs de la Prusse orientale, arrose Kœnigsberg et se rend dans la mer Baltique ; elle reçoit par la gauche l'*Alle*, qui passe près d'Eylau et à Friedland.

107. Bassin du Niémen. — Le *bassin du Niémen* a pour ceinture des hauteurs trop peu sensibles pour mériter une mention.

Cours du Niémen. — Le *Niémen* naît dans les marais de Minsk, coule du S. E. au N. O., passe à Grodno et à Kowno et reçoit la *Wilia*, qui passe à Wilna ; il arrose ensuite Tilsitt et finit à Memel dans la mer Baltique.

108. Bassin de la Duna. — Le *bassin de la Duna* est bas, marécageux et rempli de lacs. Le plateau de Valdaï forme son principal relief.

Cours de la Duna. — La *Duna* sort des lacs de Valdaï, coule d'abord du N. au S., puis du S. E. au N. O., arrose Witepsk et finit dans le golfe de Livonie (mer Baltique), après un cours de 1000 kilomètres, d'une navigation difficile.

109. Bassin de la Narva. — La ceinture du *bassin de la Narva* se forme de hauteurs trop faibles pour être mentionnées.

Cours de la Narva.—La *Narva* sort du lac Peïpous et coule au N. jusqu'au golfe de Finlande (mer Baltique).

110. Bassin de la Néva. — Le *bassin de la Néva* a pour ceinture, au N. E. et à l'E., les monts Olonetz ; au S., les monts Valdaï.

Cours de la Néva. — La *Néva* sort du lac Ladoga, coule à l'O., arrose Saint-Pétersbourg et finit dans le golfe de Finlande (mer Baltique). Le lac Ladoga forme le centre du bassin de la Néva et reçoit au S. le *Wolkow*, qui apporte les eaux du lac Ilmen et arrose Novogorod ; à l'O. le *Woxa* qui déverse les eaux du lac Saïma.

Versant russe septentrional.

111. Ceinture du versant russe septentrional. — Le *versant russe septentrional*, tributaire de la mer Glaciale, arc-

tique, ne présente qu'une vaste plaine et des déserts glacés.
Les points extrêmes sont le détroit de Waïgatz et le cap Nord.

112. Bassins du versant russe septentrional. — Le versant russe septentrional forme trois bassins : 1° la *Petchora,* 2° la *Dwina,* 3° l'*Onéga.*

1° La *Petchora* naît dans les monts Ourals, coule au N. O. et finit par une large embouchure dans la mer Glaciale.

2° La *Dwina,* formée des rivières *Soukhona* et *Witchegda,* coule au N. O., arrose Arkhangel et se termine au-dessous de cette ville dans la mer Blanche.

3° L'*Onéga* prend sa source dans le lac Vojé, coule du S. au N. O. et se jette dans le golfe d'Onegskaia, au fond de la mer Blanche.

Versant scandinave oriental et méridional.

113. Ceinture du versant scandinave oriental et méridional. — Le *versant oriental et méridional de la presqu'île scandinave,* tributaire de la mer Baltique et de la mer du Nord, est formé par les pentes orientales et méridionales des Alpes scandinaves ou monts Dofrines. Les points extrêmes sont l'embouchure de la Tornéa et le cap Lindesness.

114. Bassins du versant scandinave oriental et méridional. — Le versant scandinave oriental et méridional forme cinq bassins : 1° la *Tornéa,* 2° le *Mœlar,* 3° la *Motala,* 4° la *Gotha,* 5° le *Glommen.*

1° La *Tornéa* coule du N. au S. et finit à Tornéa, au fond du golfe de Bothnie (mer Baltique).

2° Le *Mœlar,* vaste amas d'eau, plutôt lac que fleuve, renferme une grande quantité d'îles, de golfes et de détroits, sur l'un desquels se trouve Stockholm.

3° La *Motala* décharge à l'E., dans la mer Baltique, les eaux du lac *Vetter,* qui a 120 kilomètres de long du N. au S.

4° La *Gotha,* qui sort du lac Vener, coule au S. et finit à Gothembourg dans le Cattégat.

5° Le *Glommen,* le plus grand cours d'eau de la péninsule, sort du Langfield, section des Alpes scandinaves, court du N. au S., reçoit un grand nombre de lacs et de rivières et finit à

Fridérikstad dans la mer du Nord, après un cours de 420 kilomètres.

Versant scandinave occidental.

115. Ceinture du versant scandinave occidental. — Le *versant scandinave occidental*, tributaire de l'océan Atlantique et de la mer du Nord, qui est formé par la pente occidentale des Alpes scandinaves, ne renferme aucun bassin important. Les points extrêmes sont le cap Nord et le cap Lindesness.

Versant britannique oriental.

116. Ceinture du versant britannique oriental. — Le *versant britannique oriental*, tributaire de la mer du Nord, est formé : 1° par le revers septentrional d'une partie des plateaux ocriniens ; 2° par la pente orientale d'une série de collines qui se détachent des plateaux ocriniens pour courir vers le N. jusqu'aux monts *Moorlands;* ces derniers se relient aux monts Cheviots ; 3° par les pentes orientales des monts Grampians, depuis les monts Cheviots jusqu'au cap Duncansby. Les points extrêmes sont les caps Duncansby et North-Foreland.

117. Bassins du versant britannique oriental. — Le versant britannique oriental forme sept bassins : 1° la *Tamise,* 2° la *Grande Ouse,* 3° l'*Humber,* 4° la *Tweed,* 5° le *Forth,* 6° le *Tay,* 7° la *Ness.*

1° La *Tamise* prend source dans les collines de Buckingham, coule du N. E. au S. O., reçoit l'*Isis,* qui passe à Oxford, se dirige de l'O. à l'E., arrose Windsor, traverse Londres, passe ensuite à Greenwich et à Woolwich ; au-dessous de cette ville, la Tamise arrive à la mer du Nord par une large embouchure, après un cours de 320 kilomètres et une navigation de 260 kilomètres.

2° La *Grande Ouse* coule du S. O. au N. E., arrose Buckingham et Bedford, reçoit le *Cam,* qui passe à Cambridge, et finit à Lynn dans la mer du Nord.

3° L'*Humber,* qui se jette dans la mer du Nord, est formé de deux rivières, la *Trent* et la *Petite Ouse :* la *Trent* coule du S. au N., possède Birmingham dans son bassin et passe près de

Nottingham pour finir dans la mer du Nord ; la *Petite Ouse* coule du N. au S. et arrose York.

4° La *Tweed* prend sa source dans le mont Hartfeld, coule de l'O. à l'E. et finit à Berwick dans la mer du Nord.

5° Le *Forth* naît dans les monts Grampians, coule de l'O. à l'E. et finit dans le golfe du Forth (mer du Nord), sur lequel est située Édimbourg.

6° Le *Tay* descend des montagnes de Perth, appendice des monts Grampians, coule du N. O. au S. E., arrose Perth et finit par une large embouchure dans la mer du Nord.

7° La *Ness* descend des montagnes d'Inverness, coule du S. O. au N. E. et finit au-dessous d'Inverness dans le golfe de Murray (mer du Nord).

Versant britannique occidental.

118. Ceinture du versant britannique occidental. — Le *versant britannique occidental*, tributaire de l'océan Atlantique et de la mer d'Irlande, est formé par les pentes occidentales des collines et des montagnes citées dans le versant oriental. Les points extrêmes sont les caps Duncansby et Lands-End.

119. Bassins du versant britannique occidental. — Le versant britannique occidental forme trois bassins : 1° la *Severn*, 2° la *Mersey*, 3° la *Clyde*.

1° La *Severn* descend des montagnes de Galles, court du N. au S., arrose Worcester et Glocester et finit par une large embouchure dans le canal de Bristol (océan Atlantique). Elle reçoit à sa gauche les deux *Avon*, le premier qui passe à Warwick et le second à Bath et à Bristol.

2° La *Mersey* finit au-dessous de Liverpool dans la mer d'Irlande ; elle se grossit de l'*Irwell*, qui passe à Manchester.

3° La *Clyde* prend sa source dans le mont Hartfeld, en Écosse, coule du S. E. au N. O., arrose Glasgow et finit dans l'océan Atlantique par le golfe qui porte son nom.

Versant irlandais occidental.

120. Ceinture du versant irlandais oriental. — Le *versant irlandais oriental*, tributaire de la mer d'Irlande, ne renferme que des baies et des rivières sans importance : 1° la *Boyne*, qui arrive à la mer d'Irlande près de Droghéda ; 2° la *Liffey*, qui finit à Dublin dans la même mer ; 3° le *Suir*, qui se jette à Waterford aussi dans la même mer.

Versant irlandais occidental.

121. Ceinture du versant irlandais occidental. — Le *versant irlandais occidental*, tributaire de l'océan Atlantique, est découpé par de nombreuses et profondes baies et ne possède qu'un seul fleuve important, le *Shannon*, qui sort du lac Allen, coule du N. au S. à travers plusieurs lacs, reçoit le *canal de Dublin*, qui aboutit dans la Liffey, passe à Limerick et tourne à l'O. pour finir dans l'océan Atlantique, après un cours de 320 kilomètres.

Exercices. Le maître fera les démonstrations au tableau noir et sur la carte murale. Les élèves feront les tracés des versants et des bassins dont il est question dans ce chapitre.

———⁕———

CHAPITRE VI.

Suite des versants et bassins de l'Europe. — Grand versant méridional de l'Europe. — Versant hispanique oriental. — Versant français méridional. — Versant italique occidental. — Versant italique oriental.

Grand versant méridional de l'Europe.

122. Division du grand versant méridional de l'Europe. — Le *grand versant méridional de l'Europe* ou *versant méditerranéen* peut être divisé en sept versants secondaires :

1° Le *versant hispanique oriental*, tributaire de la Méditerranée ;

2° Le *versant français méridional*, tributaire de la Méditerranée ;

3° Le *versant italique occidental*, tributaire de la Méditerranée ;

4° Le *versant italique oriental*, tributaire de la mer Adriatique ;

5° Le *versant grec occidental*, tributaire des mers Adriatique et Ionienne ;

6° Le *versant grec oriental*, tributaire de la mer de l'Archipel et de la mer de Marmara ;

7° Le *versant russe méridional*, tributaire de la mer Noire, de la mer d'Azof et de la mer Caspienne.

Versant hispanique oriental.

123. Ceinture du versant hispanique oriental. — Le *versant hispanique oriental*, tributaire de la Méditerranée, est formé : 1° par le revers méridional de la sierra Névada ; 2° par la pente orientale des monts Ibériens jusqu'à la sierra de Reynosa ; 3° par la pente méridionale des Pyrénées, depuis la sierra de Reynosa jusqu'au cap Creus. Les points extrêmes sont le cap Tarifa et le cap Creus.

124. Bassins du versant hispanique oriental. — Le versant hispanique oriental renferme le bassin de l'*Èbre* et des bassins côtiers.

125. Bassin de l'Èbre. — Le *bassin de l'Èbre* est formé par la pente septentrionale d'un appendice de la sierra d'Albarracin, par la pente orientale des sierras d'Albarracin, de Moncayo et d'Urbion, par la pente médirionale des Pyrénées cantabriques et des Pyrénées gallo-ibériques, jusqu'au cap Creus.

Cours de l'Èbre. — L'*Èbre* prend sa source dans la sierra de Reynosa, coule au S. E., arrose Saragosse et finit dans la Méditerranée, après un cours de 500 kilomètres.

Affluents de gauche. — 1° La *Zadorra* arrose Vittoria.

2° L'*Aragon* est grossi de l'*Arga*, qui baigne Pampelune.

3° La *Sègre* descend des Pyrénées, coule du N. E. au S. O., arrose Urgel et Lérida et reçoit à droite un grand nombre d'affluents, dont les principaux sont la *Baliéra*, qui arrose la vallée d'Andorre, la *Noguéra-Pallarèse*, la *Noguéra-Ribagorçana* et la *Cinca*.

126. Bassins côtiers de l'Èbre (rive droite). — Les cours d'eau au S. de l'Èbre sont la *Ségura*, le *Xucar* et le *Guadalaviar*.

1° La *Ségura* descend de la sierra de Sagra, coule du N. O. au S. E., arrose Murcie et finit dans la mer Méditerranée, après un cours de 250 kilomètres.

2° Le *Xucar* descend de la sierra d'Albarracin, coule du N. O. au S. E., reçoit le *Cabriel*, et finit après un cours de 350 kilomètres, près des étangs d'Albuféra, dans la Méditerranée.

3° Le *Guadalaviar* naît dans la sierra d'Albarracin, coule du N. O. au S. E., arrose Valence et finit au Grao, petit port de la Méditerranée, après un cours de 200 kilomètres.

Versant français méridional.

127. Ceinture du versant français méridional. — Le *versant français méridional*, tributaire de la mer Méditerranée, est formé : 1° par la pente orientale des Cévennes ; 2° par la pente méridionale de la côte d'Or, du plateau de Langres, des monts Faucilles et des Vosges ; 3° par la pente occidentale du Jura ; 4° par la pente méridionale du Jorat et des Alpes bernoises ; 5° par le revers septentrional des Alpes pennines ; 6° par la pente occidentale des Alpes grées, cottiennes et maritimes, jusqu'à la rencontre de l'Apennin. Les points extrêmes sont le cap Creus et le col de Cadibone.

128. Bassins du versant français méridional. — Le *versant français méridional* comprend le bassin du *Rhône* et des bassins côtiers.

129. Bassin du Rhône. — Le *bassin du Rhône* se forme de toutes les hauteurs qui font partie du versant méridional français. Des ramifications, peu élevées, des Cévennes, qui courent entre le Gard et la Vidourle, le séparent des bassins côtiers de l'Ouest. Un rameau, qui se détache des Alpes maritimes, entre la Durance et le Var, le sépare des bassins côtiers de l'Est.

Cours du Rhône. — Le *Rhône* descend des glaciers de la Furca (groupe du Saint-Gothard), coule du N. O. au S. O. dans une ravine effroyable, entre les Alpes bernoises, au N., et les Alpes pennines, au S., arrose Sion et Martigny, où il remonte au N. pour entrer, après 160 kilomètres de cours, dans le lac Léman, sur les bords duquel se trouvent Lausanne et Genève. Il entre en France au-dessous du lac, s'incline fortement vers le S., devient navigable à Seyssel, reprend la direction du S. O. et arrive à Lyon. Arrêté par les Cévennes, il tourne à angle droit, coule directement au S., passe à Givors, à Vienne, à Valence, à Montélimar; au Pont-Saint-Esprit, qui possède un pont de 440 mètres de long; à Avignon, située un peu au-dessus du confluent de la Durance; à Tarascon; à Beaucaire, situé en face de Tarascon. Au-dessous de cette ville, il se divise en plusieurs branches: celle de l'est, qui arrose Arles, et celle de l'ouest, formant l'île de la Camargue. Ce fleuve, ainsi divisé, arrive à la Méditerranée après un cours de 810 kilomètres et une navigation de 500 kilomètres. C'est le fleuve le plus torrentueux de l'Europe.

Affluents de droite. — 1º L'*Ain* descend du Jura, court du N. au S. et a pour principal affluent la *Bienne*. Sa navigation, dans les grosses eaux, est de 88 kilomètres.

2º La *Saône* prend source aux monts Faucilles, coule au S et arrose Gray, Auxonne, Saint-Jean-de-Losne, à l'extrémité des canaux de Bourgogne et du Rhône au Rhin; Chalon, située au confluent du canal du Centre; Mâcon, Villefranche et Trévoux, et se joint au Rhône à Lyon; elle est navigable pendant 366 kilomètres. La Saône reçoit à droite: la *Tille*, qui passe près de Fontaine-Française; l'*Ouche*, qui passe à Dijon; à gauche: le *Drugeon*, qui arrose Vesoul; l'*Ognon*, qui descend des Vosges et arrose Lure; le *Doubs*, qui descend du mont Rixon, dans le Jura, arrose Pontarlier, sert de limites pendant quelques kilomètres entre la France et la Suisse, fait de nombreux détours, passe à Besançon et à Dôle et finit dans la Saône, après avoir reçu la *Savoureuse*, qui descend des Vosges pour arroser Belfort; la *Seille*, qui se grossit de la *Vallière*, petite rivière passant à Lons-le-Saunier; la *Reyssouze*, qui passe à Bourg pour finir près de Pont-de-Vaux.

3º L'*Ardèche* descend des Cévennes et arrive dans le Rhône au Pont-Saint-Esprit.

4° Le *Gard* se forme de deux torrents appelés *Gardon d'Alais* et *Gardon d'Anduze,* coule au S. E. et arrive dans le Rhône au-dessus de Beaucaire.

Affluents de gauche. — 1° L'*Arve* descend du col de Balme, passe au pied du mont Blanc, coule du S. E. au N. O. et va finir au-dessous de Genève.

2° Le *Fier* descend des montagnes de Thônes et reçoit les eaux du lac d'Annecy.

3° La *Leysse* passe à Chambéry et traverse le lac du Bourget.

4° Le *Guiers* descend des Bauges, rameau des grandes Alpes, arrose les Échelles, où l'on voit, creusé dans le roc, un chemin souterrain de 300 mètres de longueur ; de là, le Guiers va passer au Pont-de-Beauvoisin et se jette dans le Rhône à Saint-Genis.

5° L'*Isère* descend du mont Iseran, dans les Alpes grées, court en général vers l'O., arrose Moûtiers et Montmélian ; de là, il devient navigable, passe à Grenoble et à Romans, et finit dans le Rhône entre Tournon et Valence. L'Isère reçoit : l'*Arc,* qui descend du mont Iseran, arrose Saint-Jean-de-Maurienne et finit au-dessus de Montmélian ; le *Drac,* qui descend des montagnes de Vallouise, rameau des Alpes cottiennes, et se termine au-dessous de Grenoble, après avoir reçu la *Romanche.*

6° La *Drôme,* descend des monts Embel, arrose Die, coule de l'E. à l'O. et finit dans le Rhône après un cours de 100 kilomètres.

7° La *Sorgue* sort de la célèbre fontaine de Vaucluse, dans les monts Ventoux, est navigable dès sa source, reçoit l'*Ouvèze* et la *Nesque,* pour finir dans le Rhône par deux embouchures.

8° La *Durance* descend du mont Genèvre, passe à Briançon, coule au S. O., arrose Mont-Dauphin, Embrun ; de là, elle tourne au S. pour arroser Sisteron ; plus bas, elle prend la direction de l'O. et arrive dans le Rhône au-dessous d'Avignon ; elle est navigable pendant 180 kilomètres. Ses affluents sont, à droite : la *Luye,* qui arrose Gap ; à gauche : l'*Ubaye,* qui passe à Barcelonnette ; la *Bléone,* qui arrose Digne ; le *Verdon,* qui baigne Castellane.

130. Bassins côtiers du Rhône (rive droite). — Les cours d'eau situés à l'O. du Rhône sont : le *Tech,* le *Tet,* l'*Aude,* l'*Orb,* l'*Hérault* et la *Vidourle,* qui se jettent dans la Méditerranée.

1° Le *Tech* coule de l'O. à l'E. et arrose Céret.

5.

2° Le *Tet* arrose Prades et Perpignan.

3° L'*Aude* descend du pic de Corlitte, dans les Pyrénées, coule du S. au N. et arrose Limoux et Carcassonne ; de là, elle coule de l'O. à l'E., passe près de Narbonne et finit entre les étangs de Sigean et d'Agde, après un cours de 200 kilomètres.

4° L'*Orb* descend des Cévennes et arrose Béziers.

5° L'*Hérault* descend aussi des Cévennes, coule du N. au S. et finit à Agde.

6° La *Vidourle* coule du N. au S. pour finir à l'E. des étangs de Thau.

131. Bassins côtiers du Rhône (rive gauche). — Les cours d'eau situés à l'E. du Rhône sont : l'*Arc*, l'*Argens,* le *Var* et la *Roïa*.

1° L'*Arc*, qui vient des Alpines, coule de l'E. à l'O., arrose Aix et finit dans l'étang de Berre.

2° L'*Argens*, qui descend aussi des monts de l'Esterel, coule du N. O. au S. E., reçoit l'*Urtuby*, qui passe à Draguignan, et finit dans le golfe de Fréjus (mer Méditerranée).

3° Le *Var*, qui descend du mont Caméléone, dans les Alpes maritimes, coule au S., arrose Entrevaux, reçoit la *Tinée*, à gauche, et l'*Esteron*, à droite, et arrive à la Méditerranée après un cours de 104 kilomètres.

4° La *Roïa*, qui prend sa source dans les Alpes maritimes, coule du N. au S. et se jette dans la Méditerranée à l'E. de Nice.

Versant italique occidental.

132. Ceinture du versant italique occidental. — Le *versant italique occidental*, tributaire de la mer Méditerranée, est formé : 1° par la pente méridionale des Alpes maritimes ; 2° par le revers méridional et occidental de l'Apennin septentrional, depuis le col de Cadibone jusqu'au mont Coronaro, source du Tibre ; 3° par la pente occidentale de l'Apennin central, depuis le mont Coronaro jusqu'au mont Vélino ; 4° par la même pente de l'Apennin méridional, depuis le mont Vélino jusqu'au détroit de Messine. Les points extrêmes de ce versant sont l'embouchure de la Roïa et le cap Spartivento. On donne le nom de

Rivière du Ponent à la partie de la côte qui se trouve entre la Roïa et Gênes; celle qui continue jusqu'au petit golfe de la Spezzia s'appelle *Rivière du Levant*.

133. Bassins du versant italique occidental. — Le *versant italique occidental* forme les bassins de l'*Arno*, du *Tibre*, du *Volturno*, et des bassins côtiers.

134. Bassin de l'Arno. — Le *bassin de l'Arno* est formé par le revers méridional de l'Apennin septentrional et la pente occidentale du Sub-Apennin toscan, rameau de l'Apennin septentrional.

Cours de l'Arno. — L'*Arno* descend du mont Falterona, coule vers le S. E., laisse sur sa gauche Arezzo, se dirige de l'E. à l'O., passe à Florence et finit au-dessous de Pise.

135. Bassin côtier de l'Arno (rive droite). — Le *Serchio* descend de l'Apennin septentrional et arrose Lucques.

136. Bassin côtier de l'Arno (rive gauche). — L'*Ombrone* prend sa source dans le Sub-Apennin toscan, coule vers le S. O., a Sienne dans son bassin, passe près de Grossetto et finit au-dessous de cette ville.

137. Bassin du Tibre. — Le *bassin du Tibre* est formé par les pentes occidentales de l'Apennin central, les pentes orientales du Sub-Apennin toscan et les pentes occidentales du Sub-Apennin romain, appendice de l'Apennin central.

Cours du Tibre. — Le *Tibre* prend source au mont Coronaro, coule du N. O. au S. E., arrose Rome et se jette dans la mer Tyrrhénienne à Ostie, après un cours de 300 kilomètres, dont 120 sont navigables. Il reçoit de nombreux affluents, dont les plus importants sont, à droite : la *Chiana*, où aboutit le canal qui joint le Tibre à l'Arno; à gauche : le *Topino*, qui passe à Foligno; la *Néra*, qui passe à Terni et se grossit du *Vélino*; le *Tévérone*, qui passe à Tivoli.

138. Bassin côtier du Tibre (rive gauche). — Le *Garigliano* est formé du *Liri* et du *Sacco* : le Liri coule du N. E. au S. O. et passe près d'Arpino; le Sacco coule de l'O. à l'E. et a dans son bassin Anagni et Frosinone. Après la réunion de ces deux rivières, le Garigliano coule du N. O. au S. E., passe à Pontécorvo et finit dans la mer Tyrrhénienne près du lieu où était Minturnes.

139. Bassin du Volturno. — Le *bassin du Volturno* est formé par les pentes occidentales de l'Apennin méridional, les pentes occidentales du Sub-Apennin vésuvien et les pentes orientales du Sub-Apennin romain.

Cours du Volturno. — Le *Volturno* descend de l'Apennin, coule d'abord du N. O. au S. E., puis de l'E. à l'O., arrose Capoue et se rend dans la mer Tyrrhénienne.

Depuis le Volturno jusqu'au cap Spartivento, on ne trouve plus que des torrents sans importance.

Versant italique oriental.

140. Ceinture du versant italique oriental. — Le *versant italique oriental*, tributaire de la mer Adriatique, est formé : 1° par le revers oriental de l'Apennin méridional, central et septentrional; 2° par la pente orientale des Alpes maritimes, cottiennes et grées; 3° par la pente méridionale des Alpes pennines, centrales et rhétiques; 4° par le revers occidental des Alpes carniques et juliennes. Les points extrêmes de ce versant sont le cap Spartivento et le cap Promontorio, situé au S. de la presqu'île de l'Istrie, entre le golfe de Trieste et le golfe de Fiume.

141. Bassins du versant italique oriental. — Le *versant italique oriental* forme le bassin du *Pô*, le plus beau et le plus fertile de l'Europe, et des bassins côtiers.

142. Bassin du Pô. — Le *bassin du Pô* est formé : 1° par la pente nord de l'Apennin septentrional et des Alpes maritimes; 2° par la pente orientale des Alpes cottiennes et grées; 3° par la pente méridionale des Alpes pennines et centrales; 4° par la pente occidentale des montagnes du Tyrol italien.

Cours du Pô. — Le *Pô* descend du mont Viso, coule, en formant un arc de cercle, du S. O. au N. E., laisse Saluces à sa droite, arrose Carignan, Moncalieri et Turin. Au-dessous de Turin, il prend la direction de l'E., en faisant de nombreux détours, et arrose Chivas, Valenza, Plaisance, Crémone, Guastalla, Borgo-Forte, où il a 600 mètres de largeur, et finit dans la mer Adriatique. Au-dessous de cette dernière ville, il jette des dérivations nombreuses : celle du nord arrose Adria, jadis sur la mer, et éloignée d'elle aujourd'hui de plus de 24 kilomètres : cette branche se nomme *Pô di Volano;* celle qui est la plus méridionale prend le nom de *Pô di Primaro.* Entre ces branches se trouvent les lagunes de Comacchio, séparées de la mer par une mince digue de sable. Le cours du Pô est d'environ 550 kilomètres.

Affluents de droite. — 1° La *Vraita* descend du col d'Agnello, dans les Alpes maritimes, arrose Château-Dauphin et finit dans le Pô au-dessous de Villafranca.

2° Le *Tanaro* descend du mont de Tende, coule généralement de l'O. à l'E., arrose Asti et Alexandrie; au-dessous d'Alexandrie, il remonte au N. pour se jeter dans le Pô, en face de Cambio, après avoir reçu à gauche l'*Éléro,* qui passe à Mondovi; la *Stura,* qui descend du col d'Argentière, dans les Alpes maritimes, et arrose Coni; à droite : la *Bormida,* formée de deux rivières de même nom qui se réunissent en avant de Bestagno; un troisième torrent court plus à l'E. sous le nom d'*Erro.*

3° La *Scrivia* prend sa source dans les Apennins, laisse à gauche Novi, arrose Tortone et finit au-dessous de Castel-Novo.

4° La *Trébie* ou *Trebbia* descend du col de Monte-Bruno, arrose Bobbio et finit en avant de Plaisance.

5° Le *Taro* descend du col de Pontrémoli et arrose Fornoue.

6° La *Parma,* rivière à sec pendant une partie de l'été, passe à Parme.

7° Le *Panaro* passe auprès de Modène et finit à Stellata.

8° Le *Réno,* grossi de plusieurs rivières, se joint au Pô di Primaro à Traghetto, après avoir reçu la *Savéna,* qui passe auprès de Bologne.

9° Le *Santerno* passe à Imola.

10° Le *Senio* arrose Lugo.

Affluents de gauche. — 1° La *Doire-Ripaire* descend du mont Genèvre, arrose Suse et finit à Turin.

2° La *Doire-Baltée* descend du mont Blanc, arrose Aoste, Bard et Ivrée et finit entre Chivas et Crescentino.

3° La *Sésia* descend du mont Rosa, passe à Romagnano, près de Verceil, et à Santhia.

4° Le *Tessin* ou *Tésin* descend du Saint-Gothard, arrose Bellinzone, tombe dans le lac Majeur, reçoit la *Toce*, qui passe à Domo-d'Ossola, où débouche la route du Simplon, et sort du lac à Sesto-Calende, arrose Turbigo et Pavie et finit au-dessous de cette ville.

5° L'*Olona* descend des montagnes qui séparent les lacs Majeur et de Côme, passe près de la Bicoque et arrose Milan.

6° L'*Adda* descend du mont Ortler, se dirige du N. E. au S. O., arrose Bormio, au débouché de la grande route du Stelvio, Fluentès, où la rivière entre dans le lac de Côme, sort du lac à Brivio, passe à Agnadel et à Lodi et finit près de Fombio.

7° L'*Oglio* descend du mont Tonal, arrose Edolo, traverse le lac d'Iséo et finit entre Guastalla et Borgo-Forte. Il se grossit de la *Mella*, qui passe près de Brescia, et de la *Chièse*, qui traverse le lac d'Idro.

8° Le *Mincio* descend du Tonal sous le nom de *Sarea*, tombe dans le lac de Garde à Riva, sort du lac à Peschiéra et arrose Borghetto, Pozollo et Mantoue, au milieu de trois petits lacs que forme cette rivière; il tombe dans le Pô à Governolo.

143. Bassins côtiers du Pô (rive droite). — Les bassins côtiers situés sur la rive droite du Pô sont nombreux, mais peu importants.

1° Le *Ronco* arrose Forli et finit dans la mer Adriatique, en laissant sur sa gauche Ravenne.

2° Le *Rubicon* (Pisatello), ruisseau célèbre chez les Romains, qui séparait la Gaule cisalpine de l'Italie proprement dite, finit dans la mer Adriatique.

3° La *Marecchia* a dans son bassin la ville de Saint-Marin et finit à Rimini dans la mer Adriatique.

4° Le *Métauro* arrose Fossombrone, laisse Urbin sur sa gauche et joint la mer Adriatique à Fano.

5° La *Pescara* se grossit de l'*Alterno*, qui arrose Aquila, passe à Chiéti et finit dans la mer Adriatique à Pescara.

6° L'*Ofanto* coule de l'O. à l'E., laisse Melfi à sa droite et Cérignole à sa gauche, arrose les champs où se livra la bataille de Cannes et finit, au N. de Barletta, dans la mer Adriatique.

7° Le *Candélaro* descend de l'Apennin et se jette dans le golfe de Manfredona (mer Adriatique).

8º Le *Brandano*, qui arrose la Basilicate, se rend dans la mer Ionienne.

144. Bassins côtiers du Pô (rive gauche). — Les bassins côtiers situés sur la rive ganche du Pô sont plus importants que ceux de la rive droite.

1º L'*Adige* sort des Alpes rhétiques près de Reschen, descend du mont Ortler, coule de l'O. à l'E., arrose Pradt, où commence la route du Stelvio; Méran, où il tourne du N. O. au S. E. et se joint à l'*Eisach*, qu'on peut considérer comme la source orientale du fleuve. L'Eisach descend du col de Brenner, reçoit le *Rienz*, qui vient du col de Toblach, et arrose Brunecken; puis il passe à Brixen et à Botzen, et se joint à l'Adige. A partir du confluent des deux cours d'eau, le fleuve coule du N. au S., reçoit à droite le torrent de la *Nos* et à gauche celui du *Lavis*, arrose Trente et Vérone. De là il passe devant Caldiéro, arrose ensuite Legnago et Carpi, d'où le fleuve tourne directement à l'E., se rapproche du Pô, et se jette dans la mer Adriatique à travers des marais et des atterrissements considérables.

2º La *Brenta* naît dans les montagnes qui sont au S. de Trente, arrose Primolano, Bassano, Cittadella, et finit sans embouchure dans les lagunes au milieu desquelles on trouve Venise, assise sur soixante petites îles, dans le golfe du même nom (mer Adriatique).

3º La *Piave* vient des Alpes carniques, coule du N. au S., arrose Cadore et Bellune, reçoit un affluent qui passe à Trévise et finit dans les lagunes de la mer Adriatique.

4º Le *Tagliamento* descend des montagnes qui encaissent la Piave, coule du N. O. au S. E., arrose Tolmezzo, reçoit la *Fella*, qui vient du col de Tarvis et arrose Chiusa-Vénéta; alors il se dirige du N. au S., passe à Osopo et finit dans les lagunes de la mer Adriatique.

5º L'*Isonzo* descend du col de Brédil, arrose Chiusa di Pletz, Goritza et Gradisca, reçoit à gauche l'*Idria,* qui arrose Idria; à droite, le *Torre*, qui a Udine dans son bassin et se rend dans la mer Adriatique.

Exercices. Le maître fera les démonstrations au tableau noir et sur la carte murale. Les élèves feront: 1º le tracé du grand versant méridional de l'Europe; 2º les tracés des divers bassins dont il est question dans ce chapitre.

CHAPITRE VI.

Suite des versants et bassins de l'Europe. — Versant grec occidental.—
Versant grec oriental. — Versant russe méridional. — Isthme du
Caucase. —Presqu'île de Crimée.

Versant grec occidental.

145. Ceinture du versant grec occidental. — Le *versant
grec occidental*, tributaire des mers Adriatique et Ionienne, est
formé : 1° par la pente méridionale des Alpes dinariques; 2° par
le revers occidental des Alpes helléniques. Les points extrêmes
de ce versant sont le cap Promontorio et le cap Matapan.

146. Bassins du versant grec occidental. — Les chaînes
de montagnes qui forment la ceinture du versant grec occidental sont trop près des côtes et leurs pentes trop rapides
pour donner lieu à de grands bassins : aussi on ne trouve
dans ces parages que des torrents ; citons les plus importants.

1° La *Narenta* descend des Alpes dinariques, arrose Mostar,
capitale de l'Herzégovine, et se rend dans la mer Adriatique.

2° Le *Drin* est composé de deux rivières : l'une descend des
Alpes dinariques sous le nom de *Drin blanc* pour couler du
N. au S. ; l'autre descend des Alpes helléniques sous le nom de
Drin noir, coule du S. au N., traverse le lac d'Okhrida et finit
dans la mer Adriatique.

3° La *Voïoussa* descend du Pinde, coule du S. E. au N. O.
et finit dans la mer Ionienne.

4° L'*Achéron*, torrent qui parcourt un pays sauvage, habité
par les Souliotes, se rend dans la mer Ionienne.

5° L'*Aspropotamo* descend du Pinde, coule du S. au N. et finit
près du golfe de Patras, dans la mer Ionienne.

Versant grec oriental.

147. Ceinture du versant grec oriental. — Le *versant grec
oriental*, tributaire de la mer de l'Archipel et de la mer de
Marmara, est formé : 1° par les pentes orientales des Alpes

helléniques; 2° par le revers méridional des monts Balkans.
Les points extrêmes de ce versant sont le cap Matapan et le
détroit des Dardanelles.

148. Bassins du versant grec oriental. — Le *versant grec
oriental* forme six bassins : 1° la *Maritza*, 2° le *Strouma*, 3° le
Vardar, 4° la *Salembria*, 5° l'*Hellada*, 6° le *Céphissus*.

1° La *Maritza* descend du mont Égrisou, dans les Balkans,
coule à l'E. dans une plaine très-élevée et très-fertile, arrose
Philippopoli, reçoit la *Toundja* à Andrinople, tourne au S. O. et
dans le golfe d'Énos (mer de l'Archipel).

2° Le *Strouma* ou *Carasou* sort du mont Argentaro, reçoit un
affluent du même nom qui passe non loin de Serès, entre dans
le lac Kadaka, passe à Orfano, près des ruines d'Amphipolis, et
finit dans le golfe de Contessa (mer de l'Archipel).

3° Le *Vardar* descend du mont Scardo, coule au S. à travers
un pays montagneux, reçoit la *Koukia*, dans le bassin de
laquelle est Monastir, et finit dans le golfe de Salonique (mer de
l'Archipel).

4° La *Salembria* descend du Pinde, fertilise la belle vallée de
la Thessalie, arrose Tricala, reçoit à droite le *Sataldjé*, passe
ensuite à Larisse; de là elle arrose la charmante vallée de
Tempé et finit dans le golfe de Salonique (mer de l'Archipel).

5° L'*Hellada* (Sperchius) finit, en avant des Thermopyles,
dans le golfe de Zeitoun (mer de l'Archipel).

6° Le *Céphissus* descend dans le lac Copaïs, situé au centre
d'un plateau entre les golfes de Lépante et d'Athènes.

Versant russe méridional.

149. Ceinture du versant russe méridional. — Le *versant
russe méridional*, tributaire des mers Noire, d'Azof et Caspienne, est formé : 1° par le revers septentrional des monts
Balkans, 2° par la pente nord des Alpes dinariques, 3° par la
pente orientale des Alpes juliennes, 4° par la pente nord des
Alpes carniques, 5° par la même pente des Alpes rhétiques,
6° par la pente orientale des Alpes grises ou algaviennes, 7° par
la pente nord des Alpes de Constance, 8° par la pente méridionale des monts de Souabe et de Franconie, 9° par la pente méridionale des monts de Bohême et de Moravie, 10° par la pente

méridionale des monts Sudètes et des Karpathes occidentales, 11° par les collines de Pologne, 12° par les plateaux de Valdaï, 13° par les monts Uvalli et Chemokonski, 14° par les Ourals. Les points extrêmes sont la jonction des collines de Pologne avec les Karpathes et celle des monts Chemokonski avec les monts Ourals.

150. Bassins du versant russe méridional. — Le *versant russe méridional* forme cinq bassins : 1° le *Danube*, 2° le *Dniester*, 3° le *Dniéper*, 4° le *Don*, 5° le *Volga*.

151. Bassin du Danube. — La ceinture du bassin du Danube est formée : 1° par l'arête des montagnes que nous venons de citer dans le versant russe méridional, depuis les monts Balkans jusqu'aux collines de Pologne; 2° par les Karpathes centrales; 3° par les hauteurs peu sensibles qui courent entre le Pruth et le Dniester jusqu'à la mer Noire.

Cours du Danube. — Le *Danube* prend source dans la Forêt-Noire, à 682 mètres de hauteur, coule de l'O. au N. E., dans une vallée étroite et profonde, et arrose Sigmaringen et Ulm, où il devient navigable; il passe plus loin à Neustadt et à Ratisbonne. De là il coule au S. E., arrose Passau, Lintz, Vienne, capitale de l'empire d'Autriche, Presbourg et Comorn ; au-dessous de cette ville, il tourne brusquement vers le S., arrose Bude, capitale de la Hongrie, Pesth, Vukovar, où le fleuve reprend sa direction de l'O. à l'E., pour arroser Peterwardein, Semlin, Belgrade, Sémendria, capitale de la Servie. Le Danube se partage en deux branches principales avant d'entrer dans la mer Noire. Son cours est de 2,500 kilomètres; depuis Bude, il porte des vaisseaux de quarante canons. C'est le plus grand fleuve de l'Europe après le Volga.

Affluents de droite. — 1° Le *Lech* descend des Alpes algaviennes, coule du S. au N., passe près d'Augsbourg et finit au-dessous de Rain.

2° L'*Isar* descend du rameau des Alpes qui encaisse la rive gauche de l'Inn, court au N. E., passe à Munich, capitale de la Bavière, reçoit à gauche l'*Ammer* et finit après un cours de 360 kilomètres.

3° L'*Inn* descend du mont Maloïa, dans les Alpes rhétiques, coule du S. O. au N. E., arrose Inspruck, capitale du Tyrol allemand, devient navigable à Hall et finit à Passau, après un cours de 400 kilomètres. Il se grossit de la *Salza*, qui coule de l'E. à l'O. et qui arrose Salzbourg.

4° L'*Ens* descend des Alpes noriques, se dirige de l'O. à l'E., dans une vallée profonde et sauvage, tourne brusquement au N. et finit à Ens.

5° La *Leytha* prend sa source dans le mont Sœmmering, sépare les pays autrichiens des pays hongrois et se jette dans un bras du Danube.

6° Le *Raab* descend des Alpes noriques, coule du N. O. au S. E., puis du S. O. au N. E., arrose Saint-Gothard et finit au-dessous de Raab.

7° La *Drave* prend source au pic des Trois-Seigneurs, court du N. O. au S. E., entre les Alpes noriques au N. et les Alpes carniques, de Croatie et d'Esclavonie au S., arrose Lienz, passe auprès de Klagenfurth, capitale de la Carinthie, arrose Marbourg et finit après un cours de 640 kilomètres. Cette rivière reçoit la *Muhr*, qui descend du mont Elend, coule de l'O. à l'E. en arrosant Saint-Michel, Léoben, Bruck, où elle tourne brusquement au S. pour arroser Grætz, capitale de la Styrie ; elle coule ensuite parallèlement à la Drave, en s'en rapprochant peu à peu jusqu'à son confluent.

8° La *Save* descend du mont Terglou, coule du N. O. au S. E., entre les Alpes carniques au N. et les Alpes juliennes et dinariques au S., laisse à droite Laybach, capitale de la Carniole, à gauche Agram, capitale de la Croatie, et finit à Belgrade après un cours de 900 kilomètres. Elle reçoit à droite la *Kulpa*, l'*Urma*, la *Bosna*, qui passe à Bosna-Seraï, et la *Drina*.

9° La *Morava*, formée de deux rivières, celle de l'O., qui arrose Kruschewatz, et celle de l'E., qui arrose Nova-Berda, se jette dans le Danube au-dessous de Sémendria.

10° L'*Isker* passe près de Sophia, capitale de la Bulgarie.

Affluents de gauche. — 1° La *Vernitz* descend du Steigerwald, passe à Nordlingen et joint le Danube près de Donauverth.

2° L'*Altmühl* descend du Steiger-wald, coule du N. O. au S. E. jusqu'à Eichstedt, puis de l'O. à l'E., parallèlement au Danube, pour finir au pont de Kelheim, après un cours de 200 kilomètres.

3° Le *Naab* descend du Fichtelberg, coule du N. au S. dans une vallée rocheuse et aride et finit en avant de Ratisbonne.

4° La *Regen* sort du Bœhmer-wald, court de l'E. à l'O., puis du N. au S., et se jette dans le Danube près de Ratisbonne.

5° La *March* ou *Morawa* descend du mont Schneeberg, coule du N. au S., arrose Olmutz et finit à Theben. Elle reçoit à droite la *Schwarza*, qui passe à Brünn, grossie de l'*Iylava*, qui passe à Iglau, et la *Taya*, qui passe à Znaym.

6° Le *Waag* naît dans les groupes du Tatra, décrit un arc de cercle, arrose Léopoldstadt et finit à Komorn après un cours de 400 kilomètres.

7° Le *Gran* descend des Karpathes, coule du N. E. au S. O., arrose Neusohl, laisse à droite Kremnitz et finit à Gran, après un cours de 260 kilomètres.

8° La *Theiss* descend du mont Czorna, coule d'abord de l'E. à l'O., se grossit du *Szamos*, qui arrose Klausenbourg, tourne au S., arrose Tokay au confluent du *Bodrog*, arrose Zenta et finit, entre Peterwardein et Belgrade, à Salankemen, après un cours d'environ 100 kilomètres. Cette rivière reçoit le *Maros*, qui descend des Karpathes, coule de l'E. à l'O., arrose Karlsbourg et finit à Szegedin, après un cours de 600 kilomètres.

9° Le *Temes* prend sa source dans les Karpathes, passe auprès de Temeswar et finit au-dessus de Belgrade.

10° L'*Alouta* naît dans les Karpathes, coule du N. E. au S. O., passe près de Kronstadt, laisse à droite Hermanstadt, se dirige ensuite vers le S., coupe les Karpathes et finit devant Nicopoli.

11° La *Dombovitza* coule du N. au S. et arrose Boukharest, capitale de la Valachie.

12° Le *Sereth* descend du mont Czorna, arrose Sereth, traverse la Moldavie du N. au S. et finit à Galacz.

13° Le *Pruth* prend source au mont Czorna, arrose Tchernowitz, reçoit le *Baglin*, qui passe à Iassy, capitale de la Moldavie, sert en partie de limites entre la Moldavie et la Russie et finit à Reni.

152. Bassin du Dniester. — Le *bassin du Dniester* est formé : 1° par les pentes orientales d'une série de collines qui courent entre le Pruth et le Dniester jusqu'à la mer Noire ; 2° par les pentes occidentales d'un dos de terrain peu élevé entre le Dniester et le Dniéper.

Cours du Dniester. — Le *Dniester* descend du mont Sloïczek, dans les Karpathes, coule du N. O. au S. E., arrose la Galicie, reçoit un affluent qui passe à Stanislawow, laisse sur sa gauche Kamenetz, arrose Bender et finit à Ackerman dans la mer Noire, après un cours de 880 kilomètres.

153. Bassin du Dniéper. — Le *bassin du Dniéper*, plus étendu que celui du Dniester, est élevé et accidenté dans sa partie supérieure par de fortes collines boisées ; sa partie du milieu offre l'aspect d'une vaste plaine et sa partie inférieure est basse et coupée de steppes.

Cours du Dniéper. — Le *Dniéper* prend source dans le plateau de Valdaï, coule de l'E. à l'O., arrose Smolensk et Orcha; de là il coule au S., passe à Mohilew, à Kiew, à Ékatérinoslaf. où il a une largeur de 14 kilomètres et où il forme des cataractes qui interrompent la navigation, à Kherson, et finit au-dessous d'un vaste lac ou liman dans la mer Noire, après un cours de 1630 kilomètres.

Affluents de droite. — 1° La *Bérézina* sort des marais de Dokchitsy, coule à travers une vaste plaine couverte de forêts, arrose Studianka, Borisow et Bobruisk.

2° Le *Pripetz* prend source dans les marais de Proujani, coule de l'O. à l'E., arrose Pinsk, se grossit de plusieurs affluents et finit au-dessus de Kiew.

3° Le *Bug*, grande rivière, arrose la province de Podolie, pour finir au-dessous de Nicolaïef.

Affluents de gauche. — 1° La *Desna* passe à Briansk et à Tchernigow et finit à Kiew.

2° La *Workla* passe à Pultawa, avant de se jeter dans le Dniéper.

154. Bassin du Don. — La partie supérieure du *bassin du Don* est un peu accidentée et jouit de quelque fertilité ; la partie inférieure est couverte de steppes arides.

Cours du Don. — Le *Don* prend source dans le lac d'Ivanow, près d'Épifan, coule du N. O. au S. E., passe près de Voronej, se dirige à l'E. comme s'il devait se réunir au Volga, rencontre des collines granitiques qui le ramènent au S. O. à travers une plaine immense habitée par les Cosaques, arrose Tcherkask, et finit dans la mer d'Azow, en face de Taganrog, après un cours de 1200 kilomètres.

Son principal affluent est le *Donetz*, qui arrose la fertile province de l'Ukraine.

155. Bassin du Volga. — La ceinture du *bassin du Volga* est formée au N. par les monts Chemokonski, à l'E. par les monts Ourals, à l'O. par les collines qui le séparent du Don.

Cours du Volga. — Le *Volga* naît dans le plateau de Valdaï, coule d'abord du S. O. au N. E., en traversant plusieurs lacs, puis du N. O. au S. E., arrose Tver, Jaroslaw, Nijneï-Novogorod et Kazan ; au-dessous de cette ville, il se dirige vers le S. S. O. jusqu'à Tzaritzin, d'où il tourne brusquement au S. E., traverse des steppes immenses et finit à Astrakhan dans la mer Caspienne, par soixante-dix embouchures, après un cours de 3200 kilomètres et une navigation de 2960 kilomètres. C'est le plus grand fleuve de l'Europe.

Affluents de droite. — 1° L'*Oka* prend sa source au sud d'Orel, coule du S. O. au N. E., reçoit l'*Oupa*, arrose Kalouga, reçoit la *Louja* et la *Moskowa ;* cette dernière passe à Moscou et s'y grossit de la *Kolocza*. Après la jonction de la Moskowa, l'Oka fait de nombreux détours et finit à Nijneï-Novogorod.

2° La *Soura* a 600 kilomètres de cours et n'arrose aucun lieu remarquable.

Affluents de gauche. — 1° La *Mologa* a 400 kilomètres de cours et communique avec le lac Ladoga et avec la Dwina.

2° La *Kama* prend sa source dans les hauteurs de Chemokonski, reçoit des Ourals de nombreux affluents, arrose Perm et finit au-dessous de Kazan, après un cours de 1400 kilomètres. Elle est la plus grande rivière de l'Europe.

156. Isthme du Caucase. — La mer Noire et la mer Caspienne sont séparées par un grand isthme qui se couvre d'une haute chaîne de montagnes qu'on nomme *Caucase*. La pente septentrionale de cette chaîne appartient à l'Europe. Un rameau du Caucase part du centre pour courir au nord et pour se relier aux collines qui séparent le Don du Volga. La pente orientale de ce rameau envoie dans la mer Caspienne le *Terek*, qui coule de l'O. à l'E., arrose Mozdok et termine son cours, par un grand nombre de bouches, au-dessous de Kisliar ; la pente occidentale envoie dans la mer Noire le *Kouban*, qui arrose Ékaterinodar.

157. Presqu'île de Crimée. — Entre les bouches du Dniéper et celles du Don, l'Europe projette la presqu'île de Crimée, qui a pour bornes au N. O. le golfe de Pérécop, au N. E. la mer d'Azow, au S. la mer Noire et au N. l'isthme de Pérécop, qui la relie au continent. Cette presqu'île présente au N. une plaine unie et fertile en pâturages ; au S., elle se couvre d'une chaîne de montagnes qui ouvre de petites vallées délicieuses où l'on jouit du climat de l'Italie.

158. Aspect général de l'Europe, climat. — Les mers qui découpent profondément l'Europe au nord, au sud et à l'ouest, lui donnent la forme d'une grande péninsule, qui en présente plusieurs elle-même. Elle est presque entièrement comprise dans la zone tempérée boréale. Sa partie est et nord-est est occupée par une vaste plaine et sa partie sud et sud ouest est parcourue par un grand nombre de chaînes de montagnes.

A cause de sa latitude, l'Europe jouit d'un climat généralement tempéré. Mais la mer et surtout le courant d'eaux chaudes qui sort du golfe du Mexique et vient s'abattre sur les côtes de l'océan Atlantique sous le nom de *Gulf-Stream* produit un climat marin qui donne à la région voisine des étés et des hivers d'une douce température. Les régions qui s'en éloignent, en pénétrant dans l'intérieur, jouissent d'un climat continental avec des étés chauds et des hivers rigoureux. Ajoutons que les chaînes de montagnes occasionnent une grande variété de climats selon leur altitude ou leur direction.

Exercices. Le maître fera des démonstrations au tableau noir et sur la carte murale. Les élèves feront les tracés des bassins dont il est question dans ce chapitre.

CHAPITRE VII.

Europe politique et économique.

Notions générales. — Grandes divisions. — Populations et Races. — Langues. — Religions. — Gouvernements. — Productions du sol, de l'agriculture et de l'industrie.

159. Notions générales. — L'Europe est la plus petite des cinq parties du monde, mais elle est la plus industrieuse, la plus puissante par sa civilisation, et la plus peuplée par rapport à son étendue.

La douce température de son climat favorise la production de toutes les choses nécessaires à la vie. L'importance de ses colonies, les produits de son industrie et le commerce immense qu'elle fait avec toutes les parties du monde lui ont acquis sur celles-ci une grande supériorité.

160. Grandes divisions. — L'Europe se divise en 15 contrées ou États :

États du Nord-Ouest :
- 1° Les *Iles Britanniques* ou *Grande-Bretagne et Irlande.*
- 2° Les *Pays-Bas.*
- 3° La *Belgique.*

États du Centre :
- 4° La *France.*
- 5° L'*Allemagne* avec la *Prusse.*
- 6° L'*Autriche-Hongrie.*
- 7° La *Suisse.*

États du Sud :
- 8° Le *Portugal.*
- 9° L'*Espagne.*
- 10° L'*Italie.*
- 11° La *Grèce.*
- 12° La *Turquie et les Principautés tributaires.*

États du Nord-Est :
- 13° La *Russie.*
- 14° La *Suède et Norwége.*
- 15° Le *Danemark.*

Dans la description de ces contrées, on commencera par la France, qui doit être notre point de départ dans l'étude de la géographie.

161. Populations et Races. — L'Europe, qui n'a en étendue que dix millions de kilomètres carrés, c'est-à-dire le quart de l'Asie, renferme environ 300 millions d'habitants, dont 290 millions de race blanche ou caucasique et 10 millions de race jaune ou mongolique.

Les races qui se sont implantées dans l'Europe, et particulièrement dans la partie occidentale, y sont venues des pays du Nord et de l'Orient, au fur et à mesure des migrations et des invasions du moyen âge. Trois grandes familles, qui appartiennent à la race blanche, forment la grande majorité de la population européenne. Ce sont : la famille latine (80,000,000), au sud ; la famille germanique (70,000,000), au centre et au nord-est ; la famille slave (80,000,000), à l'est. L'Espagne et le Portugal appartiennent aux familles latine et ibérique. La France, la Belgique et la Suisse sont de la famille latine. Les peuples de l'Italie, qui formaient primitivement un mélange de Gaulois, d'Ibères, d'Illyriens et de Grecs, sont de famille latine. Une grande partie de l'Allemagne et de l'Autriche sont de familles germanique et teutonique, une autre partie de famille slave. Le Danemark, la Suède et la Norwége sont de familles germanique et teutonique. Les îles Britanniques ont été peuplées par les Germains. La Russie appartient aux familles slave et tartare. La Turquie est de familles turque et grecque. La Grèce appartient à la famille grecque.

162. Langues. — Les langues ou idiomes parlés en Europe sont : l'anglais, le français, l'allemand, le bohémien, le hongrois, le hollandais, le portugais, l'espagnol, l'italien, le grec, le turc, le valaque, le russe, le polonais, le suédois, le danois.

L'italien, l'espagnol, le portugais, le français et le valaque sont des langues où domine l'élément latin. L'anglais, l'allemand et le hollandais dérivent de la langue teutonique. Le danois et le suédois proviennent de la langue gothique. Le hongrois est d'origine finnoise. Le russe, le polonais, le bohémien et le croate sont d'origine slave. Le grec descend de la langue grecque ancienne. Le turc dérive de l'arabe.

163. Religions. — Le christianisme, qui comprend le catholicisme, les diverses branches du protestantisme et l'église grecque, est presque seul professé en Europe. Le catholicisme est professé par 150 millions d'habitants en France, en Italie, en Espagne, en Portugal, en Irlande, en Belgique, en Bavière, en Autriche, en Suisse, dans l'Allemagne du Sud, etc. Le protestantisme, divisé en plusieurs sectes, est professé par 70 millions

6.

d'habitants dans la Grande-Bretagne, en Suède, en Norwége, en Danemark, dans l'Allemagne du Nord, dans les Pays-Bas et en Suisse. L'église grecque est suivie par 70 millions d'habitants en Russie, en Turquie et en Grèce. Le judaïsme est professé par les israélites répandus dans toutes les contrées de l'Europe, au nombre d'environ 4 millions et demi. Le mahométisme est professé en Turquie par 5 millions d'habitants et dans quelques parties de la Russie.

164. Gouvernements. — On rencontre, dans les divers États de l'Europe, deux sortes de gouvernements : le gouvernement monarchique et le gouvernement républicain ; toutefois la plupart des États sont monarchiques. La monarchie est tantôt royauté (Grande-Bretagne, Espagne, Italie, etc.), tantôt empire (Russie, Allemagne, Autriche-Hongrie, etc.) ; elle est ou absolue, quand le chef de l'État gouverne par lui-même ou par des ministres qui ne dépendent que de lui (Russie), ou constitutionnelle, quand à côté du chef de l'État et de ses ministres il y a une ou plus souvent deux chambres élues par la nation (Grande-Bretagne, Italie, etc.). Sous le régime républicain, le pouvoir législatif appartient, soit à des assemblées (France), soit à des conseils (Suisse), et le pouvoir exécutif est confié, soit à un président de la République (France), soit à des délégués des conseils (Suisse).

165. Productions du sol, de l'agriculture et de l'industrie. — La houille ou charbon de terre existe en abondance dans la Grande-Bretagne, la Belgique, la France, et dans la région située entre le Rhin et le Weser. Les chaînes de l'Oural renferment du fer, du platine, de l'or et quelques diamants. Les monts Carpathes possèdent des mines d'argent et d'or. Le fer se trouve abondamment en Suède, en Russie, dans la Grande-Bretagne et en France ; le plomb, dans la Grande-Bretagne et en Espagne ; le cuivre et l'étain, dans la Grande-Bretagne ; le zinc, en Belgique. Les monts Carpathes et les Alpes orientales fournissent de grandes quantités de sel gemme. Le sel marin se recueille sur la plupart des côtes.

Dans presque toute l'Europe, on rencontre le cheval, le bœuf, la vache, l'âne, le mouton, la chèvre et le porc. Le loup, le renard, le sanglier et le cerf habitent les forêts du centre. Le buffle habite la région des monts Carpathes, et le chameau, celle de la mer Noire. Les ours noirs et blancs sont nombreux, surtout dans les régions du nord, où se trouvent encore la martre, le canard eider, qui fournit l'édredon, et le renne, qui se nourrit de mousse, et remplace le cheval et la vache dans les pays du Nord. On pêche dans les fleuves la truite, la carpe, le brochet, l'anguille, le saumon. La Méditerranée donne particulièrement la dorade, le thon et l'anchois ; l'océan Atlantique, la sardine, le maquereau, le turbot, la barbue, la sole, la raie, et une grande variété de poissons estimés. On pêche dans la mer Glaciale les morues, les harengs et les baleines.

Dans les régions méridionales de l'Europe, on cultive l'olivier, l'oranger, le citronnier, le figuier, le laurier, le maïs, le blé, la vigne, le tabac ; le châtaignier, le chêne, le sapin et le pin peuplent les forêts. Dans les régions moyennes, on cultive la vigne, le noyer, le pêcher, l'abricotier, le pommier, le poirier, le blé, le seigle, le maïs et le tabac ; le chêne, le hêtre et le sapin sont les principaux produits des forêts. La partie septentrionale a d'importantes forêts de sapins et de bouleaux ; l'orge et l'avoine y mûrissent, mais difficilement.

L'industrie et le commerce de l'Europe sont immenses. La Grande-Bretagne occupe le premier rang, le second est à la France, le troisième à l'Allemagne ; viennent ensuite la Belgique, les Pays-Bas, l'Autriche-Hongrie, la Russie, l'Italie, l'Espagne, etc.

L'Europe reçoit des autres parties du monde du coton, de la laine, de la soie, des fourrures, des cuirs, du cuivre, de l'étain, des métaux précieux, des bois de construction et d'ébénisterie, etc. Son industrieuse activité transforme toutes ces matières premières en vêtements, objets d'art, meubles, ustensiles, appropriés aux usages de la vie et dont la bonne exécution est partout appréciée. L'Europe reçoit également des autres parties du monde des produits alimentaires qui ne croissent pas sous son climat : le thé, le café, le cacao, le riz, le sucre de canne, les épices, etc. Ces divers produits lui arrivent par les ports anglais, français, hollandais, allemands, espagnols, portugais, etc.

Exercices. Le maître fera les démonstrations au tableau noir et sur la carte murale ; il donnera des explications sur les divisions politiques actuelles de l'Europe. Les élèves copieront et mettront au net.

CHAPITRE VIII.

France. — Notions générales. — Situation, étendue. — Limites. — Population, religion, gouvernement, finances, armée. — Divisions administratives. — Anciennes et nouvelles divisions, chefs-lieux, villes principales. — Iles. — Agriculture, Industrie, Commerce. — Voies de communication. — Possessions coloniales.

France[1].

166. Notions générales. — La France, que baignent quatre mers et qu'arrosent plus de cinq mille cours d'eau, présente l'aspect d'une grande plaine. Elle comprend deux versants : celui de l'océan Atlantique et des mers qui en dépendent, et celui de la mer Méditerranée. Elle possède les grands bassins de la Seine, de la Loire et de la Garonne, et partage avec les États voisins ceux du Rhône, du Rhin, de la Meuse et de l'Escaut.

Cette contrée, qui sous le rapport politique est arrivée à une remarquable unité après les laborieux efforts de dix siècles, est riche par ses productions naturelles, et donne notamment les vins les plus estimés de l'Europe, qui s'exportent dans toutes les parties du monde.

167. Situation, étendue. — La France est comprise entre 42° 20′ et 51° 5′ de latitude nord, 5° 20′ de longitude orientale et 7° 10′ de longitude occidentale. Sa superficie est de 520,000 kilomètres carrés, et avec l'île de Corse, de 528,000 kilomètres carrés.

168. Limites. — Les limites de la France sont : au N., l'Allemagne, le Luxembourg hollandais, la Belgique et la mer du Nord ; — à l'O., le pas de Calais, la mer de la Manche et la mer de France (océan Atlantique) ; — au S., la chaîne des Pyrénées, qui la sépare de l'Espagne, et la mer Méditerranée ; à l'E., l'Allemagne, puis le Jura et les Alpes, qui la séparent de la Suisse et de l'Italie.

La frontière de terre ne présente de défenses naturelles que

1. Pour plus de détails, on peut voir notre cours spécial de *Géographie de la France*.

sur la ligne des montagnes du Jura, des Alpes et des Pyrénées ; la partie septentrionale de cette frontière est à découvert. La longue étendue des côtes maritimes de la France facilite le développement de son commerce intérieur et extérieur, et lui permet de profiter des richesses que donne la mer.

169. Population, religion, gouvernement, finances, armée. — La population de la France s'élève à 36,000,000 habitants[1], auxquels il faut ajouter la population coloniale, qui s'élève à 5,600,000 environ ; ce qui donne un total de plus de 41,000,000 d'individus soumis à la loi française ou vivant sous son protectorat. — Le catholicisme est la religion de la grande majorité des Français. On compte 580,000 protestants et 50,000 juifs. — Le gouvernement est républicain. Le pouvoir exécutif appartient au *Président de la République* et s'exerce par des ministres responsables. Le pouvoir législatif est partagé entre deux assemblées, le *sénat* et la *chambre des députés*. Le sénat compte 300 membres, dont 75 ont été nommés par l'Assemblée nationale qui a siégé de 1871 à 1875, et 225 par un corps électoral, composé, dans chaque département, des députés, des conseillers généraux et de délégués des conseils municipaux ; il est nommé pour neuf ans et renouvelable en trois séries désignées par le sort. La chambre des députés, composée de 532 membres, est élue pour quatre ans par le suffrage universel et au scrutin uninominal.

Le budget de la France monte en recettes et en dépenses à 2 milliards 570 millions et s'équilibre à peu près ; ce qui augmente les dépenses, ce sont les intérêts de la dette, dont le chiffre s'élève environ à 19,900,000,000 de francs.

L'armée de terre comprend, sur le pied de paix, 463,000 hommes et 107,000 chevaux, plus 27,000 hommes de gendarmerie. Sur le pied de guerre, l'effectif de l'armée, qui comprend l'armée active. la réserve de l'armée active, l'armée territoriale et la réserve de l'armée territoriale, peut s'élever à plus de 1,200,000 hommes. La marine compte 450 bâtiments de tous rangs, dont 190 armés, montés par environ 30,000 matelots ; le nombre des troupes de la marine s'élève à 25,000 hommes.

1. 36,102,921, d'après le recensement de 1872.

170. Divisions administratives.— La France, qui était divisée avant 1789 en 32 gouvernements ou provinces, fut partagée à cette époque en 83 départements, et plus tard en 86, auxquels furent ajoutés, en 1860, les trois départements de la *Savoie*, de la *Haute-Savoie* et des *Alpes-Maritimes*. Mais en 1871 les trois départements du *Bas-Rhin*, du *Haut-Rhin* et de la *Moselle* ont cessé de faire partie du territoire français à la suite de la guerre de 1870-1871, de sorte que la France actuelle ne compte plus que 86 départements[1].

Chaque département est administré par un magistrat qui a le titre de préfet, avec le concours du *conseil général*. La ville qui sert de résidence au préfet se nomme chef-lieu de préfecture ou de département. Les départements se divisent en arrondissements, qui sont au nombre de 362. Les arrondissements sont administrés par des magistrats qui ont le titre de sous-préfets, avec le concours du *conseil d'arrondissement*. La ville qui sert de résidence à un sous-préfet se nomme chef-lieu de sous-préfecture ou d'arrondissement. Les arrondissements se divisent en cantons, qui sont au nombre de 2,865. Les cantons se divisent en communes, dont le nombre est de 35,989. Chaque commune est administrée par un magistrat qui a le titre de maire, avec le concours du *conseil municipal*.

171. Anciennes et nouvelles divisions, capitales, chefs-lieux, villes principales. — La France se divisait autrefois en 32 gouvernements ou provinces; depuis 1789 elle a acquis le *Comtat d'Avignon*, à la fin du siècle dernier, et la *Savoie* et le *comté de Nice*, cédés par le roi d'Italie en 1860; mais elle a perdu l'*Alsace*, moins une très-faible portion (le territoire de Belfort), et une partie de la *Lorraine*, à la suite de la guerre de 1870-1871 ; la France compte actuellement, comme on l'a vu, 86 départements.

Voici la description des provinces et des départements par versants et par bassins. La France a deux versants principaux : celui de l'Océan Atlantique subdivisé en versants de la mer du Nord, de la Manche et de la Mer de France, et celui de la Méditerranée.

1. Ce chiffre serait de 87 en tenant compte des fractions de circonscription qui ont conservé leur autonomie (l'arrondissement de Belfort dans l'ancien département du Haut-Rhin).

I. Le versant français de la mer du Nord, qui comprend la partie française des bassins de l'Escaut, de la Meuse et du Rhin, renfermait 4 provinces : *Alsace, Lorraine, Flandre, Artois;* les trois dernières, seules restées à la France, ont formé 5 départements.

1° La *Lorraine,* C. *Nancy,* forme 3 départements : *Vosges, Meurthe-et-Moselle, Meuse.*

Le départ. des *Vosges* occupe la partie sud de la Lorraine ; chef-lieu : *Épinal,* sur la Moselle, 11,850 hab.; sous-préfect. : *Mirecourt, Neufchâteau, Remiremont, Saint-Dié;* autre ville : *Plombières.*

Le départ. de *Meurthe-et-Moselle* est au nord de celui des Vosges; chef-lieu : *Nancy,* près de la Meurthe, 52,980 hab. ; sous-préfect. : *Briey, Lunéville, Toul;* autre ville : *Pont-à-Mousson.*

Le départ. de la *Meuse* est à l'ouest de celui de Meurthe-et-Moselle; chef-lieu : *Bar-le-Duc,* sur l'Ornain, sous-affluent de la Marne, 15,175 hab.; sous-préfect. : *Commercy, Montmédy, Verdun;* autre ville : *Saint-Mihiel.*

Les départements du Haut-Rhin, du Bas-Rhin et de la Moselle, de même que les arrondissements de Château-Salins et de Sarrebourg de l'ancien département de la Meurthe et les cantons de Saales et de Schirmeck de celui des Vosges, ne font plus partie de la France, à laquelle il ne reste que l'arrondissement de Belfort pour le Haut-Rhin et celui de Briey pour la Moselle.

2° La *Flandre,* C. *Lille,* a formé le département du *Nord.*

Le départ. du *Nord* s'étend dans le bassin de l'Escaut; chef-lieu : *Lille,* sur la Deûle, sous-affluent de l'Escaut, 158,200 hab.; sous-préf. : *Avesnes, Cambrai, Douai; Dunkerque,* port de commerce sur la mer du Nord; *Hazebrouck, Valenciennes;* autres villes : *Roubaix, Tourcoing, Maubeuge, Landrecies,* le *Quesnoy, Armentières, Saint-Amand-les-Eaux.*

3° L'*Artois,* C. *Arras,* a formé le département du *Pas-de-Calais.*

Le départ. du *Pas-de-Calais* est au sud de celui du Nord; chef-lieu : *Arras,* sur la Scarpe, affluent de l'Escaut, 25,330 hab.; sous-préfect. : *Béthune; Boulogne,* sur la Manche, principal port d'embarquement pour l'Angleterre; *Montreuil, Saint-*

Omer, Saint-Pol ; autre ville : *Calais,* port sur le pas de Calais.

II. Le versant de la Manche, qui s'étend sur le grand bassin de la Seine et ses bassins côtiers, renfermait 4 provinces : *Champagne, Ile-de-France, Picardie, Normandie,* qui ont formé 15 départements.

1° La *Champagne,* C. *Troyes,* a formé quatre départements : *Ardennes, Marne, Haute-Marne, Aube.*

Le départ. des *Ardennes* occupe la partie nord de la Champagne; chef-lieu : *Mézières,* sur la Meuse, 4,320 hab. ; sous-préfect. : *Rethel, Rocroy, Sedan, Vouziers ;* autre ville : *Charleville.*

Le départ. de la *Marne* prend le centre de la Champagne ; chef-lieu : *Châlons-sur-Marne,* 16,450 hab. ; sous-préfect. : *Épernay, Reims, Sainte-Menehould, Vitry-le-François.*

Le départ. de la *Haute-Marne* est à l'ouest de celui des Vosges; chef-lieu : *Chaumont,* sur un plateau élevé, près de la Marne, 8,600 hab.; sous-préfect. : *Langres, Vassy ;* autres villes : *Saint-Dizier, Bourbonne-les-Bains, Joinville.*

Le départ. de l'*Aube* est à l'ouest de celui de la Haute-Marne : chef-lieu : *Troyes,* sur la Seine, 38,110 hab.; sous-préfect. : *Arcis-sur-Aube, Bar-sur-Aube, Bar-sur-Seine, Nogent-sur-Seine.*

2° L'*Ile-de-France,* C. *Paris,* a formé cinq départements : *Aisne, Oise, Seine, Seine-et-Marne, Seine-et-Oise.*

Le départ. de l'*Aisne* occupe le nord de l'Ile-de-France ; chef-lieu : *Laon,* sur une haute montagne isolée, entre l'Oise et l'Aisne, 10,370 hab. ; sous-préfect. : *Château-Thierry, Saint-Quentin, Soissons, Vervins ;* autres villes : *Chauny, La Fère, Guise, Coucy.*

Le département de l'*Oise* est à l'ouest de celui de l'Aisne ; chef-lieu : *Beauvais,* sur le Thérain, sous-affluent de la Seine, 15,550 hab. ; sous-préfect. : *Clermont, Compiègne, Senlis;* autre ville : *Noyon.*

Le départ. de la *Seine* est au centre de l'Ile-de-France ; chef-lieu : *Paris,* sur la Seine, capitale de l'État, 1,851,800 hab.; autres villes : *Saint-Denis, Sceaux.*

Le départ. de *Seine-et-Marne* occupe la partie orientale de l'Ile-de-France ; chef-lieu : *Melun*, sur la Seine, 11,130 hab. ; sous-préfect. : *Coulommiers, Fontainebleau , Meaux, Provins.*

Le départ. de *Seine-et-Oise* est au sud de celui de l'Oise ; chef-lieu : *Versailles*, bâtie sur une colline, siége du gouvernement, 61,690 hab.; sous-préfect. : *Corbeil, Étampes, Mantes, Pontoise, Rambouillet ;* autre ville : *Saint-Germain-en-Laye.*

3° La *Picardie*, C. *Amiens*, a formé le département de la *Somme.*

Le départ. de la *Somme* est au sud de celui du Pas-de-Calais ; chef-lieu : *Amiens*, sur la Somme, 63,750 hab. ; sous-préfect. : *Abbeville, Doullens, Montdidier, Péronne ;* autres villes : *Corbie, Picquigny, Saint-Valery-sur-Somme.*

4° La *Normandie*, C. *Rouen*, a formé cinq départements : *Seine-Inférieure, Eure, Calvados, Orne, Manche.*

Le départ. de la *Seine-Inférieure* est au sud-ouest de celui de la Somme ; chef-lieu : *Rouen*, port maritime sur la Seine, 105,200 hab. ; sous-préfect. : *Dieppe*, port sur la Manche ; *Le Havre*, port de commerce important à l'embouchure de la Seine ; *Neufchâtel, Yvetot* ; autres villes : *Fécamp, Saint-Valery-en-Caux*, ports sur la Manche ; *Harfleur.*

Le départ. de l'*Eure* est au sud de celui de la Seine-Inférieure ; chef-lieu : *Évreux*, sur l'Iton, affluent de l'Eure ; 13,350 hab.; sous-préfect. : *Les Andelys, Bernay, Louviers, Pont-Audemer.*

Le départ. du *Calvados* est à l'ouest de celui de l'Eure ; chef-lieu : *Caen*, port maritime sur l'Orne, 41,210 hab.; sous-préfect. : *Bayeux, Falaise, Lisieux, Pont-l'Évêque, Vire ;* autres villes : *Honfleur, Trouville*, ports sur la Manche.

Le départ. de l'*Orne* est au sud de celui du Calvados ; chef-lieu : *Alençon*, sur la Sarthe, qui s'y grossit de la Briante, 16,040 hab. ; sous-préfect. : *Argentan, Domfront, Mortagne ;* autres villes : *L'Aigle, Séez.*

Le départ. de la *Manche* occupe la partie ouest de la Normandie ; chef-lieu : *Saint-Lô*, sur la Vire, 9,290 hab. ; sous-préfect. : *Avranches, Cherbourg*, port militaire sur la Manche ; *Coutances, Mortain, Valognes ;* autre ville : *Granville*, port sur la Manche.

III. Le versant de la mer de France (océan Atlantique), qui comprend les grands bassins de la Loire et de la Garonne et leurs bassins côtiers, renfermait 17 provinces : *Bretagne*, *Maine*, *Anjou*, *Touraine*, *Orléanais*, *Nivernais*, *Berry*, *Bourbonnais*, *Auvergne*, *Marche*, *Limousin*, *Poitou*, *Aunis*, *Angoumois* et *Saintonge*, *Guyenne* et *Gascogne*, *Béarn*, comté de *Foix*, qui ont formé 37 départements.

1° La *Bretagne*, C. *Rennes*, a formé 5 départements : *Ille-et-Vilaine*, *Côtes-du-Nord*, *Finistère*, *Morbihan*, *Loire-Inférieure*.

Le départ. d'*Ille-et-Vilaine* est au sud-ouest de celui de la Manche; chef-lieu : *Rennes*, sur la Vilaine, qui reçoit l'Ille, 52,040 hab.; sous-préfect. : *Fougères*, *Montfort*, *Redon*; *Saint-Malo*, port sur la Manche; *Vitré*; autres villes : *Saint-Servan*, port sur la Manche, *Cancale*.

Le départ. des *Côtes-du-Nord* occupe la partie nord de la Bretagne; chef-lieu : *Saint-Brieuc*, port maritime sur le Gouet, tributaire de la Manche, 15,250 hab.; sous-préfect. : *Dinan*, *Guingamp*, *Lannion*, *Loudéac*.

Le départ. du *Finistère* comprend la partie occidentale de la Bretagne : chef-lieu : *Quimper*, port maritime sur l'Odet, tributaire de l'océan Atlantique, 13,160 hab.; sous-préfect. : *Brest*, port militaire sur l'océan Atlantique; *Châteaulin*; *Morlaix*, port maritime sur la rivière de son nom, tributaire de la Manche; *Quimperlé*, sur l'Ellé.

Le départ. du *Morbihan* est au sud de celui des Côtes-du-Nord; chef-lieu : *Vannes*, port maritime sur le golfe du Morbihan, formé par l'océan Atlantique, 14,690 hab.; sous-préfect. : *Lorient*, port militaire sur l'océan Atlantique; *Ploërmel*, *Pontivy*; autres villes: *Auray*, *Le Palais*, *Port-Louis*.

Le départ. de la *Loire-Inférieure* est au sud de celui d'Ille-et-Vilaine; chef-lieu : *Nantes*, port maritime sur la Loire, qui y reçoit l'Erdre et la Sèvre Nantaise, 118,520 hab.; sous-préfect. : *Ancenis*, *Châteaubriant*, *Paimbœuf*; *Saint-Nazaire*, port de commerce important sur la mer de France, à l'embouchure de la Loire; autres villes : *Savenay*, *Le Croisic*.

2° Le *Maine*, C. *Le Mans*, a formé 2 départements : *Mayenne*, et *Sarthe*.

Le départ. de la *Mayenne* est à l'est de celui d'Ille-et-Vilaine; chef-lieu : *Laval*, sur la *Mayenne*, 26,340 hab.; sous-préfect. : *Château-Gontier*, *Mayenne*.

Le départ. de la *Sarthe* est au sud de celui de l'Orne; chef-lieu : *Le Mans*, sur la Sarthe, 47,000 hab. ; sous-préfect. : *La Flèche, Mamers, Saint-Calais.*

3° L'*Anjou*, C. *Angers*, a formé le département de *Maine-et-Loire.*

Le départ. de *Maine-et-Loire* est à l'est de celui de la Loire-Inférieure ; chef-lieu : *Angers*, sur la Maine, 58,470 hab. ; sous-préfect. : *Baugé, Chollet, Saumur, Segré ;* autre ville : *Beaupréau.*

4° La *Touraine*, C. *Tours*, a formé le département d'*Indre-et-Loire.*

Le départ. d'*Indre-et-Loire* est au sud-est de celui de la Sarthe ; chef-lieu : *Tours*, sur la Loire, 43,370 hab. ; sous-préfect. : *Chinon, Loches ;* autre ville : *Amboise.*

5° L'*Orléanais*, C. *Orléans*, a formé 3 départements : *Loir-et-Cher, Eure-et-Loir, Loiret.*

Le départ. de *Loir-et-Cher* est à l'est de celui d'Indre-et-Loire ; chef-lieu : *Blois*, sur la Loire, 19,860 hab. ; sous-préfect. : *Romorantin, Vendôme.*

Le départ. d'*Eure-et-Loir* est à l'est de celui de l'Orne ; chef-lieu : *Chartres*, sur une colline dont le pied est baigné par l'Eure, 19,580 hab. ; sous-préfect. : *Châteaudun, Dreux, Nogent-le-Rotrou.*

Le départ. du *Loiret* est au sud de ceux de Seine-et-Oise et de Seine-et-Marne ; chef-lieu : *Orléans*, sur la Loire, 48,980 hab. ; sous-préfectures : *Gien, Montargis, Pithiviers.*

6° Le *Berry*, C. *Bourges*, a formé 2 départements : *Cher* et *Indre.*

Le départ. du *Cher* est à l'ouest de celui de la Nièvre ; chef-lieu : *Bourges*, sur l'Auron, sous-affluent du Cher, 31,310 hab.; sous-préfect. : *Saint-Amand, Sancerre*, autre ville : *Vierzon.*

Le départ. de l'*Indre* est à l'ouest de celui du Cher ; chef-lieu : *Châteauroux*, sur l'Indre, 18,670 hab. ; sous-préfect. : *Le Blanc, La Châtre, Issoudun.*

7° Le *Nivernais*, C. *Nevers*, a formé le département de la *Nièvre.*

Le départ. de la *Nièvre* est au sud-est de celui du Loiret ; chef-lieu : *Nevers*, au confluent de la Loire et de la Nièvre, 22,280 hab. ; sous-préfect. : *Château-Chinon, Clamecy, Cosne.*

8° Le *Bourbonnais*, C. *Moulins*, a formé le département de l'*Allier*.

Le départ. de l'*Allier* est au sud de celui de la Nièvre : chef-lieu : *Moulins*, sur l'Allier, 20,380 hab. ; sous-préfect. : *Gannat, Montluçon, La Palisse;* autres villes : *Cusset, Vichy, Bourbon-l'Archambault.*

9° L'*Auvergne*, C. *Clermont-Ferrand*, a formé 2 départements : *Puy-de-Dôme, Cantal.*

Le départ. du *Puy-de-Dôme* est au sud de celui de l'Allier ; chef-lieu : *Clermont-Ferrand*, au pied du Puy-de-Dôme : 37,360 hab.; sous-préfect. : *Ambert, Issoire, Riom, Thiers.*

Le départ. du *Cantal* est au sud-ouest de celui du Puy-de-Dôme ; chef-lieu : *Aurillac*, dans un vallon qu'arrose la Jordane, sous-affluent de la Dordogne, 11,100 hab.; sous-préfect.: *Mauriac, Murat, Saint-Flour.*

10° La *Marche*, C. *Guéret*, a formé le département de la *Creuse.*

Le départ. de la *Creuse* est au sud de celui de l'Indre ; chef-lieu : *Guéret*, près de la Creuse, 5,730 hab.; sous-préfect. : *Aubusson, Bourganeuf, Boussac.*

11° Le *Limousin*, C. *Limoges*, a formé 2 départements : *Haute-Vienne* et *Corrèze.*

Le départ. de la *Haute-Vienne* est à l'ouest de celui de la Creuse ; chef-lieu : *Limoges*, sur la Vienne, 55,140 hab.; sous-préfect. : *Bellac, Rochechouart, Saint-Yrieix.*

Le départ. de la *Corrèze* est au sud-est de celui de la Haute-Vienne ; chef-lieu : *Tulle*, sur la Corrèze, sous-affluent de la Dordogne, 13,680 hab. ; sous-préfect. : *Brives, Ussel.*

12° Le *Poitou*, C. *Poitiers*, a formé 3 départements : *Vienne, Deux-Sèvres, Vendée.*

Le départ. de la *Vienne* est à l'ouest de celui de l'Indre ; chef-lieu : *Poitiers*, sur le Clain, affluent de la Vienne, 30,040 hab.; sous-préfect. : *Châtellerault, Civray, Loudun, Montmorillon.*

Le départ. des *Deux-Sèvres* est à l'ouest de celui de la Vienne ; chef-lieu : *Niort*, sur la Sèvre Niortaise, 21,350 hab.; sous-préfect. : *Bressuire, Melle, Parthenay.*

Le départ. de la *Vendée* est à l'ouest de celui des Deux-Sèvres; chef-lieu : *La Roche-sur-Yon*, sur l'Yon, affluent du Lay,

8,840 hab.; sous-préfect. : *Fontenay-le-Comte; Les Sables-d'Olonne*, port sur la mer de France ; autre ville : *Luçon*.

13° L'*Aunis* et la *Saintonge*, C. *La Rochelle* et *Saintes*, ont formé le département de la *Charente-Inférieure*.

Le départ. de la *Charente-Inférieure* est au sud de ceux des Deux-Sèvres et de la Vendée ; chef-lieu : *La Rochelle*, port de commerce sur l'océan Atlantique, en face de l'île de Ré, 19,500 hab.; sous-préfect. : *Jonzac; Marennes*, port sur la mer de France ; *Rochefort*, port militaire sur la Charente ; *Saintes, Saint-Jean-d'Angély*.

14° L'*Angoumois*, C. *Angoulême*, a formé le département de la *Charente*.

Le départ. de la *Charente* est au sud de celui de la Vienne ; chef-lieu : *Angoulême*, sur la Charente, 25,930 hab.; sous-préfect. : *Barbezieux, Cognac, Confolens, Ruffec*.

15° La *Guyenne* et la *Gascogne*, C. *Bordeaux* et *Auch*, ont formé 9 départements : *Gironde, Dordogne, Lot-et-Garonne, Lot, Aveyron, Tarn-et-Garonne, Gers, Landes, Hautes-Pyrénées*.

Le départ. de la *Gironde* est au sud de la Charente-Inférieure ; chef-lieu : *Bordeaux*, port maritime sur la Garonne, 194,060 hab.; sous-préfect.: *Bazas, Blaye, Lesparre, Libourne, La Réole;* autre ville : *Arcachon*, port sur l'océan Atlantique.

Le départ. de la *Dordogne* est au sud de celui de la Haute-Vienne ; chef-lieu : *Périgueux*, sur l'Isle, affluent de la Dordogne, 21,870 hab.; sous-préfect. : *Bergerac, Nontron, Ribérac, Sarlat*.

Le départ. de *Lot-et-Garonne* est au sud de celui de la Dordogne ; chef-lieu : *Agen*, sur la Garonne, 18,890 hab.; sous-préfect. : *Marmande, Nérac, Villeneuve-sur-Lot*.

Le départ. du *Lot* est à l'est de celui de Lot-et-Garonne ; chef-lieu : *Cahors*, sur le Lot, 14,600 hab.; sous-préfect. : *Figeac, Gourdon*.

Le départ. de l'*Aveyron* est au sud de celui du Cantal ; chef-lieu : *Rodez*, sur l'Aveyron, sous-affluent de la Garonne, 12,110 hab.; sous-préfect. : *Espalion, Milhau, Saint-Affrique, Villefranche-de-Rouergue*.

Le départ. de *Tarn-et-Garonne* est au sud de celui du Lot ; chef-lieu : *Montauban*, sur le Tarn, 25,620 hab.; sous-préfect.: *Castel-Sarrasin, Moissac*.

Le départ. du *Gers* est au sud de celui de Lot-et-Garonne ; chef-lieu : *Auch*, sur le Gers, 13,090 hab.; sous-préfect. : *Condom, Lectoure, Lombez, Mirande.*

Le départ. des *Landes* est à l'ouest de celui du Gers ; chef-lieu : *Mont-de-Marsan*, au confluent de la Douze et du Midou, dont la réunion forme la Midouze, affluent de l'Adour, 8,620 hab.; sous-préfect. : *Dax, Saint-Sever;* autre ville : *Aire.*

Le départ. des *Hautes-Pyrénées* est au sud de celui du Gers; chef-lieu : *Tarbes*, sur l'Adour, 16,570 hab.; sous-préfect. : *Argelès, Bagnères-de Bigorre;* autres villes : *Lourdes, Cauterets, Baréges.*

16° Le *Béarn*, C. *Pau*, a formé le département des *Basses-Pyrénées.*

Le départ. des *Basses-Pyrénées* est au sud de celui des Landes ; chef-lieu : *Pau*, sur le gave de Pau, 27,300 hab.; sous-préfect. : *Bayonne*, port maritime sur l'Adour ; *Mauléon, Oloron, Orthez;* autre ville : *Biarritz.*

17° Le comté de *Foix*, C. *Foix*, a formé le département de l'*Ariége.*

Le département de l'*Ariége* est à l'est de celui de la Haute-Garonne; chef-lieu : *Foix*, sur l'Ariége, 6,700 hab.; sous-préfect. : *Pamiers, Saint-Girons.*

IV. Le versant de la Méditerranée, qui comprend le grand bassin du Rhône et ses bassins côtiers, renfermait en tout ou en partie sept provinces : *Bourgogne, Franche-Comté, Lyonnais, Dauphiné, Provence, Languedoc, Roussillon*, qui ont formé 23 départements.

A ce versant il faut joindre : l'île de *Corse* et les provinces réunies depuis 1789 : le *comtat d'Avignon*, la *Savoie*, le *comté de Nice*, qui forment 4 départements.

1° La *Bourgogne*, C. *Dijon*, a formé 4 départements : *Yonne, Côte-d'Or, Saône-et-Loire, Ain.*

Le départ. de l'*Yonne* est à l'est de celui du Loiret ; chef-lieu : *Auxerre*, sur l'Yonne, 15,630 hab.; sous-préfect. : *Avallon, Joigny, Sens, Tonnerre.*

Le départ. de la *Côte-d'Or* est au sud-est de celui de l'Aube; chef-lieu : *Dijon*, sur l'Ouche, affluent de la Saône, et sur le canal de Bourgogne, 42,570 hab.; sous-préfect. : *Beaune, Châtillon-sur-Seine, Semur;* autres villes : *Auxonne, Montbard.*

Le départ. de *Saône-et-Loire* est au sud de celui de la Côte-d'Or; chef-lieu : *Mâcon*, sur la Saône, 17,450 hab.; sous-préfect. : *Autun*, *Chalon-sur-Saône*, *Charolles*, *Louhans;* autre ville : *Le Creuzot.*

Le départ. de l'*Ain* est au sud de celui du Jura ; chef-lieu : *Bourg*, sur la Reyssouze, affluent de la Saône, 14,280 hab.; sous-préfect. : *Belley, Gex, Nantua, Trévoux.*

2° La *Franche-Comté*, C. *Besançon*, a formé 3 départements : *Haute-Saône, Doubs, Jura.*

Le départ. de la *Haute-Saône* est au sud de celui des Vosges ; chef-lieu : *Vesoul*, sur le Drugeon, affluent de la Saône, 7,720 hab ; sous-préfect. : *Gray, Lure;* autre ville : *Luxeuil.*

Est contiguë à ce département la partie du département du Haut-Rhin restée à la France après la guerre de 1870-1871.— Cette partie française du Haut-Rhin renferme un arrondissement : *Belfort*, chef-lieu, sur la Savoureuse, 8,030 hab.

Le départ. du *Doubs* est au sud-est de celui de la Haute-Saône ; chef-lieu : *Besançon*, sur le Doubs, 49,400 hab.; sous-préfect. : *Baume-les-Dames, Montbéliard, Pontarlier.*

Le départ. du *Jura* est au sud-ouest de celui du Doubs ; chef-lieu *Lons-le-Saulnier*, sur la Vallière, sous-affluent de la Saône, 10,700 hab.; sous-préfect. : *Dôle, Poligny, Saint-Claude.*

3° Le *Lyonnais*, C. *Lyon*, a formé 2 départements : *Rhône* et *Loire.*

Le départ. du *Rhône* est au sud de celui de Saône-et-Loire; chef-lieu : *Lyon*, au confluent du Rhône et de la Saône, 323,420 hab.; sous-préfect. : *Villefranche-sur-Saône.*

Le départ. de la *Loire* est à l'ouest de celui du Rhône; chef-lieu : *Saint-Étienne,* sur le Furens, affluent de la Loire, 110,810 hab.; sous-préfect. : *Montbrison, Roanne.*

4° Le *Dauphiné*, C. *Grenoble*, a formé 3 départements : *Isère, Drôme, Hautes-Alpes.*

Le départ. de l'*Isère* est au sud de celui de l'Ain ; chef-lieu : *Grenoble*, sur l'Isère, 42,660 hab.; sous-préfect. : *Saint-Marcellin, la Tour-du-Pin, Vienne;* autres villes : *Bourgoin, Voiron.*

Le départ. de la *Drôme* est à l'est de celui de l'Ardèche ; chef-lieu : *Valence*, sur le Rhône, 20,670 hab.; sous-préfect. : *Die, Montélimar, Nyons.*

Le départ. des *Hautes-Alpes* est à l'est de celui de la Drôme ; chef-lieu : *Gap*, au pied des Alpes, sur la Luye, affluent de la Durance : 8,930 hab.; sous-préfect. : *Briançon, Embrun.*

5° La *Provence*, C. *Aix*, a formé 3 départements : *Bouches-du-Rhône, Basses-Alpes, Var.*

Le départ. des *Bouches-du-Rhône* est à l'est de celui du Gard; chef-lieu : *Marseille*, port de commerce très-important sur le golfe du Lion : 312,870 hab.; sous-préfect. : *Aix, Arles*; autres villes : *La Ciotat, Tarascon.*

Le départ. des *Basses-Alpes* est au sud de celui des Hautes-Alpes ; chef-lieu : *Digne*, sur la Bléone, affluent de la Durance : 6,880 hab. : *Barcelonnette, Castellane, Forcalquier, Sisteron.*

Le départ. du *Var* est à l'est de celui des Bouches-du-Rhône; chef-lieu : *Draguignan*, sur l'Artuby, affluent de l'Argens, 9,450 hab.; sous-préfect. : *Brignolles; Toulon*, port militaire sur la Méditerranée ; autres villes : *Fréjus*, port sur la Méditerranée ; *Hyères, Saint-Tropez.*

6° Le *Languedoc*, C. *Toulouse*, a formé 8 départements : *Haute-Garonne, Tarn, Lozère, Haute-Loire, Ardèche, Gard, Hérault, Aude.*

Le départ. de la *Haute-Garonne* est à l'est de ceux du Gers et des Hautes-Pyrénées; chef-lieu : *Toulouse*, sur la Garonne, 124,850 hab.; sous-préfect. : *Muret, Saint-Gaudens, Villefranche-de-Lauraguais ;* autre ville : *Bagnères-de-Luchon.*

Le départ. du *Tarn* est au sud de celui de l'Aveyron; chef-lieu : *Alby*, sur le Tarn, 17,470 hab. ;.sous-préfect. : *Castres, Gaillac, Lavaur.*

Le départ. de la *Lozère* est à l'est de celui de l'Aveyron ; chef-lieu : *Mende*, sur le Lot, 6,900 hab. ; sous-préfect. : *Florac, Marvejols.*

- Le départ. de la *Haute-Loire* est à l'est de celui du Cantal ; chef-lieu : *Le Puy*, sur la Borne, près de son confluent avec la Loire, 19,230 hab. : sous-préfect. : *Brioude, Yssengeaux.*

Le départ. de l'*Ardèche* est à l'est de celui de la Lozère ; chef-lieu : *Privas*, entre le Rhône et les Cévennes, sur l'Ouvèze, affluent du Rhône, 7,840 hab. ; sous-préfect. : *L'Argentière, Tournon ;* autres villes : *Viviers, Annonay.*

Le départ. du *Gard* est au sud de celui de l'Ardèche ; chef-lieu : *Nîmes*, 62,400 hab.; sous-préfect. : *Alais, Uzès, Le Vigan.*

Le départ de l'*Hérault* est au sud-ouest de celui du Gard ; chef-lieu : *Montpellier*, sur le Lez, près des étangs de Thau : 57,730 hab. ; sous-préfect. : *Béziers, Lodève, Saint-Pons* ; autres villes : *Cette*, port sur la Méditerranée, *Pézénas*.

Le départ. de l'*Aude* est au sud de celui du Tarn ; chef-lieu : *Carcassonne*, sur l'Aude, 23,650 hab. ; sous-préfect. : *Castelnaudary, Limoux, Narbonne*.

7° Le *Roussillon*, C. *Perpignan*, a formé le département des *Pyrénées-Orientales*.

Le départ. des *Pyrénées-Orientales* est au sud de celui de l'Aude ; chef-lieu : *Perpignan*, sur le Tet, 27,380 hab. ; sous-préfect.: *Céret, Prades ;* autres villes : *Collioure, Port-Vendres*, ports sur la Méditerranée.

8° L'*île de Corse*, C. *Bastia*, située dans la Méditerranée, a formé le département qui porte son nom ; chef-lieu : *Ajaccio*, port de mer, 16,550 hab. ; sous-préfect. : *Bastia*, port de mer ; *Calvi*, port de mer ; *Corté, Sartène ;* autre ville : *Bonifacio*.

9° Le *comtat d'Avignon*, C. *Avignon*, a formé le département de *Vaucluse*.

Le départ. de *Vaucluse* est au sud de celui de la Drôme ; chef-lieu : *Avignon*, sur le Rhône, 38,200 hab. ; sous-préfect. : *Apt, Carpentras, Orange*.

10° La *Savoie*, C. *Chambéry*, a formé 2 départements : *Savoie* et *Haute-Savoie*.

Le départ. de la *Savoie* est à l'est de celui de l'Isère ; chef-lieu : *Chambéry*, sur la Leysse, sous-affluent du Rhône, 19,150 hab.; sous-préfect. : *Albertville, Moûtiers-en-Turantaise, Saint-Jean-de-Maurienne ;* autre ville : *Aix-les-Bains*.

Le départ. de la *Haute-Savoie* est au nord de celui de la Savoie ; chef-lieu : *Annecy*, sur le lac du même nom, 11,580 hab.; sous-préfect. : *Bonneville, Saint-Julien, Thonon ;* autre ville : *Evian*, sur le lac de Genève.

11° Le *comté de Nice*, C. *Nice*, a formé le département des *Alpes-Maritimes*.

Le départ. des *Alpes-Maritimes* est à l'est de celui du Var ; chef-lieu : *Nice*, port sur la Méditerranée, 50,380 hab. ; sous-préfect. : *Grasse, Le Puget-Théniers ;* autres villes : *Antibes, Cannes, Villefranche*, ports sur la Méditerranée.

7.

Tableau comparatif des Provinces et des Départements de la France.

PROVINCES.		DÉPARTEMENTS.	SUPERFICIE EN HECTARES.	POPULATION.	PRÉFECTURES.
I. Versant de la mer du Nord.					
DRRAINE	3	Vosges	587,650	392,990	*Épinal.*
		Meurthe-et-Moselle.	524,390	365,140	*Nancy.*
		Meuse	622,790	284,725	*Bar-le-Duc.*
LANDRE	1	Nord	568,090	1,447,770	*Lille.*
TTOIS	1	Pas-de-Calais	660,560	761,160	*Arras.*
II. Versant de la Manche.					
JAMPAGNE	4	Ardennes	523,290	320,220	*Mézières.*
		Marne	818,000	386,160	*Châlons.*
		Haute-Marne	621,970	251,200	*Chaumont.*
		Aube	600,140	255,690	*Troyes.*
E-DE-FRANCE	5	Aisne	735,200	552,440	*Laon.*
		Oise	585,500	396,800	*Beauvais.*
		Seine	47,550	2,220,000	*Paris.*
		Seine-et-Marne	573,630	341,500	*Melun.*
		Seine-et-Oise	560,360	580,180	*Versailles.*
ACARDIE	1	Somme	616,120	557,000	*Amiens.*
DRMANDIE	5	Seine-Inférieure	603,330	790,000	*Rouen.*
		Eure	595,760	377,870	*Évreux.*
		Calvados	552,070	454,010	*Caen.*
		Orne	609,720	398,250	*Alençon.*
		Manche	592,830	544,780	*Saint-Lô.*
III. Versant de la mer de France (océan Atlantique).					
RETAGNE	5	Ille-et-Vilaine	672,580	589,532	*Rennes.*
		Côtes-du-Nord	688,560	622,300	*Saint-Brieuc.*
		Finistère	672,110	642,960	*Quimper.*
		Morbihan	679,780	490,350	*Vannes.*
		Loire-Inférieure	687,450	602,200	*Nantes.*
AINE	2	Mayenne	517,060	350,640	*Laval.*
		Sarthe	620,670	446,600	*Le Mans.*
NJOU	1	Maine-et-Loire	712,090	518,470	*Angers.*
OURAINE	1	Indre-et-Loire	611,370	317,030	*Tours.*
RLÉANAIS	3	Loir-et-Cher	635,090	268,800	*Blois.*
		Eure-et-Loir	587,430	282,620	*Chartres.*
		Loiret	677,120	353,020	*Orléans.*
ERRY	2	Cher	719,930	335,390	*Bourges.*
		Indre	679,530	277,690	*Châteauroux.*
VERNAIS	1	Nièvre	681,650	339,920	*Nevers.*
OURBONNAIS	1	Allier	730,840	390,810	*Moulins.*
UVERGNE	2	Puy-de-Dôme	795,050	566,460	*Clermont-Ferrand.*
		Cantal	574,150	231,870	*Aurillac.*
ARCHE	1	Creuse	556,830	274,660	*Guéret.*
MOUSIN	2	Haute-Vienne	551,660	322,450	*Limoges.*
		Corrèze	586,610	302,750	*Tulle.*

PROVINCES.		DÉPARTEMENTS.	SUPERFICIE EN HECTARES.	POPULATION.	PRÉFECTURES.
POITOU........	3	VIENNE..........	697,040	320,600	Poitiers.
		DEUX-SÈVRES.....	599,990	331,240	Niort.
		VENDÉE..........	670,350	401,450	La Roche-sur Yon.
AUNIS ET SAIN- TONGE.......	1	CHARENTE-INFÉRIEURE	682,570	465,650	La Rochelle.
ANGOUMOIS....	1	CHARENTE........	591,240	367,520	Angoulême.
		GIRONDE........	974,030	703,150	Bordeaux.
		DORDOGNE.......	918,250	480,140	Périgueux.
		LOT-ET-GARONNE...	535,393	319,290	Agen.
		LOT...........	521,170	281,400	Cahors.
GUYENNE ET GAS- COGNE......	9	AVEYRON........	874,330	402,470	Rodez.
		TARN-ET-GARONNE..	372,020	221,610	Montauban.
		GERS..........	628,030	284,720	Auch.
		LANDES.........	932,130	300,530	Mont-de-Mar san.
		HAUTES-PYRÉNÉES...	452,950	235,160	Tarbes.
BÉARN........	1	BASSES-PYRÉNÉES...	762,270	426,700	Pau.
COMTÉ DE FOIX..	1	ARIÉGE.........	489,390	246,300	Foix.

IV. Versant de la Méditerranée.

PROVINCES.		DÉPARTEMENTS.	SUPERFICIE EN HECTARES.	POPULATION.	PRÉFECTURES.
BOURGOGNE....	4	YONNE..........	742,800	363,610	Auxerre.
		CÔTE-D'OR.......	876,110	374,510	Dijon.
		SAÔNE-ET-LOIRE....	855,170	508,340	Mâcon.
		AIN...........	579,900	363,290	Bourg.
FRANCHE-COMTÉ.	3	HAUTE-SAÔNE.....	533,990	303,090	Vesoul.
		DOUBS.........	522,750	291,250	Besançon.
		JURA..........	489,400	287,630	Lons-le-Sau nier.
LYONNAIS.....	2	RHÔNE.........	279,040	670,250	Lyon.
		LOIRE.........	475,960	550,610	Saint-Étienne
DAUPHINÉ.....	3	ISÈRE..........	828,930	575,780	Grenoble.
		DRÔME.........	652,160	320,420	Valence.
		HAUTES-ALPES....	558,960	118,900	Gap.
PROVENCE.....	3	BOUCHES-DU-RHÔNE..	510,490	554,910	Marseille.
		BASSES-ALPES.....	695,420	139,330	Digne.
		VAR...........	602,750	293,760	Draguignan.
		HAUTE-GARONNE...	628,990	479,360	Toulouse.
		TARN..........	574,210	352,720	Alby.
		LOZÈRE.........	516,970	135,190	Mende.
LANGUEDOC....	8	HAUTE-LOIRE.....	496,220	308,730	Le Puy.
		ARDÈCHE........	552,660	380,280	Privas.
		GARD..........	583,560	420,130	Nîmes.
		HÉRAULT........	619,800	429,880	Montpellier.
		AUDE..........	631,320	285,930	Carcassonne.
ROUSSILLON....	1	PYRÉNÉES-ORIENTALES	412,210	191,860	Perpignan.
CORSE........	1	CORSE.........	874,740	258,510	Ajaccio.

Provinces réunies depuis 1789.

PROVINCES.		DÉPARTEMENTS.	SUPERFICIE EN HECTARES.	POPULATION.	PRÉFECTURES.
COMTAT D'AVI- GNON.......	1	VAUCLUSE........	354,780	263,450	Avignon.
SAVOIE......	2	SAVOIE..........	575,920	267,960	Chambéry.
		HAUTE-SAVOIE.....	431,710	273,030	Annecy.
COMTÉ DE NICE.	1	ALPES-MARITIMES...	383,900	199,040	Nice.

172. Iles. — Les îles les plus remarquables situées près des côtes de la France et lui appartenant sont :

1° Dans l'océan Atlantique et les mers qui en dépendent. les îles *Chausey*, à l'ouest de Granville ; — les îles de *Bréhat*, les *Sept îles* et l'*île de Batz*, au nord de la Bretagne ; — l'île d'*Ouessant*, à l'ouest de la presqu'île de Bretagne ; — l'île de *Sein*, au sud de la précédente ; — les îles de *Glénan*, au sud de Quimper ; — l'île de *Groix*, en avant de la rade de Lorient ; — *Belle-Ile*, au sud-est de l'île de Groix ; — l'île de *Noirmoutier*, à l'ouest de la baie de Bourgneuf ; — l'île d'*Yeu*, au sud de Noirmoutier ; — l'île de *Ré*, au nord de l'embouchure de la Charente ; — l'île d'*Oleron*, au sud de l'île de Ré ; — l'île d'*Aix*, entre Oleron et le continent ; — le rocher de *Cordouan*, à l'embouchure de la Gironde ;

2° Dans la mer Méditerranée, les îles d'*Hyères*, dont la principale est *Porquerolles*, à l'est des bouches du Rhône ; — les îles de *Lérins*, qui sont *Sainte-Marguerite* et *Saint-Honorat*, à proximité de l'embouchure du Var.

173. Agriculture, Mines, Industrie, Commerce. — L'agriculture sera toujours la base de la richesse de la France, qui est une des contrées les plus fertiles de l'Europe. Ses produits agricoles s'élèvent annuellement à plus de dix milliards ; les plus importants sont : les céréales, la vigne, les plantes potagères, fourragères et industrielles, les arbres à fruits, les forêts. L'élevage des animaux domestiques : bœufs, vaches, veaux, moutons, brebis, chèvres, porcs, volaille, chevaux, ânes et mulets, donne un produit de plus de six milliards.

Les mines contribuent également à la richesse de la France ; les principaux minéraux que son sol renferme sont : la houille (Nord, Loire, Gard, etc.), le fer (Haute-Marne, Haute-Saône, Aveyron, etc.), le marbre (surtout dans la chaîne des Pyrénées), l'ardoise (Maine-et-Loire, etc.), le sel (Doubs, Jura, etc.). On rencontre aussi quelques mines peu importantes de cuivre et de plomb.

L'industrie, qui a pris un grand développement en France depuis quelques années, grâce aux découvertes de la science et aux progrès des arts mécaniques, comprend deux grandes divisions : l'industrie métallurgique et l'industrie manufacturière. L'industrie métallurgique, qui consiste dans l'extraction et la préparation des minerais, produit plus d'un milliard et possède environ dix mille établissements, dont les principaux sont : *Le Creuzot* (Saône-et-Loire), *Decazeville* (Aveyron), *Fourchambault* (Nièvre), *Commentry* (Allier), *Saint-Étienne* (Loire), *Anzin* (Nord), *Alais, La Grand'Combe* (Gard), etc. L'industrie manufacturière, qui se subdivise en industrie textile et en industrie alimentaire, donne un produit de plus de dix milliards. Le nombre de ses établissements, manufactures, fabriques, usines, moulins à vent et à eau, dépasse cent cinquante mille. Les localités les plus renommées par leurs différents produits sont : *Paris, Lyon, Saint-Étienne, Marseille, Besançon, Rouen, Elbœuf* (Seine-Inférieure), *Louviers, Roubaix* (Nord), *Tourcoing* (Nord), etc.

Le commerce de la France est en proportion avec l'importance de son agriculture et de son industrie. Le commerce extérieur comprend l'importation des diverses matières nécessaires à l'alimentation et à l'industrie : tels sont le sucre de canne, le cacao, le café, le thé, le riz, les épices, etc. ; les bois de construction et d'ébénisterie, les métaux, le coton, la soie, etc. La valeur de ces importations s'élève annuellement à quatre milliards. En retour, la France exporte à l'étranger à peu près la même valeur en vins, eaux-de-vie, étoffes de laine et de soie, meubles, modes, articles de Paris, etc. Les transactions du commerce intérieur paraissent décuples de celles du commerce extérieur : le chiffre en peut être évalué à quarante milliards.

Les places de commerce les plus importantes de l'intérieur sont : *Paris, Lyon, Rouen, Saint-Étienne, Beaucaire* (Gard), *Nîmes, Montpellier, Lille, Limoges, Nancy, Toulouse, Orléans, Besançon,* etc. Les principaux ports de commerce sont : *Dunkerque, Calais, Boulogne, Le Havre, Rouen, Granville* (Manche), *Saint-Malo, Saint-Nazaire, Nantes, La Rochelle, Bordeaux, Bayonne, Agde* (Hérault), *Cette* (Hérault), *Marseille, Toulon, Nice, Bastia.* Notre marine marchande emploie à l'importation et à l'exportation 15,000 navires, jaugeant 1,000,000 de tonneaux. Le nombre des navires de commerce à vapeur s'élève à plus de 300. Le mouvement annuel de la navigation, long cours et cabotage, est en moyenne de 15,000,000 de tonneaux.

174. Voies de communication. — Le développement de

l'agriculture et l'importance des transactions industrielles et commerciales sont facilités en France par un heureux ensemble de voies de communication. Indépendamment des deux mers qui la baignent, la France possède trois sortes de voies de communication : 1° les voies d'eau, qui comprennent cent cinquante fleuves ou rivières, navigables sur une étendue de 9,500 kilomètres, et cent canaux réunissant l'un à l'autre ses divers bassins ; 2° les routes ordinaires de terre, qui mettent en rapport jusqu'aux moindres villages, et qui ont une étendue de plus de 300,000 kilomètres ; 3° les chemins de fer, qui parcourent tous les points importants du pays, et le relient avec les chemins de fer des pays limitrophes ; leur parcours ont un développement de 22,000 kilomètres. A ces facilités de communication il faut ajouter les moyens les plus prompts de correspondance par les postes et les télégraphes.

175. Possessions coloniales. — Les possessions françaises hors de l'Europe, dont la population européenne ou indigène s'élève à environ 5,600,000 habitants, sont :

1° En Afrique : l'*Algérie*, parcourue par la chaîne de l'Atlas et sillonnée par de nombreuses rivières, la *Seybouse*, le *Rummel*, le *Chélif*, la *Tafna*, etc., très-fertile dans les régions qui avoisinent les côtes, couverte de plaines sablonneuses et de lacs salés ou *chotts* dans les parties qui confinent au Sahara ; divisée en trois provinces ou départements ayant pour chefs-lieux : *Alger*, avec les sous-préfectures de *Milianah* et d'*Orléansville ; Constantine*, avec les sous-préfectures de *Bône, Bougie, Guelma* et *Philippeville ; Oran*, avec les sous-préfectures de *Mostaganem* et de *Sidi-bel-Abbès ;* — le *Sénégal*, capit. *Saint-Louis ;* — *Gabon*, sur la côte de Guinée ; — l'*île de la Réunion*, autrefois *île Bourbon*, située à l'est de Madagascar, capit. *Saint-Denis ;* — *Mayotte, Nossi-Bé* et *Sainte-Marie*, près de la côte de Madagascar ;

2° En Asie : dans l'*Hindoustan : Pondichéry, Karikal* et *Yanaon*, avec leurs territoires, situés sur la côte orientale de Coromandel; *Chandernagor*, sur l'Hougly, un des bras du Gange ; *Mahé*, avec un port, sur la côte occidentale de Malabar ; — dans l'*Indo-Chine*, la *basse Cochinchine*, divisée en six provinces ; capit. *Saïgon ;* — le protectorat du royaume de *Cambodge ;*

3° En Amérique : la *Guyane française*, située dans l'Amérique méridionale, capit. *Cayenne ;* — la *Martinique*, l'une des Petites Antilles, capit. *Le Fort-de-France ;* — la *Guadeloupe,* composée de deux îles séparées par un canal appelé *Rivière salée,* capit. *La Basse-Terre ;* — l'île de *Marie-Galante,* située au sud-est de la Guadeloupe ; — le groupe des *Saintes,* au sud de la Guadeloupe ; — l'île de la *Désirade,* à l'est de la Guadeloupe ; — la partie septentrionale de l'île *Saint-Martin,* située au nord de la Guadeloupe ; — *Saint-Pierre* et *Miquelon,* près de la côte méridionale de Terre-Neuve ;

4° En Océanie : la *Nouvelle-Calédonie,* dans la Mélanésie, capit. *Nouméa ;* — les *îles Marquises,* dans la Polynésie, capit. *Le Fort-Collet ;* — le protectorat des îles de la *Société* ou *Taïti, Pomoutou* et *Gambier.*

176. Formation territoriale. — La première formation du territoire français remonte à l'invasion des Francs dans la Gaule au cinquième siècle. Sous Clovis, après la défaite du général romain Syagrius, la Gaule appartenait en presque totalité à la monarchie franque. Charlemagne, en constituant un nouvel empire d'Occident, ajouta aux conquêtes de Clovis l'Italie jusqu'au Garigliano, l'Espagne des Pyrénées à l'Èbre et l'Allemagne jusqu'au delà de l'Elbe. Au neuvième siècle, lorsque Charles le Gros fut déchu de l'empire d'Occident, le royaume de France avait pour frontières orientales et septentrionales le Rhône, la Saône, les Ardennes occidentales et l'Escaut jusqu'à la mer ; il fut bientôt partagé en de nombreux fiefs ou seigneuries indépendantes. A l'avénement de Hugues Capet, le roi de France n'avait plus d'autorité que sur deux provinces, l'Ile-de-France et l'Orléanais. Alors commença le grand travail de l'unité française. Successivement les rois firent rentrer sous l'autorité royale, par mariage, par déshérence ou par conquête, les diverses provinces que la féodalité leur avait fait perdre. C'est ainsi qu'à l'époque de la révolution française, en 1789, la France avait presque toute l'étendue de l'ancienne Gaule, excepté vers le nord. Les guerres de la République et de l'Empire lui firent dépasser momentanément ses limites naturelles par l'annexion des Pays-Bas, de la rive droite du Rhin et de l'Italie septentrionale. A la chute de l'Empire, en 1815, la France dut rentrer dans ses frontières de 1789. En 1860, elle s'accrut de la Savoie et du comté de Nice, cédés par l'Italie ;

mais la guerre de 1870-1871 lui a fait perdre la plus grande partie de l'Alsace et une partie de la Lorraine et lui a enlevé ce qu'elle avait conservé de la frontière du Rhin.

Exercices. Le maître fera les démonstrations au tableau noir et sur la carte murale, et tracera une carte physique de la France avec ses versants et ses bassins; il expliquera aux élèves la géographie politique ancienne, et indiquera la situation des provinces, des départements et des chefs-lieux et des villes importantes. Les élèves copieront et mettront au net.

CHAPITRE IX.

États du Nord-Ouest. — Iles Britanniques ou Grande-Bretagne et Irlande. — Pays-Bas ou Hollande. — Belgique.

Iles Britanniques
ou Royaume-Uni de Grande-Bretagne et d'Irlande.
(United Kingdom of Great Britain and Ireland.)

177. Notions générales. — Le royaume-uni des îles Britanniques ou de Grande-Bretagne et d'Irlande se compose de la Grande-Bretagne, divisée en Angleterre et en Écosse, de l'Irlande et d'un grand nombre de petites îles. L'Irlande est séparée de la Grande-Bretagne par la mer d'Irlande. Les petites îles sont disséminées dans les mers qui entourent l'Angleterre et l'Irlande. Ce royaume est situé au nord-ouest de l'Europe, entre la mer du Nord, le pas de Calais, la Manche et l'océan Atlantique. Sa superficie est de 314,950 kilomètres carrés.

Le climat est humide et brumeux; cependant les terres y sont fertiles et produisent les diverses plantes alimentaires, à l'exception de la vigne. Il existe en Irlande beaucoup de terres incultes et de nombreux marais.

178. Grandes divisions, villes principales. — Les îles Britanniques forment un État qui prend le nom de *Royaume-uni de Grande-Bretagne et d'Irlande.* On le divise en trois parties : 1° l'*Angleterre,* avec la *principauté de Galles;* 2° l'*Écosse;* 3° l'*Irlande.* Chacune de ces parties est subdivisée en comtés ou shires, savoir : l'Angleterre en 40 comtés, la principauté de Galles en 12, l'Écosse en 33 et l'Irlande en 32. Cet État a, en outre, de très-importantes possessions coloniales dans les diverses parties du monde, surtout dans l'Inde.

Les villes principales sont : **Angleterre** : 1° *Londres*, capitale de l'Angleterre et du royaume-uni, sur la Tamise, à 60 kil. de son embouchure dans la mer du Nord et à 420 kil. nord-nord-ouest de Paris ; c'est la ville la plus grande, la plus riche et la plus peuplée de l'Europe : elle renferme 3,445,000 habit. ; son port maritime, le plus fréquenté du monde, occupe, du pont de Londres jusqu'à Deptford, une longueur de 6 kilomètres et une largeur de 400 à 500 mètres ; — 2° *Manchester*, grande ville manufacturière, au confluent de l'Irk et de l'Irwell, affluents de la Mersey, dans le comté de Lancastre, à 248 kil. nord-ouest de Londres : 357,000 hab. ; — 3° *Liverpool*, sur la mer d'Irlande, à l'embouchure de la Mersey, également dans le comté de Lancastre, à 280 kil. nord-ouest de Londres : 516,000 habit. ; son port commode et spacieux reçoit annuellement plus de 30,000 navires, et est, pour ainsi dire, le port de Manchester ; c'est, après Londres, la ville la plus commerçante du globe ; — 4° *Birmingham*, ville manufacturière du comté de Warwick, dans le bassin du Trent, à 160 kil. nord-ouest de Londres : 366,000 habit. ; — 5° *Nottingham*, chef-lieu du comté de même nom, située sur un roc près du Trent et sur le canal de Great-Trunk, à 195 kil. nord-ouest de Londres, possède de nombreuses manufactures : 92,000 habit. ; — 6° *York*, chef-lieu du comté de ce nom, sur l'Ouse, ville déchue : 41,000 habit. ; — 7° *Leeds*, grande ville manufacturière du comté d'York, sur l'Aire, à la tête du canal de Leeds à Liverpool, à 248 kil. nord-ouest de Londres : 285,000 habit. ; — 8° *Sheffield*, grande ville industrielle, également du comté d'York, sur le Don, renommée pour sa coutellerie : 268,000 habit. ; — 9° *Newcastle*, chef-lieu du comté de Northumberland, ville maritime, sur la Tyne, près de son embouchure dans la mer du Nord, entrepôt de houille : 138,000 habit. ; — 10° *Oxford*, chef-lieu du comté de ce nom, sur l'Isis, à 64 kil. nord-ouest de Londres, possède une université importante : 30,000 hab. ; — 11° *Plymouth*, sur la mer de la Manche, à l'embouchure de la Plym et du Tamar, dans le comté de Devon, possède trois ports, dont deux marchands et l'autre militaire : 69,000 habit. ; — 12° *Portsmouth*, ville maritime et port militaire le plus considérable de l'Europe, sur la rade de Spithead que forme la Manche, dans le comté de Hamps, à 120 kil. sud-ouest de Londres : 123,000 habit.; sa rade peut contenir 1,000 vaisseaux de ligne; — 13° *Southampton*, grand port de commerce au fond d'une baie, qui débouche dans la rade de Spithead, également dans le comté de Hamps : 40,000 habit. ; — 14° *Bristol*, grande ville maritime du comté de Glocester, sur l'Avon, près du canal de Bristol, à 100 kil. ouest de Londres : 196,000 habit. ; — 15° *Swansea*, ville maritime du comté de Glamorgan, dans le pays de Galles, sur la baie de son nom, que forme le canal de Bristol : 42,000 habit. ; — 16° *Hull*, port sur l'Humber, dans le comté d'York : 134,000 habit. ; — 17° *Sunderland*, bon port, entrepôt de houille, dans le comté de Durham : 110,000 habit.

Écosse : 1° *Édimbourg*, capitale, grande et belle ville bâtie sur trois collines et entourée de montagnes, excepté du côté du nord, où le terrain s'abaisse vers le golfe du Forth, à 448 kil. nord-nord-ouest de Londres : 212,000 habit.; — 2° *Leith*, ville maritime sur le golfe du Forth, près de la mer du Nord, à 2 kil. d'Édimbourg, dont elle est regardée comme le port : 35,000 habit.; — 3° *Perth*, belle ville maritime sur le Tay, à 36 kil. de la mer du Nord : 20,000 habit. ; — 4° *Dundee*, à l'embouchure du Tay dans la mer du Nord : 119,000 habit.; — 5° *Glasgow*, ancienne, grande et florissante ville maritime sur la Clyde, près du canal du Nord, université célèbre, construction de navires : 553,500 habit. ; — 6° *Aberdeen*, sur la mer du Nord, à l'embouchure de la Dee : 88,000 habit. ; — 7° *Inverness*, principale ville du nord de l'Écosse, sur la Ness, au fond du golfe de Murray que forme la mer du Nord et à l'entrée orientale du canal Calédonien : 15,000 habit.

Irlande : 1° *Dublin*, capitale, à l'embouchure de la Liffey dans la mer d'Irlande ; les vaisseaux remontent jusqu'à la ville deux heures avant ou après la marée : 315,000 habit.; — 2° *Cork*, sur la Lee, à 12 kil. de son embouchure dans le canal Saint-Georges, port maritime vaste et fréquenté, à 200 kil. sud-ouest de Dublin : 78,500 habit. ; — 3° *Galway*, ville maritime sur la baie de ce nom, dans l'océan Atlantique, à 180 kil. ouest de Dublin : 36,000 habit. ; — 4° *Limerick*, dans une île formée par le Shannon : 50,000 habit. ; — 5° *Belfast*, grande ville manufacturière et port maritime au fond de la baie du même nom, formée par le canal du Nord, à 120 kil. nord de Dublin : 174,000 habit. ; — 6° *Londonderry*, bon port au fond de la baie de Foyle, formée par l'océan Atlantique : 20,000 habit.

179. Iles. — Les principales îles qui dépendent de l'archipel britannique sont : 1° les îles *Hébrides*, au nord-ouest, dans l'océan Atlantique; — 2° les îles *Orcades* et les îles *Shetland*, au nord, entre la mer du Nord et l'océan Atlantique; — 3° l'île de *Wight*, au sud, dans la Manche; — 4° les îles *Sorlingues*, au sud-est, dans la Manche; — 5° les îles de *Man* et d'*Anglesey*, dans la mer d'Irlande.

180. Population, gouvernement, finances, armée. — La population des îles Britanniques s'élève à 33,100,000 habitants, dont 24,200,000 pour l'Angleterre, 3,500,000 pour l'Écosse et 5,400,000 pour l'Irlande. Le protestantisme anglican domine en Angleterre et le presbytérianisme en Écosse; mais on compte aujourd'hui un grand nombre de catholiques dans ces deux contrées. L'Irlande est presque entièrement catholique.

Le gouvernement est une monarchie constitutionnelle, composée d'un roi ou d'une reine, d'une chambre des lords ou des pairs, dont la dignité est héréditaire pour les lords anglais, à vie pour les lords irlandais, temporaire pour les lords écossais, et d'une chambre des communes, formée de membres élus par les communes.

Le revenu de l'État est de 1,800,000,000 de francs. Le budget s'élève à peu près au même chiffre, dont 700 millions pour les intérêts de la dette, s'élevant à 20 milliards.

L'armée britannique est de 125,000 hommes en temps de paix, sans compter la milice et les corps coloniaux. La flotte est d'environ 600 bâtiments, de toute grandeur et de tout système. Le personnel de la flotte comprend 70,000 hommes, tant en marins qu'en troupes de marine.

181. Agriculture, Mines, Industrie, Commerce. — L'agriculture du Royaume-Uni, quoique très-perfectionnée, ne produit pas assez de céréales pour nourrir sa population. La pomme de terre y est l'objet d'une grande exploitation. L'orge et le houblon donnent d'importants produits pour la fabrication de la bière. L'élevage des bœufs, des moutons, des porcs et des chevaux y est considérable. Le revenu agricole est estimé approximativement à près de cinq milliards.

La Grande-Bretagne est très-riche en produits minéraux. C'est surtout la houille qu'on rencontre dans son sol ; elle abonde dans les comtés du pays de Cornouailles, de Northumberland, d'York, de Devon, etc., et donne lieu à une extraction considérable et à d'importantes exportations. Les mines de fer y sont également nombreuses et riches, et les mines d'étain, de plomb, de zinc, de manganèse, etc., quoique plus rares, ont cependant une importance sérieuse.

La Grande-Bretagne règne sur le monde entier par son industrie. C'est un immense entrepôt de toutes les productions du globe, dont son industrie centuple la valeur, pour les distribuer ensuite dans le monde entier avec sa marine commerciale qui sillonne toutes les mers. Le nombre de ses manufactures et usines est infini. Les industries textiles et métallurgiques sont les plus importantes. Ses principaux centres d'industrie sont : *Londres, Liverpool, Hull, Sunderland, Newcastle, Swansea, Cardiff, Bristol, Manchester, Birmingham,* en Angleterre ; *Glasgow,* en Écosse ; *Dublin, Belfast,* en Irlande.

Ce puissant État doit à ses productions naturelles, à ses nombreuses fabriques, à ses canaux, à ses chemins de fer et au nombre important de ses navires à voile et à vapeur un mouvement d'échanges avec toutes les parties du monde qui dépasse annuellement douze milliards. *Liverpool, Londres, Southampton, Glasgow, Cork,* sont les principaux ports par lesquels ces échanges ont lieu. La marine marchande compte 32,000 navires, dont 4,000 bâtiments à vapeur.

182. Possessions coloniales.— L'Angleterre, l'Écosse et l'Irlande ne forment que le noyau du grand empire britannique, qui a sous sa domination 236 millions d'hommes dans les différentes parties du monde. Les possessions coloniales des Anglais sont :

1° En Europe : *Héligoland,* située dans la mer du Nord, presque vis-à-vis de l'embouchure de l'Elbe ;— les îles anglo-normandes, *Jersey, Guernesey* et *Aurigny,* dans la mer de la Manche ; — la forteresse de *Gibraltar,* sur le détroit de ce nom, entre l'océan Atlantique et la mer Méditerranée ; — le groupe de *Malte,* situé entre la Sicile et l'Afrique, dans la mer Méditerranée.

2° En Asie : *l'Inde anglaise,* qui comprend la plus grande partie de l'Hindoustan et quelques portions de l'Indo-Chine, et dont l'étendue a fait donner à la reine d'Angleterre le titre d'*Impératrice des Indes;* — *Aden,* port sur le golfe du même nom, à l'entrée de la mer Rouge; — l'île de *Périm,* à l'entrée de la mer Rouge; — *Bassadore,* port fortifié dans l'île de Kichm, à l'entrée du golfe Persique; — l'île *Ceylan,* dans l'océan Indien; — l'île de *Singapour,* au sud de la presqu'île de Malacca; — *Victoria-Town,* dans l'île de Hong-kong, sur la mer de la Chine;

3° En Afrique : *Sierra-Léone,* située dans la partie septentrionale de la Guinée; — *Gambie,* dans le bassin de la rivière de ce nom, qui s'y jette dans l'océan Atlantique; — *Cape-Coast* et *Saint-Georges de la Mine,* sur la côte d'Or; — les îles de *Fernando-Po,* de l'*Ascension* et *Sainte-Hélène,* dans l'océan Atlantique; — le *Cap de Bonne-Espérance,* qui comprend le territoire méridional de l'Afrique et la colonie de *Natal;* — les îles *Maurice* (île de France) et *Rodrigue,* du groupe des Mascareignes, dans l'océan Indien; — les *Seychelles,* qui se composent des *Amirantes,* au sud-ouest, et des *Seychelles* proprement dites ou *Mahé,* au nord-est, dans le même océan.

4° En Amérique : la *Nouvelle-Bretagne* et la *Confédération du Canada,* dans l'Amérique du Nord; — l'île du *Cap-Breton,* entre le golfe du Saint-Laurent et l'océan Atlantique; — l'île du *Prince-Édouard,* autrefois île *Saint-Jean,* dans le golfe du Saint-Laurent; — l'île de *Terre-Neuve* et les *Bermudes,* groupe de près de 300 îles ou îlots situés dans l'océan Atlantique, à 900 kil. de la côte des États-Unis; — la *Jamaïque,* l'une des Grandes Antilles; — les *Lucayes* ou *Bahama,* archipel qui renferme près de 500 îles ou rochers en dehors du détroit de la Floride; — plusieurs îles de l'archipel des Petites Antilles : la *Barbade,* la *Barboude,* la *Grenade, Saint-Vincent, Tabago, Antigoa, Saint-Christophe, Nevis,* la *Dominique, Sainte-Lucie,* la *Trinité,* la plus méridionale de ces îles; — la *Guyane anglaise,* dans l'Amérique du Sud; — le groupe des *Malouines* ou *Falkland,* dans l'océan Atlantique, près du détroit de Magellan.

5° En Océanie : les colonies de l'*Australie* (Nouvelle-Galles du Sud, Queensland, Victoria, etc.); — la petite île de *Norfolk,* à l'est de l'Australie; — la *Tasmanie,* ou terre de *Van Diemen,* île située au sud de l'Australie; — la *Nouvelle-Zélande,* groupe formé de deux grandes îles séparées par le détroit de Cook, à l'est-sud-est de l'Australie; — les îles *Fidji.*

183. Formation territoriale.—La Grande-Bretagne, nommée anciennement *Britannie*, était habitée par deux peuples : les Bretons, au sud, et les Calédoniens ou Pictes, au nord. Les Bretons furent soumis par les Romains, au premier siècle de l'ère chrétienne. Les Calédoniens conservèrent leur indépendance, et profitèrent de la décadence de l'empire, au cinquième siècle, pour tenter de subjuguer les Bretons. Les *Saxons* et les *Angles*, peuples germains, vinrent au secours de ces derniers, se rendirent maîtres du pays et formèrent une *Heptarchie* ou sept royaumes, qui furent réunis au commencement du neuvième siècle en une seule monarchie, le royaume d'Angleterre. Le pays de Galles resta indépendant jusqu'à la conquête d'Édouard Ier en 1283, mais ne fut complétement réuni qu'en 1536, sous Henri VIII. L'Écosse, après avoir formé pendant longtemps un royaume particulier, fut réunie à l'Angleterre par l'avénement à la couronne d'Angleterre, en 1603, de Jacques VI d'Écosse, le fils de Marie Stuart, sous le nom de Jacques Ier ; et les deux royaumes n'en formèrent plus qu'un en 1707, sous la dénomination de Grande-Bretagne. L'Irlande, nommée *Hibernie*, fut conquise en 1171 par Henri II, mais ne fut définitivement réunie en un seul royaume avec l'Angleterre et l'Écosse que par l'édit d'union de 1800.

Pays-Bas (Niederland).

184. Notions générales.—Le royaume des Pays-Bas, nommé aussi Hollande ou Néerlande, a pour limites : au N. et à l'O., la mer du Nord, qui y forme le golfe du Zuyderzée ; à l'E., l'Allemagne ; au S., la Belgique. Il occupe la partie inférieure des bassins du Rhin, de la Meuse et de l'Escaut. Sa superficie est de 33,000 kilom. carrés.

Le climat est doux, mais humide. Les Hollandais ont transformé, avec une intelligence et une activité merveilleuses, cette contrée marécageuse en champs fertiles et en excellents pâturages, dont une partie n'est protégée que par des digues contre l'invasion de la mer. Ils ont su, par des travaux considérables, utiliser des terrains d'alluvion et dessécher des lacs et des marécages, pour en faire des prairies et des terres cultivables qui portent le nom de *polders*.

185. Divisions, villes principales. — Ce royaume comprend 11 provinces, savoir : les provinces de *Frise*, d'*Over-Yssel*, de *Gueldre*, do *Drenthe*, d'*Utrecht*, de *Hollande septentrionale*, de *Hollande méridionale*, de *Zélande*, du *Brabant hollandais*, de *Groningue* et du *Limbourg hollandais*, et étend son autorité sur le *grand-duché de Luxembourg*, situé un peu au sud entre la Belgique et l'Allemagne. Les Pays-Bas possèdent de plus d'importantes colonies en Amérique et surtout en Océanie.

Les villes principales sont : 1° *La Haye*, capitale du royaume, bâtie sur un canal, à 3 kilom. de la mer du Nord : 97,500 habit. ; — 2° *Amsterdam*, grande et belle ville sur l'Amstel, qui s'y jette dans le golfe de l'Y, partie du Zuyderzée, après s'y être divisé en de nombreux canaux que l'on passe sur deux cent quatre-vingt-dix ponts ; l'un des ports les plus sûrs et les plus commerçants de l'Europe : 287,000 habit. ; — 3° *Rotterdam*, belle ville, sur la Meuse, où elle a un port maritime très-fréquenté ; les plus grands vaisseaux arrivent jusqu'au milieu de la ville : 129,000 habit. ; — 4° *Maestricht*, ville forte, sur la rive gauche de la Meuse : 28,500 habit. ; — 5° *Utrecht*, sur le Vieux-Rhin, université : 64,000 habit. ; — 6° *Groningue*, port au moyen d'un canal : 40,000 habit. ; — 7° *Leyde*, sur le Vieux-Rhin, université : 40,000 habit. ; — 8° *Flessingue*, port militaire sur l'Escaut, dans l'île de Walcheren, 8,000 habit. ; — 9° *Luxembourg*, sur l'Alzette, sous-affluent de la Moselle par la Soure : 14,500 habit.

186. Population, gouvernement, finances, armée. — La population est de 3,767,000 habitants, dont les deux tiers protestants calvinistes et un tiers catholique. La langue parlée est le hollandais, de la famille des langues germaniques. Le gouvernement est une monarchie constitutionnelle ; le grand-duché de Luxembourg a sa constitution et son administration particulières. Le budget de l'État s'élève à 220 millions de francs, sans y comprendre les revenus des colonies. L'armée est de 62,000 hommes. La marine militaire se compose de 110 bâtiments de divers rangs et de 11,000 marins et soldats d'infanterie de marine.

187. Agriculture, Mines, Industrie, Commerce. — Les principaux produits agricoles des Pays-Bas sont : le seigle, le

froment, le sarrasin, la pomme de terre, le lin, le tabac, etc. ;
mais leur principale richesse consiste dans de magnifiques prairies naturelles, qui nourrissent une grande quantité de bêtes
à cornes, des porcs, des moutons, des chevaux, etc. Le voisinage de la mer et l'étendue des côtes, si fortement découpées,
donnent un grand développement à la pêche.

Les mines sont peu importantes dans les Pays-Bas. On rencontre cependant de la houille et du fer dans le Limbourg ;
les tourbières sont nombreuses dans le nord-est.

Grâce à la richesse des prairies et à l'abondance des bestiaux,
la fabrication du fromage, dit fromage de Hollande, est devenue
une des principales ressources du pays ; ses liqueurs (curaçao,
anisette) sont estimées. On y rencontre ensuite d'importantes
fabriques de papiers, de toiles, de coton, etc. La taille du dia-
mant à Amsterdam a une réputation qui s'étend dans le monde
entier.

Le commerce maritime des Pays-Bas représente, en échanges
avec les États de l'Europe et les îles de l'Océanie, une valeur de
deux milliards. L'importation comprend le sucre, le café, l'indigo,
l'étain, le cuivre, etc., et en général tous les produits des régions
tropicales. L'exportation comprend le sucre, le café, le beurre,
les fromages, les bestiaux. Ce commerce se fait surtout par les
ports de Rotterdam, Amsterdam et Groningue, mis en communication avec le centre du pays par d'importants canaux.

188. Possessions coloniales. — Les colonies hollandaises,
dont la population s'élève à 20 millions d'habitants, sont :

1° En Amérique, la *Guyane hollandaise;* chef-lieu : *Paramaribo;* — *Curaçao,* l'une des Petites Antilles; — une partie
de l'île *Saint-Martin;* — l'île *Saint-Eustache ;* — l'île *Aruba ;*
— l'île *Buenayre;* — l'île *Saba.*

2° En Océanie, d'importantes colonies dans la *Malaisie* formant un gouvernement général, dit des *Indes orientales* ou
néerlandaises, qui comprend : 1° le gouvernement de l'île de
Java et de celle de *Madura;* chef-lieu : *Batavia;* — 2° le gouvernement de la côte ouest de *Sumatra;* chef-lieu : *Padang;* —
3° *Bornéo,* la plus grande île du monde après l'Australie; chef-
lieu : *Bandjermassing;* — 4° *Célèbes,* grande île à l'est de Bornéo; — 5° les *Moluques,* archipel situé à l'est de Célèbes, dont
la plus grande île est *Gilolo,* et le chef-lieu *Amboine,* dans l'île

du même nom ; — 6° la province de *Timor*, comprenant une partie de cette île ; chef-lieu : *Koupang* ; — 7° les résidences de *Rhiau* et de *Banca*, qui comprennent un grand nombre de petites îles situées entre Sumatra, Java et Bornéo.

189. Formation territoriale. — Les Bataves et les Frisons, habitants primitifs des Pays-Bas, furent d'abord soumis par les Romains, ensuite par les Francs, et passèrent successivement à l'empire germanique, à la Maison de Bourgogne, à celle d'Autriche et à la couronne d'Espagne. Sous le règne du roi d'Espagne Philippe II, ils se constituèrent en *république des Provinces-Unies* par la déclaration du 26 juillet 1581, et leur indépendance fut reconnue par le traité de Westphalie (1648). Envahie par les Français en 1795, la Hollande porta successivement le nom de *république Batave* et de *royaume de Hollande*, puis elle fut divisée en départements français. Détachée de la France par le traité de 1814, elle s'accrut du Luxembourg et du Limbourg et forma avec la Belgique le *royaume des Pays-Bas*. En 1830, la Belgique se sépara des Pays-Bas.

Belgique.

190. Notions générales. — La Belgique a pour limites : au N., les Pays-Bas ; à l'E., l'Allemagne ; au S., la France ; à l'O., la mer du Nord. Elle s'étend sur une partie des bassins de l'Escaut et de la Meuse, que réunissent de nombreux canaux. Sa superficie est de 29,400 kilom. carrés.

Le climat est doux et salubre. Le sol est d'une admirable fertilité.

191. Divisions, villes principales. — La Belgique est divisée administrativement en 9 provinces, savoir : *Flandre occidentale, Flandre orientale, province d'Anvers, Limbourg belge, Brabant belge, Hainaut, province de Namur, province de Liége et Luxembourg belge*. Elle n'a pas de possessions coloniales.

Les villes principales sont : 1° *Bruxelles*, capitale de la Belgique, située sur la Senne et sur le canal de Charleroi à l'Escaut, qui porte des navires de trois cents tonneaux entre Bruxelles et son embouchure : 180,000 habit., et avec les

8 communes limitrophes, 365,000 habit. ; — 2° *Anvers*, sur l'Escaut, qui y forme un des plus beaux ports maritimes de l'Europe : 142,000 habit. ; — 3° *Malines*, sur la Dyle : 38,500 habit. ; — 4° *Ostende*, sur la mer du Nord, avec un bon port : 18,000 habit. ; — 5° *Bruges*, sur un canal qui réunit Gand à Ostende : 48,000 habit. ; — 6° *Gand*, sur l'Escaut, au confluent de la Lys, université de l'État : 128,000 habit. ; — 7° *Louvain*, sur la Dyle, université libre : 32,000 habit. ; — 8° *Mons*, sur la Trouille et près de la Haine : 24,000 habit. ; — 9° *Namur*, au confluent de la Sambre et de la Meuse : 26,000 habit. ; — 10° *Liége*, sur la Meuse, au confluent de l'Ourthe, université de l'État : 114,000 habit.

192. Population, gouvernement, finances, armée. — La population de la Belgique est de 5,114,000 habitants , qui professent presque tous la religion catholique. La langue officielle est le français ; dans le nord les habitants parlent le flamand. Le gouvernement est une monarchie constitutionnelle. Son budget est de 170 millions de francs. Cet État entretient une armée de 50,000 hommes, qui en cas de guerre peut s'élever à 103,000 hommes. Sa flotte ne se compose que de quelques petits bâtiments, qui stationnent à Anvers et à Ostende.

193. Agriculture, Mines, Industrie, Commerce. — La Belgique est un pays où l'agriculture est très-perfectionnée. Le seigle, l'orge, le froment, la pomme de terre, le lin, le houblon, le colza, le tabac et la betterave y donnent des produits très-considérables. Le gros bétail abonde aussi en Belgique ; l'élevage des chevaux y est très-important.

La première industrie de ce pays est l'industrie métallurgique : on y compte un grand nombre de hauts fourneaux. Les mines de houille des vallées de la Sambre (Charleroi) et de la Meuse (Namur) et de la province de Hainaut (Mons) produisent près de 12 millions de tonnes de houille. Les mines de fer et de zinc sont également l'objet d'une exploitation considérable. On trouve aussi en Belgique quelques mines de cuivre et de plomb, des marbres, des pierres meulières, du grès, des eaux minérales très-estimées, etc.

Liége fabrique des armes de guerre et des armes de luxe très-recherchées. Dans les Flandres, c'est l'industrie textile

qui domine; les dentelles de Bruxelles et de Malines sont
très-estimées.

Le commerce de la Belgique avec les États voisins se fait
principalement par terre ; il dépasse une valeur de deux milliards
et demi. L'importation consiste surtout en céréales, riz, café,
vins de France, etc. L'exportation comprend les produits ma-
nufacturés : toiles de toutes sortes, dites de Flandre, linge de
table, tissus de soie, de lin, de coton, armes de luxe, armes de
guerre, cristaux, houille, zinc, etc. De nombreux canaux et un
réseau très-serré de chemins de fer assurent au commerce un
transport facile et rapide.

194. Formation territoriale. — La Belgique fit primitivement partie de la Gaule. A l'avénement des Capétiens, en 987,
la Belgique se divisait en comtés de Flandre, de Hainaut, de
Namur, duché de Brabant, évêché de Liége, marquisat d'Anvers, etc. Le comté de Flandre passa par mariage dans la
Maison de Bourgogne. Charles le Téméraire acquit les autres
provinces par guerre, traité ou succession. Le mariage de
Marie de Bourgogne avec Maximilien fit passer la Belgique avec
le reste des Pays-Bas à la Maison d'Autriche. Quand cette
Maison, par suite de l'abdication de Charles-Quint, se divisa en
deux branches, elle resta à la branche espagnole jusqu'en 1712.
Le traité d'Utrecht la céda à l'Autriche, qui la conserva jusqu'à
la conquête des Français en 1792. Elle appartint à la France
jusqu'en 1814, fut alors réunie aux Pays-Bas, et s'en sépara en
1830, en retenant une partie du Luxembourg et du Limbourg.

Exercices. Le maître fera les démonstrations au tableau noir et sur
la carte murale; il tracera la géographie physique des pays dont il
vient d'être parlé et il indiquera la situation des villes principales. Les
élèves copient et mettent au net.

CHAPITRE X.

États du Centre. — Allemagne. — Autriche-Hongrie. — Suisse.

Empire d'Allemagne (Deutschland).

195. Notions générales. — L'empire d'Allemagne, vaste contrée au centre de l'Europe, s'étend dans les bassins du Rhin, du Weser, de l'Elbe, de l'Oder, de la Vistule, du Niémen et du Danube ; il a pour limites : au N., le Danemark et la mer Baltique ; à l'E., la Russie ; au S., l'Autriche-Hongrie et la Suisse ; à l'O., la France, la Belgique, les Pays-Bas et la mer du Nord.

Cet empire, qui comprend vingt-six États particuliers, embrasse une superficie de 550,000 kilom. carrés. Le climat de cette contrée est humide et froid dans le nord ; le centre et le midi sont couverts de montagnes, qui forment des vallons très-fertiles.

196. Grandes divisions. Royaumes et États, villes principales.—La guerre de 1866 entre la Prusse et l'Autriche a mis fin à l'ancienne Confédération germanique fondée en 1815 et qui comprenait, outre l'Allemagne actuelle, des portions du Danemark, de l'Autriche et des Pays-Bas. En 1871 a été constitué l'empire d'Allemagne, dont la présidence appartient à la couronne de Prusse. Ses vingt-six États sont réunis pour tous les rapports militaires, internationaux et commerciaux ; mais chacun d'eux est nominalement indépendant et s'administre particulièrement ; il contribue pour sa part proportionnelle aux dépenses de l'empire, et fournit son contingent à l'armée fédérale. La législation fédérale est exercée par le pouvoir impérial de concert avec un conseil fédéral et un parlement (Reichstag). Le conseil fédéral se compose des représentants des membres de l'empire, répartis entre les divers États. Le parlement émane d'élections universelles et directes ; il a le droit de proposer des lois et discute celles qui lui sont soumises par le chef de l'empire : celui-ci a seul le droit de déclarer la guerre et de faire la paix, de conclure des alliances ou d'autres traités avec les États étrangers et d'accréditer auprès d'eux des envoyés diplomatiques.

Les vingt-six États dont la réunion forme l'empire d'Allemagne se répartissent ainsi :

4 Royaumes ...
- de Prusse,
- de Bavière,
- de Saxe,
- de Wurtemberg.

6 Grands-Duchés.
- de Bade,
- de Hesse,
- de Mecklembourg-Schwérin,
- de Mecklembourg-Strélitz,
- d'Oldenbourg,
- de Saxe-Weimar-Eisenach.

5 Duchés .....
- d'Anhalt,
- de Brunswick,
- de Saxe-Altenbourg,
- de Saxe-Cobourg-Gotha,
- de Saxe-Meiningen.

7. Principautés..
- de Lippe-Detmold,
- de Schaumbourg-Lippe,
- de Reuss (branche aînée),
- de Reuss (branche cadette),
- de Schwarzbourg-Rudolstadt,
- de Schwarzbourg-Sondershausen,
- de Waldeck.

3 Villes libres...
- Brême,
- Hambourg,
- Lubeck.

1 Pays d'empire.. | Alsace-Lorraine.

Royaume de Prusse. — Le *royaume de Prusse*, le premier et le plus important des États qui composent l'empire d'Allemagne, est situé sur le versant de la mer du Nord et sur celui de la mer Baltique, et s'étend dans les bassins de la Vistule, de l'Oder, de l'Elbe, du Weser et du Rhin. Sa superficie est de 349,800 kilom. carrés.

La population du royaume de Prusse est de 24,693,000 habit., dont les deux tiers protestants et un tiers catholique. Le gouvernement est une monarchie constitutionnelle et héréditaire. Le roi de Prusse est le chef de l'empire d'Allemagne et le commandant suprême de l'armée fédérale, dans laquelle se confond l'armée prussienne, qui en forme la majeure partie ; il en est de même de la marine militaire. Le revenu du royaume est de 600 millions de francs.

Avant 1866, le royaume de Prusse était formé de deux parties séparées, l'une située dans le bassin du Rhin et comprenant les provinces de Westphalie et du Rhin, l'autre située dans les bassins de la Vistule, de l'Oder et de l'Elbe et comprenant les provinces de Prusse proprement dite, de Posnanie, de Silésie, de Poméranie, de Brandebourg et de Saxe. Aujourd'hui la Prusse, qui, après avoir gagné contre l'Autriche en 1866 la bataille de Sadowa, s'est annexé plusieurs États de l'ancienne Confédération germanique, est divisée en 11 provinces principales : 1° la *Prusse propre* située dans les bassins de la Prégel et de la Vistule ; — 2° la *Posnanie* ou *grand-duché de Posen*, arrosée par la Wartha, affluent de droite de l'Oder ;—3° la *Poméranie*, qui occupe la partie inférieure du bassin de l'Oder ; — 4° le *Brandebourg*, traversé par le Havel, tributaire de l'Elbe, et son affluent la Sprée ; — 5° la *Silésie prussienne*, située dans la partie supérieure du bassin de l'Oder;—6° la *Saxe prussienne*, qui s'étend dans la partie centrale du bassin de l'Elbe ; — 7° le *Schleswig-Holstein*, qui s'étend au N. de l'embouchure de l'Elbe, dans la partie méridionale du Jutland;— 8° le *Hanovre*, qui s'étend dans les bassins de l'Elbe, du Weser et de l'Ems ; — 9° la *Westphalie*, qui s'étend dans les bassins de l'Ems et du Rhin ;—10° la *Hesse-Nassau*, située dans les bassins du Rhin et du Mein ; — 11° la *Prusse rhénane* ou *province du Rhin*, qui occupe une partie des deux rives du Rhin. — Au royaume de Prusse se rattachent également le *duché de Lauenbourg*, au S. du Sleswig-Holstein, dans le bassin inférieur de l'Elbe ; — le territoire de *Wilhemshafen*, sur le golfe de Jahde, enclavé dans le grand-duché d'Oldenbourg ; — la *principauté de Hohenzollern*, enclavée dans le royaume de Wurtemberg.

Les villes principales sont : 1° *Berlin*, bâtie sur la Sprée, affluent du Havel et sous-affluent de l'Elbe, capitale de la monarchie prussienne et de l'empire d'Allemagne, grande ville manufacturière : 826,000 habit. ; — 2° *Potsdam*, sur le Havel : 44,000 habit. ; — 3° *Kœnigsberg*, ville forte et port maritime, sur la Prégel, à 8 kilom. au-dessus de son embouchure dans le Frische-Haff, que forme la mer Baltique : 112,000 habit. ;— 4° *Dantzick*, forteresse de premier rang et port principal sur la Vistule, à 8 kilom. de la mer Baltique : 89,000 habit. ; — 5° *Posen*, sur la Wartha : 53,000 habit. ; — 6° *Breslau*, sur l'Oder : 208,000 habit. ; — 7° *Francfort-sur-l'Oder*, à l'E. S. E.

de Berlin : 43,000 habit. ; — 8° *Stettin*, place forte et port franc, sur l'Oder : 76,000 habit. ; — 9° *Stralsund*, sur le détroit de Stréla, qui sépare l'île de Rugen du continent, place forte et bon port sur la mer Baltique : 27,000 habit. ; — 10° *Magdebourg*, place forte, sur l'Elbe : 84,500 habit. ; — 11° *Erfurt*, place forte, sur la Gera, sous-affluent de l'Elbe: 43,500 habit.; — 12° *Munster*, sur l'Aa, affluent de l'Ems : 25,000 habit. ; — 13° *Kiel*, port militaire, dans l'ancien Holstein, au fond d'un golfe de la mer Baltique : 32,000 habit.; — 14° *Altona*, port maritime, sur la rive droite de l'Elbe, près de Hambourg : 74,000 habit. ; — 15° *Schleswig*, ancienne capitale du duché danois du même nom, au fond d'un golfe de la mer Baltique : 12,000 habit. ; — 16° *Hanovre*, ancienne capitale du royaume du même nom, sur la Leine, sous-affluent du Weser : 88,000 habit.;—17° *Halle*, sur la Saale, affluent de l'Elbe : 52,500 hab.: — 18° *Cassel*, ancienne capitale de l'électorat de Hesse, sur la Fulde, qui, un peu au-dessous, se joint à la Werra, pour former le Weser : 46,000 habit. ; — 19° *Elberfeld*, sur la Wipper, affluent du Rhin, une des villes les plus industrieuses du royaume : 71,000 habit. ; — 20° *Wiesbaden*, ancienne capitale du duché de Nassau, à peu de distance de la rive droite du Rhin : 35,000 habit. ; — 21° *Francfort-sur-le-Mein*, autrefois ville libre et capitale de l'ancienne Confédération germanique : 91,000 habit.; — 22° *Cologne*, ville forte, sur la rive gauche du Rhin : 130,000 habit.; —23° *Dusseldorf*, sur la rive droite du Rhin, au confluent de la Dussel : 69,000 habit.;—24° *Coblentz*, ville forte, sur la rive gauche du Rhin, au confluent de la Moselle : 33,000 habit.; — 25° *Aix-la-Chapelle* (*Aachen*), située entre la Meuse et la Roër : 74,000 habit.; — 26° *Trèves*, sur la Moselle : 21,500 habit.; — 27° *Wilhemshafen*, port militaire sur la mer du Nord, enclavé dans le grand-duché d'Oldenbourg.

Royaume de Bavière. — Le *royaume de Bavière*, le plus important des États secondaires allemands, s'étend principalement dans les bassins du Danube et du Rhin, et est composé de deux parties séparées complétement par trois autres États de l'Allemagne du Sud : la *Bavière propre*, à l'E., confinant à l'Autriche-Hongrie, et la *Bavière rhénane* ou le *Palatinat*, sur la rive gauche du Rhin. La Bavière a une superficie de 75,800 kilom. carrés et une population de 4,800,000 habit., en grande majorité catholiques. Le gouvernement est monarchique constitutionnel. Le revenu de l'État est de 180 millions de francs.

Les principales villes de la Bavière sont : 1° *Munich*, capitale, belle ville, bâtie sur la rive gauche de l'Isar, affluent du Danube, l'un des centres intellectuels de l'Allemagne : 170,000 habit. ; — 2° *Augsbourg*, située au confluent du Lech et de la Wertach, très-ancienne ville : 51,000 habit. ; — 3° *Nuremberg*, sur la Pegnitz, grande et ancienne ville : 83,000 hab.; —4° *Ratisbonne*, au confluent de la Regen et du Danube : 29,000 habit.; — 5° *Wurtzbourg*, sur le Mein : 40,000 habit. ; — 6° *Spire*, près du Rhin, chef-lieu du Palatinat : 14,000 habit. ; —7° *Landau*, place forte, dans le Palatinat : 12,000 habit.

Royaume de Saxe. — Le *royaume de Saxe*, situé presque entièrement dans le bassin de l'Elbe, a pour limites : au N. et à l'E., la Prusse ; au S., l'Autriche-Hongrie ; à l'O., les États de Saxe-Altenbourg, Saxe-Weimar, Reuss, et la Bavière. La superficie de la Saxe royale est de 15,000 kilom. carrés ; sa population s'élève à 2,550,000 habit., presque tous protestants luthériens ; la famille royale professe la religion catholique. Le gouvernement est une monarchie constitutionnelle. Le revenu de l'État monte à 77 millions de francs.

Les principales villes de la Saxe royale sont : 1° *Dresde*, située sur l'Elbe : 177,000 habit.;—2° *Leipsick*, grande et riche ville, au confluent de la Pleiss et de l'Elster : 107,000 habit. ; — 3° *Chemnitz*, ville industrieuse : 68,000 habit.

Royaume de Wurtemberg. —*Le royaume de Wurtemberg*, situé dans les bassins du Rhin et du Danube, a pour limites : au N. et à l'E., la Bavière; à l'O., le grand-duché de Bade ; au S., le lac de Constance, qui le sépare de la Suisse. La superficie du Wurtemberg est de 19,500 kilom. carrés, et sa population de 1,818,000 habit., dont les deux tiers protestants et un tiers catholique. Le gouvernement est une monarchie constitutionnelle. Le revenu de cet État est de 50 millions de francs.

Les villes principales du Wurtemberg sont : 1° *Stuttgart*, située à 3 kilom. du Necker : 91,500 habit.; — 2° *Ulm*, bâtie sur le Danube, place forte, célèbre par la capitulation de 1805 :

26,000 habit. ;—3° *Esslingen*, sur le Necker : 16,500 habit.; — 4° *Friedrichshafen*, port de commerce sur le lac de Constance ; — 5° et 6° *Rothweil* et *Tubingue*, sur le Necker.

Grand-duché de Bade. — Le *grand-duché de Bade*, situé dans le bassin du Rhin, a pour limites : au N., le grand-duché de Hesse; à l'E., le Wurtemberg; au S., la Suisse ; à l'O., l'Alsace-Lorraine et la Bavière rhénane. La Forêt-Noire forme en grande partie la limite orientale de cet État. Sa superficie est de 15,000 kilom. carrés et sa population est de 1,460,000 habit. Les villes principales sont : *Carlsruhe*, capitale, à 6 kil. du Rhin : 36,500 habit.; *Bade*, ancienne capitale, connue pour ses eaux minérales : 6,000 habit. ; *Kehl*, sur le Rhin; *Manheim*, au confluent du Rhin et du Necker : 39,500 habit.; *Heidelberg*, sur le Necker, université célèbre : 20,000 habit. ; *Rastadt*, place forte, près du Rhin ; *Fribourg-en-Brisgau*, l'une des plus importantes du grand-duché : 24,500 habit. ; *Vieux - Brisach*, sur le Rhin; *Constance*, à l'extrémité nord-ouest du lac qui porte son nom.

Grand-duché de Hesse. — Le *grand-duché de Hesse*, situé dans le bassin du Rhin, se divise en deux provinces, dont l'une, la Hesse septentrionale, située sur la rive droite du Mein, est enclavée dans la Prusse, et l'autre, la Hesse méridionale, a pour limites : au N., la Prusse ; à l'E., la Bavière; au S., le grand-duché de Bade; à l'O., la Bavière rhénane. Sa superficie est de 7,670 kilom. carrés, et sa population est de 852,900 habit. Les villes principales sont : *Darmstadt*, capitale, sur un petit affluent du Mein : 39,500 habit.; *Mayence*, sur la rive gauche du Rhin, vis-à-vis du confluent du Mein, place forte : 54,000 habit.; *Offenbach*, près du Mein : 22,500 habit. ; *Worms*, antique cité, près de la rive gauche du Rhin : 12,000 habit.

Grand-duché de Mecklembourg-Schwérin. — Le *grand-duché de Mecklembourg-Schwérin* est situé sur les bords de la mer Baltique, entre l'Elbe et l'Oder. Il a une superficie de 13,300 kilom. carrés et une population de 558,000 habit. La marine marchande compte 400 bâtiments. Les villes principales sont : *Schwérin*, capitale, située sur le lac de ce nom : 27.000 habit.; *Rostock*, ville maritime sur la Warnow, à 20 kilom.

de son embouchure dans la mer Baltique : 31,000 habit. ; *Wismar*, ville maritime au fond d'un golfe de la mer Baltique : 14,000 habit.

Grand-duché de Mecklembourg-Strélitz.—Le *grand-duché de Mecklembourg-Strélitz* est formé de deux parties à l'O. et à l'E. du précédent. Sa superficie est de 2,925 kilom. carrés ; sa population est de 97,000 hab. La capitale est *Neu-Strélitz*, sur le lac Zievk : 8,000 habit.

Grand-duché d'Oldenbourg. — Le *grand-duché d'Oldenbourg* est situé sur les côtes de la mer du Nord, dans le bassin du Weser. Il a une superficie de 6,400 kilom. carrés et une population de 312,700 habit. La marine marchande compte 250 bâtiments. Les villes principales sont : *Oldenbourg*, capitale, située sur la Hunte, affluent du Weser : 14,900 habit.; *Brake*, ville maritime sur le Weser, à 30 kilom. de la mer du Nord. — Au grand-duché d'Oldenbourg se rattachent les principautés d'*Eutin* et de *Birkenfeld*, enclavés, la première dans la province prussienne du Schleswig-Holstein, la seconde dans la Prusse rhénane.

Grand-duché de Saxe-Weimar-Eisenach. — Le *grand-duché de Saxe-Weimar-Eisenach*, situé dans la Thuringe et le bassin de l'Elbe, se compose de plusieurs territoires, qui rendent ses contours très-irréguliers et présentent une superficie de 3,635 kilom. carrés. Sa population est de 286,000 habit. Les villes principales sont : *Weimar*, capitale, située sur l'Ilm , affluent de la Saale : 15,000 habit.; *Iéna*, sur la Saale, siége d'une université : 7,000 habit.; *Eisenach*, sur la Nesse, affluent de la Fulde : 13,000 habit.

Duché d'Anhalt. — Le *duché d'Anhalt*, situé dans la vallée de la Mulde et enclavé dans le territoire prussien, a une superficie de 2,350 kilom. carrés et une population de 203,500 habit. Les villes principales sont : *Dessau*, capitale, bâtie sur la Mulde, près de son confluent avec l'Elbe : 17,000 habit.; *Bernbourg*, près de la Saale : 9,000 habit.; *Coethen*, sur la Ziethe : 12,000 habit.

Duché de Brunswick. — Le *duché de Brunswick* , situé dans le bassin du Weser et enclavé dans le territoire prussien,

a une superficie de 3,700 kilom. carrés et une population de
312,000 habit. La capitale est *Brunswick*, située sur l'Ocker,
affluent du Weser : 58,000 habit.

Duché de Saxe-Altenbourg. — Le *duché de Saxe-Altenbourg*,
situé dans le bassin de l'Elbe, compte, sur une superficie de
1,320 kilom. carrés, une population de 142,000 habit. La capitale est *Altenbourg*, près de la Pleiss : 20,000 habit.

Duché de Saxe-Cobourg-Gotha. — Le *duché de Saxe-Cobourg-Gotha*, dont la superficie est de 1,970 kilom. carrés et
la population totale de 174,000 habit., se compose de deux
principautés : 1° celle de *Cobourg*, située dans le bassin du
Mein ; capit. *Cobourg*, bâtie sur l'Itz, affluent du Mein : 11,000
habit.; 2° celle de *Gotha*, dans le bassin du Weser, capitale
Gotha, bâtie sur le penchant d'une montagne dont le pied est
baigné par la Leine, affluent de la Werra : 20,500 habit.

Duché de Saxe-Meiningen. — Le *duché de Saxe-Meiningen*,
situé vers la source de la Werra, a une superficie de 2,470
kilom. carrés et une population de 188,000 habit. La capitale
est *Meiningen*, sur la Werra : 8,000 habit.

Principauté de Lippe-Detmold. — La *principauté de Lippe-
Detmold*, située dans le bassin du Weser et enclavée dans le
territoire prussien, a une superficie de 1,130 kilom. carrés et
une population de 111,000 habit. La capitale est *Detmold*,
bâtie sur la Werra : 6,000 habit.

Principauté de Schaumbourg-Lippe. — La *principauté de
Schaumbourg-Lippe*, située au N. de la précédente et enclavée
dans le territoire prussien, a une superficie de 443 kilom.
carrés et une population de 32,000 habit. La capitale est *Bucke-
bourg*, bâtie sur l'Aue : 4,500 habit.

Principautés de Reuss. — Les *principautés de Reuss*, situées dans la partie supérieure du bassin de la Saale, ont une
superficie totale de 1,240 kilom. carrés et une population totale de 134,000 habit. La maison de Reuss est divisée en deux
branches principales : 1° l'*aînée* ou de *Greitz*, 2° la *cadette* ou
de *Schleitz*. Les capitales sont : *Greitz*, située sur l'Elster :
11,500 habit.; *Géra*, sur l'Elster : 17,800 habit.

Principauté de Schwarzbourg-Rudolstadt. — La *principauté de Schwarzbourg-Rudolstadt,* située dans la vallée de la
Saale, a une superficie de 940 kilom. carrés et une population
de 75,500 habit. La capitale est *Rudolstadt,* sur la Saale : 7,000
habit.

Principauté de Schwarzbourg - Sondershausen. — La
principauté de Schwarzbourg-Sondershausen, située au N. O.
de la précédente, compte, sur une superficie de 860 kilom.
carrés, une population de 67,000 habit. La capitale est *Sondershausen,* située sur le Wipper, affluent de la Saale : 6,000
habitants.

Principauté de Waldeck. — La *principauté de Waldeck,*
située dans la partie supérieure du bassin du Weser et enclavée
dans le territoire prussien, compte, sur une superficie de
1,135 kilom. carrés, une population de 56,200 habit. La capitale est *Arolsen,* 2,300 habit.

Villes libres. — On appelle ainsi trois villes qui se gou-
vernent elles-mêmes, sans dépendre d'aucun prince et sans re-
connaître d'autre autorité que celle du gouvernement impérial;
chacune de ces villes possède un territoire annexe.

Brême, ville maritime, est située sur le Weser, à 64 kilom.
de la mer du Nord; elle possède à l'embouchure du Weser le
port de *Bremerhafen.* La population totale est de 123,000 hab.;
celle de la ville, de 83,000 habit. La marine marchande se
compose d'environ 300 bâtiments.

Hambourg, première place de commerce et premier port de
l'Allemagne, est bâtie en forme de croix sur la rive droite de
l'Elbe, à 100 kilom. de son embouchure dans la mer du Nord.
La population totale est de 304,000 hab.; celle de la ville, de
240,000 habit. La marine marchande se compose de 400 bâtiments.

Lubeck, ville maritime, est située sur la Trave, à 13 kilomètres de la mer Baltique. La population totale est de 52,000
habit.; celle de la ville, de 39,500 habit. La marine marchande
comprend 50 bâtiments.

Pays d'Alsace-Lorraine. — L'*Alsace-Lorraine* a été cédée à
l'empire allemand par la France en vertu du traité de paix
conclu à Francfort-sur-le-Mein le 10 mai 1871. Sa superficie

est de 14,500 kilom. carrés et sa population de 1,550,000 hab. Les villes principales sont : *Strasbourg*, près des bords du Rhin, ville forte : 85,500 habit.; *Haguenau, Saverne, Schelestadt, Wissembourg, Neuf-Brisach, Colmar, Altkirch*; *Mulhouse*, ville manufacturière : 53,000 habit.; *Metz*, sur la Moselle, ville forte : 54,300 habit.; *Thionville*, sur la Moselle ; *Sarreguemines* et *Sarrebourg*, sur la Sarre ; *Château-Salins, Phalsbourg*.

197. Population, gouvernement, finances, armée. — La population totale de l'empire allemand s'élève à 41,061.000 habitants, dont environ 25,000,000 professent la religion protestante : 15,000,000 la religion catholique, et 1,000,000 appartiennent à divers autres cultes. Sous le rapport de la nationalité, on compte 37,500,000 Allemands, 2,500,000 Polonais, et environ 1,000,000 Tchèques, Lithuaniens, Danois, Français, etc. La langue officielle est l'allemand; mais chaque peuple conserve sa langue nationale.

L'armée de l'empire, dont le roi de Prusse est le commandant en chef, forme un effectif de 400,000 hommes sur le pied de paix et de 1,300,000 hommes sur le pied de guerre. L'empire entretient aussi une flotte militaire, qui compte 50 bâtiments armés. Kiel, sur la mer Baltique, et Wilhemshafen, dans le golfe de Jahde, sur la mer du Nord, en sont les stations. La marine marchande comprend environ 5,000 navires. L'Allemagne cherche à se créer des colonies.

198. Agriculture, Mines, Industrie, Commerce. — L'agriculture de l'Allemagne est dans un état florissant. Cette contrée produit abondamment des céréales de toute espèce, seigle, avoine, froment et orge ; les pommes de terre, les pois, les lentilles, le houblon, le tabac, la betterave à sucre, le chanvre, le lin, les plantes oléagineuses, la vigne, cultivée principalement dans les vallées du Rhin, de la Moselle et du Necker. Elle élève de grandes quantités de chevaux, de bœufs, de porcs et de moutons.

L'Allemagne a aussi des mines de fer, de plomb, de zinc, d'étain, d'argent, de houille, de sel gemme, d'alun, de mercure, et des pierres précieuses. On y compte un très-grand nombre de sources minérales.

L'industrie allemande consiste surtout en ouvrages en fer et en acier (Saxe, Prusse), en ouvrages en or et en argent (Ba-

vière, Hesse), en pendules en bois de la Forêt-Noire (Bade),
en porcelaines et toiles de Saxe, etc. L'imprimerie et la librairie
ont un grand mouvement d'affaires à Leipsick, qui est le centre
principal de ce commerce. Les vins du Rhin et de la Moselle
et le kirschwasser de la Forêt-Noire sont l'objet d'un commerce considérable. D'importantes fabriques de glaces existent
à Stolberg (Prusse rhénane) et à Manheim (Bade).

Les divers États allemands ont établi entre eux un lien commercial appelé *Zollverein* (union douanière), qui a supprimé les
douanes particulières de chaque État, et les a reportées jusqu'aux frontières de l'empire. Cette union douanière offre de
grands avantages pour le commerce continental et maritime de
l'Allemagne. Ces relations sont encore facilitées par de nombreuses voies de communication : l'Allemagne possède plus de
60,000 kilomètres de routes, 20,000 kilomètres de chemins de fer
et d'importants canaux, qui unissent le bassin du Danube à celui
du Rhin, et le bassin de l'Elbe à ceux de l'Oder et de la Vistule.

Les grands centres d'industrie et de commerce sont, pour le
commerce maritime : Hambourg, Brême, Lubeck, Stettin,
Dantzick, Kœnigsberg, Emden ; et pour le commerce intérieur :
Berlin, Dresde, Leipsick, Breslau, Francfort-sur-le-Mein,
Mayence, Cologne, Aix-la-Chapelle, Dusseldorf, Stuttgart, Mu-
nich, Mulhouse, etc.

Malgré le grand développement de son industrie, l'Allemagne
perd tous les ans un grand nombre de ses enfants, qui aban-
donnent leur mère patrie pour aller se fixer en Amérique.

199. Formation territoriale. — L'Allemagne était habitée
autrefois par un grand nombre de peuples à demi barbares,
connus sous le nom général de *Germains*. Au moyen âge, elle
forma un empire électif. Cet état de choses cessa d'exister en
1806. Une Confédération du Rhin, dont Napoléon Ier s'était fait
le protecteur, dura jusqu'à la chute de l'empire français. Les
traités de 1815 constituèrent une Confédération germanique
sous la présidence de l'Autriche ; elle fut dissoute à son tour en
1866 par la Prusse, qui forma une Confédération de l'Allemagne
du Nord. Enfin, à la suite de la dernière guerre contre la
France, l'empire a été rétabli et le roi de Prusse s'est fait pro-
clamer en 1871 empereur héréditaire de toute l'Allemagne,
dont les États autrichiens ont été exclus.

La Prusse eut pour berceau la principauté de Brandebourg, vendue en 1415 à la maison de Hohenzollern et érigée en électorat. Elle s'agrandit successivement, en 1614, de Clèves, dans la succession de Juliers; en 1618, de la Prusse ducale, sécularisée un siècle auparavant par Albert de Brandebourg, grand maître de l'ordre Teutonique; en 1648, de Magdebourg, Halberstadt, Minden, etc., anciennes villes épiscopales sécularisées. En 1701, ces États furent érigés en royaume de Prusse et s'accrurent encore, en 1720, de la Poméranie, conquise sur la Suède; en 1745, de la Silésie, enlevée à l'Autriche: en 1772, de la Prusse occidentale, qui avait jusqu'alors appartenu à la Pologne. Diminuée de moitié par Napoléon Iᵉʳ, lors du traité de Tilsitt (1807), la Prusse reprit en 1814 ce qu'elle avait perdu, et reçut en outre une partie de la Saxe et la presque totalité des trois électorats ecclésiastiques de Cologne, de Trèves et de Mayence, sous le nom de grand-duché du Bas-Rhin. En 1849, Frédéric-Guillaume IV acheta les deux principautés de Hohenzollern. La guerre de 1866, qui supprima la Confédération de 1814, valut à la Prusse le royaume de Hanovre, le Nassau, la Hesse électorale, le Schlesvig-Holstein, le Lauenbourg et Francfort-sur-le-Mein. Lors de la guerre de 1870-1871, Guillaume Iᵉʳ est devenu empereur d'Allemagne.

La Saxe était, en 1635, la puissance prépondérante dans l'Allemagne du Nord : la guerre de Sept ans fut sa ruine. Alliée de Napoléon en 1807, elle lui dut d'être érigée en royaume et fut considérablement agrandie; mais les traités de 1815 lui enlevèrent au profit de la Prusse un tiers de son territoire et de sa population.

La Bavière et le palatinat du Rhin étaient possédés par deux branches de la même famille; l'extinction de la ligne bavaroise réunit en 1779 les deux provinces en un seul État, qui fut érigé en royaume par le traité de Presbourg (1805).

Le Wurtemberg, qui marque peu dans l'histoire de l'Allemagne, fut érigé en duché par l'empereur Maximilien en 1495, et en royaume par Napoléon Iᵉʳ en 1806.

Exercices. Le maître fera les démonstrations au tableau noir et sur la carte murale : il fera le tracé de la géographie physique de l'Allemagne; il indiquera ensuite la situation des villes dont il vient d'être parlé. Les élèves répondront aux questions du maître, copieront et mettront au net ce tracé.

CHAPITRE XI.

Autriche-Hongrie (Œsterreich-Magyarorszag).

200. Notions générales. — L'Autriche-Hongrie, située au
centre de l'Europe, s'étend dans la partie supérieure des bassins du Dniester, de la Vistule, de l'Oder, de l'Elbe et de l'A-
dige, dans le bassin du Danube, et dans une petite partie de
celui du Rhin. Ses limites sont : au N., la Saxe royale et la
Prusse; à l'E., l'empire de Russie et l'empire Ottoman; au S.,
l'empire Ottoman, la mer Adriatique et l'Italie; à l'O., l'Italie,
la Suisse et la Bavière. Sa superficie est de 624,000 kilom.
carrés.

Cet important empire, qui s'appelait autrefois l'empire d'Autriche, porte maintenant le nom d'*Empire austro-hongrois*,
d'après les deux principaux pays dont il se compose, l'Autriche
et la Hongrie. Son climat est en général très-sain, malgré les
variations de la température dans les différentes provinces.

201. Divisions, villes principales. — La monarchie austro-
hongroise, qui pour une partie de ses possessions avait appartenu à la Confédération germanique jusqu'à sa dissolution en
1866, est formée de pays allemands, polonais, slaves et hongrois ou magyars, et se divise en deux grandes parties, séparées sur un faible parcours de leur limite par un petit affluent
de droite du Danube, la Leitha, d'où elles tirent leur dénomination de *pays cisleithans*, à l'O. et au N., et de *pays transleithans*, à l'E. et au S.

Les pays cisleithans, comprenant les parties allemandes et
polonaises, se divisent en 14 provinces : 1° la *Basse-Autriche*,
située au-dessous de l'Ens; — 2° la *Haute-Autriche*, s'étendant
au-dessus de l'Ens; — 3° la *Bohême*, occupant le bassin supérieur de l'Elbe, qui dépend du versant de la mer du Nord; —
4° la *Moravie*, s'étendant dans les bassins de la March et de
l'Oder; — 5° la *Silésie autrichienne*, dans la partie supérieure
du bassin de l'Oder; — 6° la *Galicie*, dans la partie supérieure

du bassin de la Vistule et du Dniester et comprenant l'ancienne république de *Cracovie*; — 7° la *Bukovine*, dans le bassin supérieur du Pruth; — 8° le *Tyrol*, auquel se rattache le *Vorarlberg*, qui est sillonné par de nombreuses ramifications des Alpes, et s'étend sur les bassins de l'Inn, du Rhin et de l'Adige; — 9° la province de *Salzbourg*, dans le bassin supérieur de la Salza; — 10° la *Styrie*, dans la vallée de la Muhr; — 11° la *Carinthie*, dans le bassin supérieur de la Drave; — 12° la *Carniole*, dans les bassins supérieurs de la Save et de la Drave; — 13° le gouvernement de *Trieste*, sur les bords de la mer Adriatique, comprenant la presqu'île de l'*Istrie* et une partie du *Frioul*; — 14° la *Dalmatie*, située le long de la côte orientale de l'Adriatique.

Les pays transleithans, formés des contrées slaves et hongroises ou magyares, comprennent 4 provinces : 1° la *Hongrie*, qui s'étend dans les bassins de la Theiss, du Danube, du Gran, du Waag et de la Drave; — 2° la *Transylvanie*, située à l'E. de la Hongrie, dans la partie supérieure du bassin de la Theiss; — 3° la *Croatie* et l'*Esclavonie*, entre la Save et la Drave; — 4° les *Confins militaires*, comprenant une partie de la *Croatie*, de l'*Esclavonie*, de la *Hongrie* et de la *Transylvanie*, dont les habitants sont organisés militairement pour protéger la frontière contre les agressions des Turcs.

Les villes principales sont : 1° *Vienne*, bâtie sur la rive droite du Danube, capitale de l'empire : 834,000 habit.; — 2° *Prague*, sur la Moldau, affluent de l'Elbe, capitale de la Bohême : 190,000 habit.; — 3° *Brunn*, sur la Schwarza, affluent de la Taga, capitale de la Moravie : 76,000 habit.; — 4° *Troppau*, sur l'Oppa, affluent de l'Oder, capitale de la Silésie : 20,000 habit.; — 5° *Lemberg*, sur la Peltew, affluent du Bug, capitale de la Galicie : 87,000 habit.; — 6° *Cracovie*, sur la Vistule, première capitale de la Pologne : 50,000 habit.; — 7° *Bude* ou *Ofen*, sur la rive droite du Danube : 55,000 habit.; — 8° *Pesth*, sur la rive gauche du Danube, capitale de la Hongrie, reliée à Bude par un pont suspendu : 215,000 habit.; — 9° *Presbourg*, sur la rive gauche du Danube, ancienne capitale de la Hongrie : 46,500 habit.; — 10° *Szegedin*, sur la Theiss, qui y reçoit le Maros : 70,000 hab.; — 11° *Debreczin*, au centre de la Hongrie : 46,000 habit.; — 12° *Comorn*, ville fortifiée, sur le Danube, 17,000 habit.; — 13° *Agram*, près de la Save, affluent

9.

du Danube, capitale de la Croatie : 20,000 habit.; — 14° *Klausenbourg*, sur le Szamos, capitale de la Transylvanie : 25,000 habit.;—15° *Innsbrück*, sur l'Inn, capitale du Tyrol et du Vorarlberg : 23,000 habit.; — 16° *Trente*, sur l'Adige : 14,000 hab.; — 17° *Grætz*, sur la Muhr, affluent de la Drave, capitale de la Styrie : 81,000 habit.; — 18° *Laybach*, sur l'Ubianitza, affluent de gauche de la Save, capitale de la Carniole : 22,500 habit.; — 19° *Trieste*, port le plus important, sur la mer Adriatique, capitale de l'Istrie : 109,000 habit.; — 20° *Pola*, sur la mer Adriatique, principal arsenal de la marine autrichienne : 1,200 habit.; — 21° *Zara*, sur la mer Adriatique, capitale de la Dalmatie : 9,000 habit.; — 22° *Raguse*, port sur la mer Adriatique : 15,000 habit.

202. Population, gouvernement, finances, armée. — La population de ces divers pays est de 35,900,000 habitants, de races ou familles allemande, polonaise, slave et hongroise. La grande majorité est catholique ; on y compte trois millions de protestants, six millions de chrétiens du rite grec et un million de juifs. Les langues parlées sont aussi diverses que les peuples qui l'habitent ; les principales sont : l'allemand, le hongrois, le polonais, le valaque, l'italien, etc.

Le gouvernement de l'Autriche-Hongrie est une monarchie constitutionnelle et héréditaire ; chacune des deux grandes portions de l'empire a un parlement et un ministère particuliers, excepté pour les affaires militaires et les relations extérieures, qui sont communes à l'empire tout entier. Le budget de cet État est de 1,200 millions de francs. L'armée se compose de 230,000 hommes en temps de paix et de 1,140,000 hommes en temps de guerre. La marine militaire comprend 120 bâtiments de divers rangs.

203. Agriculture, Mines, Industrie, Commerce. — L'agriculture forme l'élément principal de la richesse de l'empire austro-hongrois. Ses plus riches produits sont : les céréales, surtout dans la Hongrie ; le vin, dont le cru le plus renommé est celui de Tokay ; les pommes de terre, le lin, le chanvre, le tabac, le houblon, les bois, etc.

Les productions minérales sont très-nombreuses et très-variées ; tous les métaux utiles ou précieux, à l'exception du platine, se trouvent en abondance dans la Bohême, la Hongrie et la Transylvanie ; on y rencontre également d'importantes mines de sel, de chrome, de manganèse, d'antimoine et de houille. La mine de mercure qui se trouve à Idria est célèbre.

L'industrie de la laine et du lin est très-développée. Le commerce des peaux est considérable en Hongrie. Les aciers de la Styrie et la verrerie de la Bohême jouissent d'une grande réputation. Le commerce intérieur est favorisé par un grand nombre de routes, et un réseau de chemins de fer met en communication Vienne avec tous les points extrêmes de l'empire. Le commerce extérieur a moins d'importance, parce que l'empire d'Autriche n'a pas de colonies et ne possède qu'une marine peu nombreuse ; mais le Danube, qui le traverse, lui assure un transit considérable des marchandises et des produits de l'Orient. Une compagnie importante, le *Lloyd autrichien*, subventionnée par l'État, prend une grande part à la navigation générale ; une autre compagnie, celle de la navigation du Danube, dessert en Autriche le Danube depuis Passau jusqu'à Orsova, et en Turquie tout le bas Danube, depuis Orsova jusqu'à Galatz.

204. Formation territoriale. — La maison d'Autriche commence avec Rodolphe de Habsbourg, qui fut élu empereur d'Allemagne en 1273, et qui donna en fief à ses fils (1282) les duchés d'Autriche, de Styrie et de Carinthie. La couronne impériale passa dans plusieurs familles ; mais enfin Albert II (1438) la fixa dans la maison d'Autriche, où elle resta jusqu'à la destruction de l'empire d'Allemagne, en 1806. Cependant les archiducs d'Autriche acquéraient la Souabe et le Tyrol. L'empereur Albert II y joignait la Bohême et la Hongrie par son mariage avec la fille de Sigismond de Luxembourg. Après lui la couronne impériale passa à Frédéric III, d'une autre branche de la maison d'Autriche ; mais sa postérité lui succéda en Autriche. Ferdinand Ier, frère de Charles-Quint et son successeur en Allemagne, ajouta aux possessions autrichiennes une petite partie de la Hongrie, la Moravie, la Silésie et la Lusace, comme beau-frère du roi Louis II, tué à Mohacz (1526) en combattant les Turcs. La réunion de la Bohême fut dès lors complète ; il n'en fut pas de même de la Hongrie, que les Turcs disputèrent à l'Autriche jusqu'en 1697. A la suite de la paix d'Utrecht (1713), l'Autriche acquit les Deux-Siciles, qu'elle céda bientôt, les Pays-Bas et la Lombardie, qu'elle perdit dans les guerres de la révolution. La perte de la Silésie sous Marie-Thérèse fut compensée par l'acquisition de la Galicie lors des partages de la Pologne en 1772 et 1795. Les traités de 1815 lui rendirent la Lombardie et les États-Vénitiens en remplacement des Pays-Bas, avec la présidence de la Diète dans la Confédération germanique. A la suite des guerres de 1859 et de 1866, elle a perdu ses possessions italiennes de la Lombardie et de la Vénétie, et a cessé de faire partie de l'Allemagne.

Principauté de Lichtenstein.

205. Notions générales. — A l'extrémité occidentale de l'Autriche-Hongrie, resserrée entre cet empire et la Suisse, se trouve, sur les bords du Rhin, la petite *principauté de Lichtenstein*, dont la superficie ne comprend que 178 kilomètres carrés, et dont la population ne s'élève qu'à 8,300 habitants. La capitale est *Vaduz*, sur la rive droite du Rhin : 1,000 habit. Cette principauté, qui faisait autrefois partie de la Confédération germanique, est aujourd'hui indépendante ; elle est entrée en union douanière avec l'Autriche.

Suisse (Schweiz, Svizzera).

206. Notions générales. — La Suisse ou Helvétie, une des contrées les plus élevées et les plus pittoresques de l'Europe, s'étend dans les bassins supérieurs du Rhin, du Rhône, du Pô et du Danube. Elle a pour limites : au N., l'Allemagne ; à l'E., l'Autriche-Hongrie ; au S., l'Italie et la France ; à l'O., la France. Le Rhin et le lac de Constance marquent sa limite du côté de l'Allemagne ; le mont Jura et le lac Léman la séparent de la France ; les Alpes, le lac Majeur et le lac de Lugano, de l'Italie. Sa surface est de 41,400 kilomètres carrés.

Les Alpes la parcourent dans toute son étendue sous différents noms. Les nombreux glaciers et les neiges éternelles qui couvrent la cime des montagnes de cette contrée rendent son climat généralement froid. Peu fertile en grains, la Suisse renferme de riches pâturages dans ses vallées profondes, où se rencontrent de beaux lacs.

207. Divisions, villes principales. — La Confédération suisse se compose de vingt-deux cantons. — Dix-huit sont situés dans le bassin du Rhin : 1° le canton des *Grisons*, qui s'étend dans les bassins du Rhin, du Danube et du Pô ; 2° *Saint-Gall*, situé près du lac de Constance ; 3° *Appenzell*, arrosé par la Sitter, sous-affluent du Rhin, et enclavé dans le canton de Saint-Gall ; 4° *Thurgovie*, traversé par la Thur et limité par le lac de Constance ; 5° *Schaffhouse*, le plus septentrional des cantons, traversé par le Rhin ; 6° *Zurich*, traversé par la Limmat et baigné par le lac de ce nom ; 7° *Argovie*, traversé par l'Aar ; 8° *Bâle* (*ville* et *campagne*), sur la frontière de l'Alsace-Lorraine ; 9° *Zug*, baigné par le lac de ce nom ; 10° *Glaris*, parcouru par la Linth, qui se jette dans le lac de Zurich ; 11° *Lucerne*, situé sur le lac de ce nom et arrosé par la Reuss ; 12° *Schwytz*, baigné par le lac de Lucerne ou des Quatre-Cantons ; 13° *Uri*, traversé par la Reuss ; 14° *Unterwald*, situé sur le lac de Lucerne ; 15° *Berne*, baigné par l'Aar et situé sur le versant septentrional des Alpes Bernoises ; 16° *Fribourg*, arrosé par la Sarine, affluent de l'Aar ; 17° *Neuchâtel*, situé sur le lac de ce nom et en partie couvert par le Jura ; 18° *Soleure*, arrosé par l'Aar. — Trois cantons sont situés dans le bassin du Rhône : 1° le canton du *Valais*, situé entre les Alpes Bernoises et les Alpes Pennines et possédant les passages du Simplon et du Grand Saint-Bernard ; 2° *Vaud*, adossé au lac Léman ; 3° *Genève*, sur le Rhône et sur la partie occidentale du lac Léman. — Un canton se trouve dans le bassin du Pô : le canton du *Tessin*, arrosé par la rivière de ce nom, qui traverse le lac Majeur.

Les villes principales sont : 1° *Berne*, sur l'Aar, capitale de la Suisse, siége du gouvernement fédéral et résidence du corps diplomatique : 36,000 habit. ; — 2° *Saint-Gall*, non loin du lac de Constance : 16,500 habit. ; — 3° *Zurich*, à l'extrémité du lac de même nom et sur la Limmat : 21,000 habit. ; — 4° *Bâle*, sur la rive gauche du Rhin, au confluent de la Birse, près des frontières de l'Alsace-Lorraine, première place de commerce de la Suisse : 45,000 habit. ; — 5° *Lucerne*, sur la Reuss et sur le lac de Lucerne ou des Quatre-Cantons : 14,500 hab. ; — 6° *Fribourg*, bâtie sur une colline escarpée, entourée par la Sarine ; remarquables ponts suspendus : 10,900 habit.; — 7° *Neuchâtel*, sur le bord du lac de ce nom : 13,300 hab.;—8° *Lausanne*, près de la rive septentrionale du lac Léman, et sur le revers méridional

du Jorat, montagnes qui joignent le Jura aux Alpes Bernoises :
26,500 habit. ; — 9° *Sion*, sur le Rhône, capitale du Valais :
3,500 habit. ; — 10° *Genève*, sur le Rhône et à l'extrémité
occidentale du lac Léman, la plus populeuse et la plus industrieuse ville de la Suisse : 48,000 habit.

208. Population, gouvernement, finances, armée. — La
population de la Suisse est de 2,669,000 habitants, dont un
million de catholiques et le reste protestant. Les Suisses appartiennent à trois races ou familles : la famille germanique, la
famille française et la famille italienne. On parle français dans
les cantons occidentaux de Genève, Vaud, Neuchâtel et dans une
partie de ceux du Valais, de Fribourg, de Berne et de Soleure.
L'allemand se parle dans tous les autres cantons de la Suisse,
excepté dans le canton du Tessin et quelques parties des cantons qui l'avoisinent, où l'on parle l'italien ou le romanche.

Le gouvernement forme une république fédérative. Chaque
canton a son administration particulière ; mais une diète composée d'un conseil national et d'un conseil des États règle les
affaires qui intéressent la Confédération, dont le conseil fédéral
exerce le pouvoir exécutif. Chaque canton fournit une contri-
bution au trésor fédéral et un nombre déterminé de soldats en
temps de guerre. D'après les traités européens, le territoire
suisse est inviolable tant que la Confédération garde la neutra-
lité. Le budget général de la Confédération est de 25 millions de
francs. L'effectif de l'armée régulière est de 106,000 hommes.

209. Agriculture, Mines, Industrie, Commerce. — Pays
de montagnes, la Suisse ne peut produire presque partout
qu'une récolte insuffisante de céréales. On y cultive la vigne
dans vingt cantons ; mais c'est l'élève des bestiaux et la fabrication du beurre et du fromage qui forment la principale richesse de la Suisse. Ce pays est presque entièrement privé de
houille et de métaux. Les industries de l'horlogerie, des bois
sculptés et des dentelles y ont un grand développement, et, par
leur réputation méritée, constituent les principaux éléments du
commerce extérieur. Le commerce intérieur est peu important ; mais ce pays trouve une source de richesse dans ses
beaux sites et ses magnifiques montagnes, qui, chaque année,
lors de la belle saison, attirent un très-grand nombre d'étrangers.

210. Formation territoriale. — Les Helvètes ou Helvétiens furent les habitants primitifs de la Suisse, qui passa de la domination romaine à celle des Bourguignons, des Francs et des Allemands. La Suisse, devenue partie de l'empire d'Allemagne, relevait de la maison d'Autriche. Au commencement du quatorzième siècle, les cantons de Schwitz, d'Uri et d'Unterwald secouèrent le joug autrichien, et jetèrent (1308) les fondements de la Confédération, qui s'augmenta successivement des cantons de Lucerne, de Zurich, de Glaris, de Zug, de Berne, etc. Le traité de Westphalie (1648) les rendit complétement indépendants de l'Allemagne. Jusqu'en 1798, une partie des cantons seulement étaient libres, les autres leur obéissant sous le nom d'alliés ou de sujets. Les guerres de la révolution amenèrent une égalité parfaite, et portèrent le nombre des cantons à dix-huit. Le congrès de Vienne en reconnut vingt-deux par l'adjonction du Valais, de Neuchâtel et de Genève.

Exercice. Le maître fera les démonstrations au tableau noir et sur la carte murale ; il tracera la géographie physique des pays dont il vient d'être parlé ; il indiquera ensuite la situation des principales villes. Les élèves copieront comme aux leçons précédentes, et mettront au net le tracé.

CHAPITRE XII.

États du Sud. — Portugal. — Espagne. — République d'Andorre. — Italie. — Domaine du Saint-Siége apostolique. — République de Saint-Marin.

Portugal (Portugal).

211. Notions générales. — Le royaume de Portugal, qui a été réuni à l'Espagne de 1580 à 1640, occupe dans la péninsule ibérique la partie inférieure des bassins du Duéro, du Tage et de la Guadiana. Il a pour limites : au N. et à l'E., l'Espagne ; au S. et à l'O., l'océan Atlantique. Sa superficie est de 89,300 kilomètres carrés.

Le climat de cette contrée est chaud dans les vallées et tempéré dans les parties élevées. Son sol est en général d'une

grande fertilité ; il produit d'excellents vins, notamment ceux de
Porto et de Madère.

212. Divisions, villes principales. — Le Portugal se divise
en 8 provinces : 1° le *Minho* ou *Entre-Duéro et Minho ;* 2° le
Tras-os-Montes (au delà des monts); 3° le *Béira*, entre le
Douro et le Tage ; 4° l'*Estrémadure*, sur les deux rives du Tage ;
5° l'*Alemtejo*, au delà du Tage ; 6° l'*Algarve*, à l'angle sud-ouest
de la péninsule ; 7° et 8° les îles *Açores* et les îles *Madère*,
situées dans l'océan Atlantique, et qui dépendent de l'Afrique.

Les villes principales sont : 1° *Lisbonne*, située sur la rive
droite et à l'embouchure du Tage dans l'océan Atlantique, capitale du royaume, chef-lieu de l'Estrémadure, rade et port militaire excellents : 224,000 hab. ; — 2° *Coïmbre*, sur le Mondégo,
chef-lieu du Béira : 18,000 hab.; — 3° *Braga*, chef-lieu de
l'Entre-Duéro et Minho, place forte : 19,500 hab.; — 4° *Porto*
ou *Oporto*, seconde ville du Portugal par sa population et son
commerce, grand port maritime situé à l'embouchure du Duéro
dans l'océan Atlantique : 89,000 hab.; — 5° *Évora*, capitale de
l'Alemtejo, sur le Charrama, affluent du Sadao : 12,000 hab.; —
6° *Faro*, chef-lieu de l'Algarve, port situé à l'embouchure du
Termoso dans l'océan Atlantique : 9,000 hab.; —7° *Angra*, dans
l'île de Terceire, la plus grande des Açores, port et ville forte :
12,000 hab.; — 8° *Funchal*, chef-lieu de l'île de Madère, avec
une bonne rade : 18,000 hab.

213. Population, gouvernement, finances, armée. — Les
habitants, au nombre de 4,390,000, professent la religion catholique et parlent le portugais. Le gouvernement est une monarchie constitutionnelle. Le budget de l'État est de 120 millions de
francs, en dehors de celui des colonies. L'armée, de 37,000
hommes en temps de paix, peut être doublée en temps de
guerre ; la marine se compose de 42 bâtiments de tous rangs.
Le Portugal a de belles colonies, qui comptent 3,250,000 habitants.

214. Agriculture, Mines, Industrie, Commerce. —Les céréales donnent des produits qui suffisent à la consommation du
pays. La culture de la vigne, de l'olivier, de l'oranger, du figuier,
y est la source principale de la richesse des habitants. Le sol

du Portugal est assez riche en métaux de diverses espèces, ainsi qu'en pierreries; mais ses mines sont peu exploitées, sauf dans la province de l'Estrémadure.

La sériciculture forme aussi une industrie très-importante. Le commerce extérieur, qui consiste en vins, coton, minerai, fruits, liége, laine, huile, sel, est assez actif, grâce au caractère navigateur des Portugais, qui, resserrés entre l'Espagne et l'Océan, ont demandé la fortune aux entreprises maritimes, et conservent encore aujourd'hui des colonies, qui maintiennent le développement de leur marine marchande. Porto et Lisbonne sont leurs deux ports principaux.

215. Possessions coloniales. — Malgré la perte de l'empire des Indes et la séparation du Brésil, le Portugal possède encore des colonies importantes, dont la population réunie dépasse 3 millions :

1° En Afrique : les îles du *Cap-Vert*, sur la côte occidentale ; — les îles *Bissagos ;* — une partie du *Congo;* — les îles *Saint-Thomas* et *du Prince*, dans l'océan Atlantique ; — le gouvernement de *Mozambique*, dont le chef-lieu porte le même nom, sur la côte orientale ;

2° En Asie : quelques villes et territoires : dans les Indes, *Villanova de Goa; Diu*, sur la mer d'Oman ; — en Chine, *Macao*, dans une île près de l'embouchure de la rivière de Canton ;

3° En Océanie : des établissements dans l'île de *Timor* et dans les îles de *Cambing.*

216. Formation territoriale. — Habité primitivement par les Celtibères, conquis par les Romains, le Portugal fut envahi au huitième siècle par les Maures, puis par les Visigoths. A la fin du onzième siècle, Henri de Bourgogne reçut le comté de Portugal d'Alphonse VI, roi de Castille, en récompense des services qu'il lui avait rendus pendant les guerres contre les Maures ; son fils Alphonse Henriquez conquit Lisbonne et fut le fondateur de la monarchie portugaise vers le milieu du douzième siècle. Les Portugais s'illustrèrent pendant les quinzième et seizième siècles par leurs découvertes maritimes et par des conquêtes en Afrique, en Amérique, en Asie et jusque dans l'Océanie. En 1486 Barthélemy Diaz découvrit, et en 1497 Vasco de Gama doubla le cap de Bonne-Espérance, qui mit l'Europe en communication avec les Indes par la voie de mer. Le Portugal fut réuni à l'Espagne sous Philippe II, en 1580; mais il recouvra son indépendance en 1640.

Espagne (España).

217. Notions générales. — L'Espagne, située au S. O. de l'Europe, occupe les 13/14 de la presqu'île ibérique. Elle a pour limites : au N., l'océan Atlantique et les Pyrénées, qui la séparent de la France; à l'E., la Méditerranée; au S., la Méditerranée et le détroit de Gibraltar; à l'O., le Portugal et l'océan Atlantique. Sa superficie est de 495,000 kilomètres carrés.

Traversé en tous sens par de hautes montagnes, ce pays jouit d'une température moins chaude que celle qu'il devrait avoir d'après sa latitude. Son sol est, en général, d'une grande fertilité et produit d'excellents vins, notamment ceux de Malaga et d'Alicante; il renferme d'importantes mines de plomb, de mercure et d'argent.

218. Divisions, villes principales. — L'Espagne est divisée en 49 provinces, réparties en 13 capitaineries générales ou gouvernements militaires, qui ont conservé le nom des anciennes provinces : 1° la capitainerie de la *Nouvelle-Castille,* qui s'étend dans le bassin du Tage et de la Haute-Guadiana ; — 2° la capitainerie de la *Vieille-Castille,* qui s'étend dans le bassin du Duéro ; — 3° la capitainerie de *Léon* et de *Valladolid,* située également dans le bassin du Duéro ; — 4° la capitainerie des *Asturies,* située entre les montagnes des Asturies et l'Océan ; — 5° la capitainerie de *Galice,* qui s'étend au N. O. de l'Espagne jusqu'aux caps Ortégal et Finisterre ; — 6° la capitainerie d'*Estrémadure,* qui s'étend dans le bassin moyen de la Guadiana ; — 7° la capitainerie d'*Andalousie* et de *Grenade,* qui occupe tout le bassin du Guadalquivir ; — 8° la capitainerie de *Murcie,* dans le bassin de la Ségura ; — 9° la capitainerie de *Valence,* qui s'étend dans presque tout le bassin du Guadalaviar ; — 10° la capitainerie de *Catalogne,* dans le bassin inférieur de l'Èbre ; — 11° la capitainerie d'*Aragon,* au centre du bassin de l'Èbre ; — 12° la capitainerie de *Navarre,* dans la partie haute du bassin de l'Èbre ; — 13° la capitainerie des *Pro-*

vinces basques ou *vascongades* (*Guipuzcoa*, *Biscaye* et *Alava*), pays situés sur le revers septentrional des Pyrénées cantabriques.

A ces treize gouvernements généraux il faut joindre : 1° la capitainerie des îles *Baléares* (Majorque, Minorque, Cabrera, Ivice, etc.), situées à l'E. dans la mer Méditerranée ; — 2° la capitainerie des îles *Canaries* (Canarie, Ténériffe, Palma, etc.), situées au S. O. dans l'océan Atlantique, près de la côte d'Afrique.

Les villes principales sont : 1° *Madrid*, capitale du royaume et chef-lieu de la Nouvelle-Castille, située sur la rive gauche du Manzanarès, sous-affluent du Tage, au milieu d'une vaste plaine qui appartient au plateau central de la presqu'île : 332,000 habit.; — 2° *Tolède*, sur la rive droite du Tage, au S. de Madrid : 20,000 habit.; — 3° *Burgos*, chef-lieu de la Vieille-Castille, sur l'Arlanzon, affluent de la Pisuerga : 15,000 habit.; — 4° *Santander*, port très-fréquenté sur l'océan Atlantique, à l'E. d'Oviédo : 30,000 habit.; — 5° *Ségovie*, sur l'Eresma, affluent de gauche du Duéro, au N. O. de Madrid, remarquable par un aqueduc antique majestueux et imposant : 12,000 habit.; — 6° *Oviédo*, chef-lieu des Asturies, près la rive droite du Nalon, au S. du cap Peñas : 10,000 habit.; — 7° *Léon*, chef-lieu de la capitainerie de ce nom, sur le Torio, affluent de droite de l'Esla, qui se jette dans le Duéro : 7,000 habit.; — 8° *Valladolid*, au confluent de l'Esgueva et de la Pisuerga, affluent du Duéro : 43,000 habit.; — 9° *Salamanque*, sur le Tormès, affluent de gauche du Duéro : 15,000 habit.; — 10° *La Corogne*, chef-lieu de la Galicie, port excellent sur l'océan Atlantique, entre les caps Ortégal et Finisterre, ville forte : 30,000 habit.; — 11° *Le Ferrol*, un des plus beaux ports de l'Europe, sur l'océan Atlantique, au N. E. de la Corogne : 18,000 habit.; — 12° *Badajoz*, chef-lieu de l'Estrémadure, sur la Guadiana, ville forte : 22,000 habit.; — 13° *Séville*, chef-lieu de l'Andalousie, sur le Guadalquivir : 118,000 habit.; — 14° *Cadix*, ville maritime et principal port de l'Espagne sur l'océan Atlantique, située à la pointe septentrionale de l'île de Léon, sur un rocher élevé : 71,500 habit.; — 15° *Cordoue*, sur la rive droite du Guadalquivir, à l'E. de Séville : 42,000 habit.; — 16° *Grenade*, sur le Darro, près de son confluent avec le Xénil, affluent du Guadalquivir : 67,000 habit.; — 17° *Malaga,* beau port au fond d'un golfe que creuse la mer Méditerranée : 95,000 habit. ; — 18° *Valence*, chef-lieu de la capitainerie de ce nom, sur le Guadalaviar, près de la Méditerranée : 108,000 habit. ; — 19° *Alicante*, port et vaste rade sur la mer Méditerranée, au N. des bouches de la Ségura, renommée par ses vins : 31,000 habit. ; — 20° *Murcie*, chef-lieu de la capitainerie de ce nom, grande ville, sur la Ségura : 88,000 habit. ; — 21° *Carthagène*, un des plus beaux ports de la mer Méditerranée, à l'O. du cap Palos : 54,000 habit. ; — 22° *Barcelone*, chef-lieu de la Catalogne, port important sur la mer Méditerranée, belle ville forte, la plus industrielle de toute l'Espagne : 190,000 habit. ; — 23° *Saragosse*, chef-lieu de l'Aragon, sur l'Èbre, au confluent du Gallégo : 64,000 habit. ; — 24° *Pampelune*, chef-lieu de la Navarre, sur l'Arga : 25,000 habit. ; — 25° *Saint-Sébastien*, chef-lieu du Guipuzcoa, bon port sur une presqu'île du golfe de Biscaye que forme l'océan Atlantique, place forte : 12,000 habit. ; — 26° *Bilbao*, chef-lieu de la Biscaye, port maritime sur le Nervion, à 20 kilom. de son embouchure dans le golfe de Biscaye : 20,000 habit. ; — 27° *Vittoria*, chef-lieu de l'Alava, sur la Zadorra : 12,000 habit. ; — 28° *Palma*, chef-lieu des îles Baléares, au fond d'une excellente baie que creuse la mer Méditerranée au S. O. de l'île Majorque : 53,000 habit. ; — 29° *Mahon*, chef-lieu de l'île Minorque, port vaste et sûr sur la côte orientale : 20,000 habit. ; — 30° *Santa-Cruz*, chef-lieu de l'île Ténériffe.

Au S. sont situées la ville, la rade et la forteresse de *Gibraltar*, sur le détroit du même nom, qui appartiennent aux Anglais depuis 1704, et commandent l'entrée de la mer Méditerranée. La ville compte 20,000 habitants.

219. Population, gouvernement, finances, armée. — Les habitants, de races ou familles celtibère et gothique, sont au nombre de 16,260,000 ; ils parlent la langue espagnole et professent presque tous la religion catholique. La forme actuelle du gouvernement est une monarchie constitutionnelle. Le budget de l'État est de 700 millions de francs. L'armée est de 216,000 hommes ; la marine compte 128 bâtiments de tous rangs. L'Espagne possède encore des colonies considérables, qui comptent 8,000,000 d'habitants et donnent une certaine importance à sa marine.

220. Agriculture, Mines, Industrie, Commerce. — Les céréales qu'on cultive en Espagne sont le blé, l'orge, le maïs et le riz. L'oranger, le citronnier, l'olivier, le grenadier, le pistachier, le caroubier, le figuier, le tabac, etc., y trouvent un sol favorable et donnent des produits importants ; mais c'est la vigne qui forme une des plus grandes richesses du pays. Les cultures industrielles sont celles de la soie, du coton, du lin, du chanvre, de la garance, du safran, de la cochenille, etc. Le liége des provinces de Séville et de Salamanque est l'objet d'un commerce considérable. Les animaux domestiques, chevaux, mulets et mules, bêtes à cornes, et surtout moutons, sont très-nombreux.

L'Espagne a toujours été célèbre par la richesse des mines que renferme son sol. On y trouve en abondance la houille, le fer, le plomb, le cuivre, le zinc et le mercure. Une mine d'argent est exploitée près de Carthagène. On rencontre en outre dans cette contrée du manganèse, de l'antimoine, de l'alun, du kaolin, du marbre, du jaspe, de l'albâtre, du soufre, du sel gemme et de nombreuses sources d'eaux minérales.

L'industrie et le commerce de l'Espagne se sont un peu relevés depuis quelques années. La fabrication du chocolat est l'industrie alimentaire la plus importante ; il est dans ce pays d'une consommation journalière. Les armes blanches de Tolède et les armes à feu du Guipuzcoa jouissent d'une renommée méritée. La marine marchande se compose de 4,800 navires. Les ports principaux sont : Barcelone, Cadix, Malaga, Bilbao, Santander, etc.

221. Possessions coloniales. — Les colonies espagnoles, dont la population actuelle est encore de 6 millions, embrassaient autrefois de vastes possessions, surtout en Amérique : actuellement elles comprennent :

1° En Afrique, sur la côte nord du Maroc, *Tétouan;* sur la même côte, les *Présides*, lieux de déportation ; *Ceuta*, port et place forte : 11,000 habit.; sur les côtes de la Guinée, les îles *Fernando-Po* et *Annobon ;*

2° En Amérique, l'île de *Cuba*, la plus grande et la plus florissante des Antilles, actuellement insurgée contre la métropole : 1,400,000 habit.; *La Havane*, C., port militaire sur la côte N. O. : 205,000 habit.; *Santiago de Cuba*, excellent port sur la côte S. E. : 95,000 habit.; — l'île de *Puerto-Rico*, la plus orientale des Grandes Antilles : 625,000 habit.; *San-Juan*, C., excellent port sur la côte N. E. : 20,000 habit.;

3° En Océanie : l'archipel des *Philippines*, composé d'une multitude d'iles, dont les plus grandes sont *Luçon* et *Mindanao* : 6,000,000 habit.; *Manille*, C., dans l'île de Luçon, au fond d'une vaste baie de la côte occidentale : 40,000 habit.; — l'archipel des *Mariannes* ou îles des *Larrons*; *Agana*, C., dans l'île de Guam : 800 habit.

222. Formation territoriale. — A une époque fort ancienne les Phéniciens vinrent s'établir en Espagne; les Grecs y fondèrent aussi des colonies. Les Carthaginois l'envahirent, et les Romains, après une lutte acharnée, s'en emparèrent à leur tour. A la chute de l'empire romain, les Vandales, les Suèves, puis les Visigoths, y fondèrent un royaume, qui fut renversé au huitième siècle par les Maures ou Arabes. Ceux-ci, à leur tour, y fondèrent plusieurs royaumes. Après une lutte de sept cents ans, la puissance musulmane fut complétement détruite par la prise de Grenade en 1492 : Ferdinand, roi d'Aragon, et Isabelle, reine de Castille, en réunissant leurs couronnes par un mariage, venaient d'établir enfin l'unité de l'Espagne (1469). C'est vers cette époque que Christophe Colomb découvrit l'Amérique (1492), et donna alors à l'Espagne des territoires d'une immense richesse. Charles-Quint laissa à son fils Philippe II, outre l'Espagne, les Pays-Bas, le Milanais, la Sardaigne et les Deux-Siciles. Depuis le commencement de ce siècle l'Espagne a perdu les plus belles de ses colonies américaines, qui se sont rendues indépendantes. Plusieurs villes, Grenade, Cordoue, Séville, aujourd'hui déchues, conservent encore des monuments et des vestiges de l'ancienne splendeur des califes et des rois maures.

République d'Andorre.

223. Notions générales. — La république d'Andorre est située presque entièrement dans la vallée du Balise, premier affluent de droite de la Sègre, qui se jette dans l'Èbre. Son territoire est enclavé entre la Catalogne (Espagne) et le département de l'Ariége (France). Sa superficie est de 495 kilom.

carrés, et sa population est de 18,000 habitants. Ce petit État est sous le protectorat de la France et de l'Espagne, qui y nomment chacune un viguier chargé de veiller à l'exécution des lois. Son chef-lieu est *Andorre-la-Vieille* : 2,800 habitants.

Italie (Italia).

224. Notions générales. — Le royaume d'Italie, de formation récente, appartient aux régions méridionales de l'Europe. Il comprend trois parties : 1° une partie continentale (bassin du Pô et de l'Adige); 2° une partie péninsulaire; 3° une partie insulaire (îles de Sicile, de Sardaigne, etc.). Il est limité au N. par la Suisse et l'Autriche-Hongrie; à l'E., par cette dernière contrée et la mer Adriatique ; au S., par la mer Ionienne; à l'O., par la mer Tyrrhénienne et la France. Sa surface totale est de 296,300 kilomètres carrés.

Le climat de l'Italie est le plus sain et le plus beau de l'Europe. Le sol, arrosé par de nombreux cours d'eau, qui descendent des Alpes et des Apennins, est d'une fertilité remarquable.

225. Divisions, villes principales. — Le royaume d'Italie, tel qu'il est aujourd'hui constitué, se divise en 72 provinces ou préfectures, subdivisées en arrondissements ou sous-préfectures.

Les villes principales sont : 1° *Rome*, sur le Tibre, à 25 kilomètres de la mer Tyrrhénienne, capitale du royaume, la plus belle ville de l'univers pour les monuments et les chefs-d'œuvre des arts : 220,000 hab.; — 2° *Turin*, sur le Pô, à l'endroit où ce fleuve reçoit la Doire-Ripaire : 192,500 habit.; — 3° *Alexandrie*, entre le Tanaro et la Bormida, place forte : 28,000 habit.; près de cette ville se trouve le village de *Marengo*, célèbre par la victoire que les Français y remportèrent sur les Autrichiens en 1800; — 4° *Gênes*, beau port au fond du golfe de ce nom, formé par la Méditerranée : 130,000 habit.; — 5° *La Spezzia*, sur le même golfe, à l'extrémité d'une rade qui y forme un des plus beaux ports de l'Europe : 25,000 habit.; — 6° *Milan*, sur l'Olona : 199,000 habit.; — 7° *Côme*, à l'extrémité méridionale du beau lac auquel elle a donné son nom : 12,000 habit.; — 8° *Brescia*, ville forte : 39,000 habit.; — 9° *Vérone*, une des plus fortes places de l'Europe, sur l'Adige : 60,000 habit.; — 10° *Mantoue*, place forte aussi importante que la précédente, au milieu de plusieurs lacs formés par le Mincio : 27,000 hab.; au N. O. de cette ville se trouve le village de *Solférino*, rendu célèbre par la victoire que les Français y remportèrent sur les Autrichiens en 1859; — 11° *Padoue*, sur la Brenta : 44,500 habit.; — 12° *Venise*, port important, à l'extrémité N. O. de la mer Adriatique, bâtie sur de nombreuses îles au milieu de lagunes que forme cette mer, et dans lesquelles vient se perdre la Brenta : 128,000 habit.; — 13° *Pavie*, sur la rive gauche du Tessin, près de son embouchure dans le Pô : 28,000 habit.; — 14° *Plaisance*, sur la rive droite du Pô, place forte : 35,000 habit.; — 15° *Parme*, sur la Parma : 45,000 habit.; — 16° *Modène*, entre la Secchia et le Panaro : 31,000 habit.; — 17° *Bologne*, sur un bras du Reno : 89,000 habit.; — 18° *Ferrare*, près de la rive droite du Pô : 28,500 habit.; — 19° *Lucques*, près du Serchio : 21,000 habit.; — 20° *Pise*, sur l'Arno, université : 26,000 habit.; — 21° *Livourne*, port sur le golfe de Gênes, commerce très-important : 81,000 habit.; — 22° *Florence*, sur l'Arno, une des plus belles villes du royaume : 123,500 hab.; — 23° *Ancône*, port militaire, sur la mer Adriatique, commerce important : 28,000 habit.; — 24° *Civita-Vecchia*, port sur la mer Tyrrhénienne : 28,000 habit.; — 25° *Viterbe*, au pied du mont Cimino : 21,000 habit.; — 26° *Naples*, beau port militaire et marchand sur la mer Tyrrhénienne, au fond d'un magnifique golfe que domine le Vésuve: 415,500 habit.; — 27° *Salerne*, sur la même mer, au fond du golfe de ce nom : 28,000 habit.; — 28° *Brindisi*, port d'entrepôt sur la mer Adriatique, station des paquebots se rendant en Égypte : 8,000 habit.; — 29° *Tarente*, au fond du golfe de ce nom, que creuse la mer Ionienne : 21,000 habit.; — 30° *Palerme*, grande et belle ville, chef-lieu de l'île de Sicile, au N. O., au fond d'un golfe de la mer Tyrrhénienne, qui y forme un bon port : 186,000 habit.; — 31° *Messine*, à l'extrémité N. E. de la Sicile, sur le détroit de ce nom : 70,000 habit.; — 32° *Cagliari* chef-lieu de l'île de Sardaigne, au S., au fond d'un vaste golfe formé par la Méditerranée : 30,000 habit.

226. Iles. — Le royaume d'Italie possède deux grandes îles et plusieurs autres moins considérables : 1° l'île de *Sardaigne*, située au S. de l'île de Corse ; — 2° l'île de *Sicile*, située à l'extrémité méridionale du royaume ; — 3° l'île d'*Elbe*, entre l'île de Corse et le continent ; — 4° les îles *Lipari*, au N. de la Sicile.

Dans le voisinage de l'Italie sont situées deux autres îles appartenant à des États étrangers : 1° l'île de *Corse*, située au N. de l'île de Sardaigne, à la France ; — 2° l'île de *Malte*, au S. de l'île de Sicile, à l'Angleterre.

227. Population, gouvernement, finances, armée. — La population s'élève à 26,800,000 habitants, parlant italien et la plupart catholiques. Le gouvernement est une monarchie constitutionnelle : le pouvoir exécutif est exercé par le roi, et le pouvoir législatif réside dans un sénat, dont les membres sont à la nomination du roi, et dans une chambre de députés envoyés par les électeurs des diverses provinces. Le budget du royaume s'élève à un milliard de francs. L'armée compte 220,000 hommes sur le pied de paix, et 870,000 hommes en temps de guerre. La marine militaire se compose de 80 bâtiments de divers rangs.

228. Agriculture, Mines, Industrie, Commerce. — L'Italie récolte beaucoup de céréales et une grande quantité de riz, d'huile d'olives, de vins. Le produit des orangers, des citronniers, des figuiers, des amandiers, etc., y est aussi important. L'élève des abeilles et du ver à soie forme l'une des grandes richesses de ce pays. Les pâturages nourrissent de nombreux troupeaux de bœufs, de moutons, de chèvres, de porcs, etc.

L'Italie occupe le premier rang pour l'extraction du soufre, que produisent en abondance les solfatares ou soufrières des environs de Naples, de Rome et de Caltanisetta en Sicile, et pour la qualité de ses marbres blancs, qui se trouvent principalement à Massa, à Carrare et dans les environs de Naples. L'Italie possède des mines de fer, de cuivre, de plomb, d'alun, et des carrières de porphyre et de sel.

· La fabrication du fromage dit parmesan, du macaroni et des pâtes alimentaires est l'objet d'un commerce considérable. Les autres industries remarquables sont la fabrication de la soie, des chapeaux de paille renommés pour leur finesse, des tissus de coton, des laines filées et peignées, etc.

L'Italie excelle dans la fabrication de la faïence artistique et des mosaïques. Le royaume d'Italie n'a pas de colonies, et son commerce extérieur est peu développé. Son transit doit gagner au percement récent du mont Cenis, qui met en communication directe la France et l'Italie.

229. Formation territoriale. — L'Italie, habitée primitivement par diverses peuplades guerrières, fut civilisée par des colonies troyennes et grecques. Sa capitale, Rome, issue d'une colonie troyenne, devint le centre d'un vaste empire qui s'étendit à presque tout le monde connu des anciens. Au quatrième siècle de l'ère chrétienne, cet empire se partagea en empire d'Orient à Constantinople et empire d'Occident à Rome. Au cinquième siècle l'Italie fut envahie par des peuples barbares, les Goths, les Huns, les Hérules et les Lombards ; ceux-là dévastèrent ses provinces en passant, ceux-ci s'y établirent. L'empereur Charlemagne mit fin au royaume lombard constitué dans la partie septentrionale de l'Italie, et fonda la puissance temporelle des papes, évêques et souverains de Rome. Au onzième siècle, les Normands créèrent dans le sud le royaume de Naples et de Sicile. Pendant les querelles qui divisèrent, au moyen âge, les empereurs d'Allemagne et les papes, il s'éleva en Italie plusieurs républiques ou duchés célèbres : Venise, Gênes, Florence, Milan, Parme, la Sardaigne, etc., qui subsistèrent jusqu'à la révolution française. A cette époque, Napoléon Ier réunit les États du nord, dont il forma le royaume d'Italie, et donna le royaume de Naples et de Sicile au prince Murat. Les traités de 1815 rétablirent le royaume de Sardaigne, les duchés de Parme et de Modène, le grand-duché de Toscane, les États pontificaux, le royaume des Deux-Siciles, et donnèrent la Lombardie-Vénétie à l'Autriche. En 1859, à la suite de la guerre d'Italie, le roi de Sardaigne reçut de Napoléon III la Lombardie, cédée à la France par l'empereur d'Autriche. Bientôt après les duchés votèrent leur annexion à la Sardaigne. Le roi Victor-Emmanuel prit le titre de roi d'Italie en 1861. Le royaume d'Italie s'augmenta successivement du royaume de Naples et d'une partie des États de l'Église ; en 1866, à la suite de la guerre d'Autriche, il obtint par cession la Vénétie. En 1864, la capitale du royaume avait été transportée de Turin à Florence ; enfin, en 1870, pendant la guerre d'Allemagne, la France ayant retiré ses troupes de l'Italie, Victor-Emmanuel fit entrer son armée à Rome, dont il fit la capitale de son royaume.

Domaine du Saint-Siége Apostolique.

230. Notions générales. — Depuis l'occupation de Rome, en 1870, par les troupes du roi d'Italie Victor-Emmanuel, le pape, chef suprême de l'Église catholique, ne possède plus que les palais apostoliques du Vatican et de Latran, avec les édifices, jardins et terrains qui en dépendent, ainsi que la villa de Castel-Gandolfo et ses attenances et dépendances.

Le gouvernement italien a offert au pape la dotation d'une rente annuelle de 3,225,000 francs pour l'entretien de la cour pontificale, les divers besoins ecclésiastiques du Saint-Siége, la garde et les dépenses des palais apostoliques et des musées et bibliothèques. Le pape, dépossédé de ses États, a refusé cette dotation ; le denier de Saint-Pierre, recueilli dans tous les États catholiques, y supplée. Les palais apostoliques du Vatican et de Latran renferment les plus beaux chefs-d'œuvre de peinture dus à la munificence d'une suite de papes, protecteurs éclairés des beaux-arts.

République de Saint-Marin.

231. Notions générales. — La petite république de Saint-Marin est enclavée dans le royaume d'Italie, sur le versant de l'Adriatique, entre Ravenne et Ancône, au pied oriental des Apennins. Sa superficie est de 57 kilomètres carrés, et sa population de 7,300 habitants. La capitale est *Saint-Marin*, bâtie sur une montagne escarpée, avec château fort.

Exercices. Le maître fera les démonstrations au tableau noir et sur la carte murale ; il tracera la géographie physique des pays dont il vient d'être parlé ; il indiquera ensuite la situation des principales villes. Les élèves copieront comme aux leçons précédentes, et mettront au net le tracé.

CHAPITRE XIII.

Suite des États du sud. — Grèce. — Empire Ottoman. — Turquie d'Europe. — Roumanie. — Principauté de Serbie.—Principauté de Monténégro.

Grèce (Hellas).

232. Notions générales. — Le royaume de Grèce, situé au S. E. de l'Europe, a pour limites : au N., la Turquie d'Europe ; à l'E., la mer de l'Archipel ; au S., la mer Méditerranée ; à l'O., la mer Ionienne. Sa superficie est de 50,120 kilomètres carrés.

La Grèce est couverte de hautes montagnes ; les côtes sont profondément découpées par les mers qui la baignent. C'est un pays essentiellement maritime.

233. Divisions, îles, villes principales. — La Grèce se divise en quatre parties : 1° la *Grèce continentale* ou *Livadie* ; 2° la *Morée* ou *Péloponèse* ; 3° les *îles de l'Archipel* ; 4° les *îles Ioniennes*. Elles sont subdivisées en 10 préfectures ou nomarchies.

Les principales îles sont : 1° à l'E., dans l'Archipel, la grande île d'*Eubée* ou de *Négrepont*, séparée du continent par les canaux d'Atalanti et de Négrepont, et les *Cyclades*, dont les plus importantes sont : *Syra, Andro, Naxie, Paros* et *Milo* ; — 2° au S., dans la Méditerranée, et à l'O., dans la mer Ionienne, les îles *Ioniennes*, au nombre de sept, parmi lesquelles on remarque surtout *Cérigo, Corfou, Sainte-Maure, Céphalonie* et *Zante*.

Les villes principales sont : 1° *Athènes*, près du golfe qui porte son nom, au confluent de l'Ilissus et du Céphise, capitale et chef-lieu de l'Attique-et-Béotie ; ville pleine de souvenirs historiques et de ruines antiques : 44,500 habit. ; — 2° *le Pirée*, port d'Athènes, sur la mer de l'Archipel : 9,000 habit. ; — 3° *Missolonghi*, chef-lieu de l'Acarnanie-et-Étolie, ville maritime sur le golfe de Patras, formé par la mer Ionienne ; — 4° *Nauplie*, au fond du golfe de ce nom, que forme la mer de l'Archipel, chef-lieu de l'Argolide-et-Corinthie : 16,000 hab. ; — 5° *Patras*, sur le golfe de ce nom, ville maritime, chef-lieu de l'Achaïe-et-Élide : 19,500 hab. ; — 6° *Corfou*, chef-lieu des îles Ioniennes, port sur la mer Ionienne et place forte : 15,500 hab.; — 7° *Zante*, port sur la côte orientale de l'île de son nom : 17,500 hab.; — 8° *Syra*, port très-fréquenté , chef-lieu des îles Cyclades : 24,000 habitants.

234. Population, gouvernement, finances, armée. — La population est de 1,458,000 habitants, parlant le grec moderne et professant en grande majorité le christianisme suivant le rite grec. Le gouvernement est une monarchie constitutionnelle. Le budget de l'État est de 30 millions de francs. L'armée se compose de 15,000 hommes de troupes régulières ; la marine compte 35 bâtiments de divers rangs.

235. Agriculture, Mines, Industrie, Commerce.—La Grèce cultive le froment, le maïs, l'orge, le tabac, la garance, l'olivier, le mûrier, le figuier, et surtout la vigne, dont les fruits, sous forme de raisins dits de Corinthe, sont l'objet d'un commerce important. L'industrie y est peu développée. Cette contrée possède de beaux marbres, surtout le marbre blanc de Paros. Les Grecs s'adonnent principalement au commerce maritime, à la pêche des éponges et à l'exploitation du sel le long des côtes ; leur marine marchande compte 5,000 navires.

236. Formation territoriale. — Habitée primitivement par des Pélasges et par des Hellènes, la Grèce vit successivement s'élever les florissantes républiques de Sparte, d'Athènes et de Thèbes; mais au quatrième siècle avant J. C. elle fut soumise par les Macédoniens, puis réduite en province romaine deux cents ans après. Elle fit ensuite partie de l'empire d'Orient et tomba, après la prise de Constantinople, sous la domination des Turcs, jusqu'en 1821. A cette époque, elle commença une lutte héroïque contre l'empire Ottoman, et, grâce au concours des principales puissances européennes, elle fut affranchie en 1829 et constituée en royaume. Les Anglais lui ont cédé en 1863 les sept îles Ioniennes.

Empire Ottoman (Mémaliki-Osmanyé).

237. Notions générales.—L'empire Ottoman, fondé en Asie par Othman, fils d'Orthogrul, de 1294 à 1326, s'étend sur la partie sud-est de l'Europe, la partie occidentale de l'Asie et la partie septentrionale de l'Afrique. Ses possessions immédiates ont pour limites : 1° en Europe, le Danube et la Serbie, au nord ; l'Autriche-Hongrie, la mer Adriatique et la mer Ionienne, à l'ouest ; la Grèce, au sud ; l'Archipel, la mer de Marmara et la mer Noire, à l'est ; 2° en Asie, la Russie et la mer Noire, au nord ; la mer de Marmara, l'Archipel et la mer Méditerranée, à l'ouest ; l'Arabie, au sud ; la Perse, à l'est. Les États tributaires sont : 1° en Europe, les provinces danubiennes de Roumanie et de Serbie et la principauté du Monténégro ; 2° en Afrique, la vice-royauté d'Égypte et les régences de Tripoli et de Tunis. La superficie totale des possessions immédiates de l'empire Ottoman est de 2,290,000 kilomètres carrés ; leur population, de 22,000,000 d'habitants.

Turquie d'Europe[1].

238. Notions générales. — La Turquie d'Europe a pour limites : au N., l'Autriche-Hongrie et la Russie ; à l'E., la mer Noire, le détroit de Constantinople, la mer de Marmara, le détroit des Dardanelles et la mer de l'Archipel ; au S., la Grèce et la mer Méditerranée ; à l'O., la mer Ionienne, la mer Adriatique et l'Autriche-Hongrie. La superficie des provinces européennes est de 364,000 kilomètres carrés.

239. Grandes divisions, îles, villes principales. — La Turquie d'Europe se divise en deux parties principales : la partie continentale, qui comprend : 1° la *Roumélie*, au S. E. ; 2° la *Bulgarie*, à l'E., entre le Balkan et le Danube ; 3° la *Bosnie*, au N. O.; 4° l'*Albanie*, au S. O. ; 5° la *Thessalie*, au S. ; —la partie insulaire, qui comprend les îles de l'*Archipel* et l'île

---

1. Les possessions turques de l'Asie seront décrites dans les chapitres consacrés à cette partie du monde.

de *Crète* ou *Candie*. Administrativement la Turquie est partagée en 11 eyalets ou gouvernements généraux.

Les villes principales sont : 1° *Constantinople*, capitale de l'empire Ottoman, sur le canal de ce nom, qui sépare l'Europe de l'Asie, avec un des plus beaux ports de l'Europe : 800,000 hab.; — 2° *Andrinople*, sur la Tundja, près de son confluent avec la Maritza; 150,000 hab.; — 8° *Gallipoli*, grande ville, port commerçant sur le détroit des Dardanelles : 50,000 hab. ; —4° *Salonique*, port au fond du golfe de son nom, que creuse la mer de l'Archipel : 100,000 hab.; — 5° *Larisse*, grande ville, près de la rive droite du Salembria : 30,000 hab.;— 6° *Janina*, sur la rive occidentale du lac de son nom : 30,000 hab.; — 7° *Scutari*, entre la Bojana et le Drin, à l'extrémité méridionale du lac qui porte son nom : 35,000 hab. ; — 8° *Sophia*, grande ville située derrière les Balkans, entre l'Isker et la Nissava : 30,000 hab. ; — 9° *Choumla*, près de la rive gauche du Bouïouk ou Akati, tributaire de la mer Noire : 25,000 hab.; — 10° *Varna*, le meilleur port de la Turquie d'Europe, sur la mer Noire : 20,000 hab. ; — 11° *Bosna-Séraï*, sur la Migliazza, affluent de la Bosna, qui se jette dans la Save : 70,000 hab.; — 12° *Widdin*, *Nicopoli*, *Roustchouk*, villes fortes, sur le Danube.

Les îles les plus importantes sont : 1° les îles de *Thasso*, de *Samotraki*, d'*Imbro* et de *Lemno*, dans la partie septentrionale de l'Archipel; — 2° la grande île de *Candie*, l'ancienne *Crète*, située dans la mer Méditerranée, à l'entrée de la mer de l'Archipel et au S. E. de la Grèce ; *Candie* (12,000 hab.) en est la capitale, et *La Canée* (10,000 hab.) le principal port.

240. Population, gouvernement, finances, armée. — La population est de 8,400,000 habitants, composée environ de 3 millions de Turcs, professant la religion mahométane, et de 5,400,000 Grecs et Slaves suivant le christianisme du rite grec. Les langues parlées sont le turc et le grec. Le budget de l'État est de 350 millions de francs. Le gouvernement est une monarchie absolue sous l'autorité d'un sultan, qui gouverne assisté du conseil des ministres et du divan composé des principaux fonctionnaires. L'armée compte 158,000 hommes de troupes régulières; la marine comprend 120 bâtiments de divers rangs.

241. Agriculture, Mines, Industrie, Commerce. — Les principales productions agricoles de la Turquie d'Europe sont : le froment, l'épeautre, le seigle, l'orge, l'avoine, et principalement le maïs, qui a reçu le nom de blé de Turquie. La culture du tabac y est très-développée. Plusieurs îles produisent des vins estimés. La Thrace, la Macédoine et la Thessalie sont des centres importants pour la production de la soie. Le bétail y est en général abondant, surtout les moutons, qui sont très-nombreux. On rencontre des buffles en Bulgarie.

Les productions minérales sont le cuivre, le plomb argentifère, l'argent, le mercure, le pétrole, la naphte, le salpêtre, le sel, les marbres, le jaspe, l'albâtre et les pierreries, telles que la cornaline, l'améthyste, la topaze, etc.

La Turquie fabrique des tapis et des broderies très-renommées : ce sont les deux principales branches de son industrie. Ses principaux ports de commerce sont : Constantinople, Varna, Gallipoli, Salonique, La Canée, etc. Le plus important, celui de Constantinople, admirablement situé entre deux mers, commande, par le détroit des Dardanelles, l'entrée de la mer Noire, et est en communication directe, par des services réguliers de paquebots à vapeur, avec les ports de la Méditerranée, de la mer Noire et du bas Danube.

242. Formation territoriale. — Tout le pays qui forme la Turquie d'Europe fut réuni par Alexandre le Grand au royaume de Macédoine. Les Romains s'en emparèrent cent cinquante ans avant J. C. ; plus tard cette contrée fut comprise dans l'empire d'Orient, qui avait pour capitale Constantinople, l'ancienne Byzance. Au commencement du treizième siècle, le pays fut soumis aux croisés, qui y fondèrent l'empire latin de Constantinople ; mais les empereurs grecs remontèrent sur le trône d'Orient cinquante ans après. Les Turcs ottomans, originaires du Turkestan et sectateurs de Mahomet, après avoir conquis toute l'Asie occidentale, franchirent les Dardanelles (1356) et commencèrent peu à peu la conquête des provinces de l'empire d'Orient, qui cessa d'exister à la prise de Constantinople en 1453.

Principauté de Roumanie.

243. Notions générales. — Les principautés de Valachie et de Moldavie, réunies aujourd'hui en un seul État sous le nom de *Roumanie,* sont bornées : au N. par les monts Carpathes, qui les séparent de l'Autriche-Hongrie ; à l'E. par la Russie, dont le Pruth forme en partie la limite, et par la mer Noire ; au S., par le Danube, qui les sépare de la Turquie ; à l'O. par la Serbie et l'Autriche-Hongrie. Le sol, arrosé par de nombreux cours d'eau qu'envoie la chaîne des Carpathes au Danube, est d'une grande fertilité, surtout en céréales. Le Danube, qui traverse cette principauté, en fait un important pays de transit. Sa superficie est de 164,000 kilom. carrés, et sa population de 4,500,000 habitants, parlant la langue valaque et chrétiens du rite grec. Elle est gouvernée par un prince ou hospodar, sous la suzeraineté de la Turquie et la protection des grandes puissances européennes.

Les villes principales sont : 1° *Bukharest,* capitale de la Roumanie, ancienne capitale de la Valachie, sur la Dombovitza : 200,000 habit. ; — 2° *Giurgévo,* sur le Danube, place forte : 15,000 habit. ; — 3° *Jassy,* ancienne capitale de la Moldavie, sur le Baglaï, petit affluent de la rive droite du Pruth : 90,000 habit. ; — 4° *Galatz,* port maritime important sur le Danube, près de son confluent avec le Sereth : 80,000 habit.

Principauté de Serbie.

244. Notions générales. — La principauté de Serbie, à l'O. de la précédente, est bornée au N. par le Danube et son affluent la Save, qui la séparent de l'Autriche-Hongrie, et limitée à l'E., au S. et à l'O. par la Turquie. Le sol en est très-montagneux. Sa superficie est de 44,000 kilom. carrés. Sa population s'élève à 1,339,000 habitants, chrétiens du rite grec. Elle est gouvernée par un prince héréditaire, sous la suzeraineté de la Turquie et sous la protection des grandes puissances européennes.

Les villes principales sont : 1° *Belgrade,* capitale, place importante de commerce, au confluent du Danube et de la Save : 25,000 habit. — 2° *Kragouïévatz :* 6,000 habit. ; — 3° *Sémendria,* sur le Danube : 10,000 habit.

Principauté du Monténégro.

245. Notions générales. — La principauté du Monténégro, enclavée dans la Turquie, à l'O., et séparée de la mer Adria-

tique par une étroite lisière qui dépend de la province austro-
hongroise de Dalmatie, est couverte de hautes montagnes arides
et renferme une population de 120,000 habitants sur une superficie de 4,400 kilomètres carrés. Elle est gouvernée par un
prince héréditaire ou hospodar, sous la suzeraineté de la Turquie. *Cettigne* en est la capitale. Les habitants s'occupent de
l'élevage des bestiaux, qui est leur seule industrie.

Exercices. Le maître fera les démonstrations au tableau noir et sur
la carte murale; il tracera la carte physique des États dont il vient
d'être question; il indiquera la situation des villes principales. Les
élèves copieront et mettront au net.

CHAPITRE XIV.

États du Nord-Est. — Empire Russe. — Russie d'Europe. — Suède et
Norwége. — Danemark.

Empire Russe.

246. Notions générales. — L'empire Russe, le plus étendu
du monde, occupe le nord-est et l'est de l'Europe, et toute la
partie septentrionale de l'Asie. Il a pour limites : au nord, l'o-
céan Glacial arctique; à l'est, le détroit de Behring, les mers
de Behring, d'Okhotsk et du Japon; au sud, l'empire Chinois, le
Turkestan, la mer Caspienne, la Perse, la Turquie d'Asie et la
mer Noire; à l'ouest, les principautés Danubiennes, l'Autriche-
Hongrie, l'Allemagne, la mer Baltique et la Suède. Sa superficie
est de 21,700,000 kilomètres carrés. Sa population atteint près
de 85,600,000 habitants, Russes, Slaves, Polonais, Allemands,
Finnois, Turcs, Tartares, etc.

Russie d'Europe (Rossia)[1].

247. Notions générales. — La Russie d'Europe occupe au
nord les bassins de la Petchora et de la Dwina, et s'avance

1. Les possessions russes de l'Asie seront développées dans les chapitres consacrés à cette partie du monde.

jusqu'à la Tornéa, qui la sépare de la Suède; elle possède à l'ouest les bassins de la Néva, de la Duna, du Niémen, et la plus grande partie de celui de la Vistule; elle occupe au sud ceux du Dniester, du Dniéper et du Don, et à l'est ceux du Volga et de l'Oural. Elle a pour limites : au N., l'océan Glacial arctique; à l'O., la Suède, la mer Baltique, l'Allemagne et l'Autriche-Hongrie; au S., la mer Noire et le mont Caucase; à l'E., la mer Caspienne, le fleuve Oural et la grande chaîne des monts Ourals et Poyas, qui la sépare de l'Asie; au S. E., elle confine à la Perse et à la Turquie. Sa superficie est d'environ 5,860,000 kilomètres carrés.

Cette vaste contrée se compose presque entièrement d'immenses plaines ou steppes, dont la température est très-froide vers le nord, où les glaces empêchent tout commerce par eau et par mer pendant plusieurs mois de l'année; les parties méridionale et centrale, au contraire, jouissent d'un climat doux et agréable.

248. Grandes divisions, villes principales. — La Russie d'Europe se divise en 75 provinces ou gouvernements, en y comprenant la Finlande, la Pologne et le Caucase.

Les villes principales sont : 1° *Saint-Pétersbourg*, ville magnifique, capitale de l'empire Russe, à l'extrémité orientale du golfe de Finlande et à l'embouchure de la Néva: 667,000 habit.: — 2° *Riga*, port important sur le golfe de Livonie, à l'embouchure de la Duna : 102,000 habit. ; — 3° *Cronstadt*, port militaire, près de Saint-Pétersbourg, dans une île du golfe de Finlande : 45,000 habit. ; — 4° *Revel*, port de commerce, sur le golfe de Finlande : 27,000 habit. ; — 5° *Moscou*, seconde capitale de la Russie, sur la Moskowa, affluent de l'Oka: 612,000 habit.; — 6° *Wilna*, sur la Wilia, affluent du Niémen : 79,000 habit. ; — 7° *Arkhangel*, sur la Dwina, à 96 kilomètres de son embouchure dans la mer Blanche, avec un beau port : 20,000 habit.; — 8° *Jaroslaw*, au confluent du Kotorosk et du Volga : 38,000 hab. ; — 9° *Toula*, ville industrielle, au confluent de la Toulitza et de l'Oupa : 58,000 habit. ; — 10° *Tver*, grande ville sur la rive droite du Volga, au confluent de la Tvertza et de la Tmaka : 30,000 habit. ; — 11° *Nijni-Novogorod,* au confluent de l'Oka et du Volga, célèbre par la foire importante qui s'y tient chaque année : 41,000 habit. ; — 12° *Kazan*, ville commerçante, sur la

Kazanka, près de son confluent avec le Volga : 78,500 habit. ;
— 13° *Kiev*, grande ville, sur la rive droite du Dniéper :
70,500 habit. ; — 14° *Odessa*, un des ports les plus commerçants
de l'Europe, sur la mer Noire, entre les embouchures du Dniéper et du Dniester : 163,000 habit. ; — 15° *Kichenew*, en Bessarabie: 103,000 hab. ; — 16° *Sébastopol*, vers la pointe méridionale de la presqu'île de Crimée, l'un des meilleurs ports de la
mer Noire : 18,000 habit. ; — 17° *Astrakhan*, bâtie sur une des
îles formées par le Volga à son embouchure dans la mer Caspienne : 48,000 habit. ; — 18° *Varsovie*, ancienne capitale de la
Pologne, sur la Vistule : 280,000 habit. ; — 19° *Helsingfors*,
ancienne capitale du grand-duché de Finlande, port militaire
sur le golfe de Finlande : 32,000 habitants.

249. Iles. — Les principales îles qui dépendent de la Russie
d'Europe sont : 1° la *Nouvelle-Zemble* et l'île *Waïgatch*, dans
l'océan Glacial arctique ; — 2° les îles *Dago*, *Œsel* et *Aland*,
dans la mer Baltique.

250. Population, gouvernement, finances, armée. — La
population de la Russie d'Europe, qui appartient aux races ou
familles slave, finnoise, polonaise, tartare, etc., est de 78,450,000
habitants, dont la très-grande partie professe la religion chrétienne du rite grec ; cependant les habitants de la Pologne sont
catholiques, et ceux de la Finlande protestants. Il y a, en outre,
des mahométans au sud et à l'est, et des juifs dans toutes les
provinces de l'empire. A la tête du.gouvernement est un empereur, qui se nomme *tzar*, et qui possède une autorité absolue,
excepté dans la *Finlande*, qui forme un grand-duché spécial
avec un gouvernement constitutionnel. Le budget de l'empire
Russe s'élève à 1,800,000,000 de francs. La Russie entretient en
temps de paix une armée de 750,000 hommes, qui peut s'élever
au double en temps de guerre. La flotte russe compte 225 bâtiments de tous rangs et a un effectif de 30,000 hommes.

251. Agriculture, Mines, Industrie, Commerce. — L'agriculture est nulle dans le nord de la Russie, à cause du grand froid
qui y règne ; mais le centre et le sud de l'empire Russe, dont le
climat est plus doux, sont riches en céréales et en bestiaux ;
25 provinces récoltent plus de blé qu'il ne leur en faut pour

leur consommation, et alimentent ainsi d'autres États de l'Europe. Les grains que l'on cultive le plus sont : le froment, qui donne le tiers de la récolte totale, puis le seigle, l'avoine, le blé noir, etc. Le lin, le chanvre, la betterave, le tabac, forment aussi une source de produits considérable. Cette contrée nourrit dans les vastes plaines du sud un très-grand nombre de chevaux, de bêtes à cornes et surtout de bêtes à laine, etc. D'immenses forêts, principalement dans le nord, couvrent le tiers de son sol ; on y rencontre des rennes et divers animaux à fourrures épaisses et brillantes.

Les mines de cuivre, de fer, de platine, d'argent et d'or répandues en Russie sont importantes. Cette contrée, qui produit peu de houille, possède des carrières de marbre, de porphyre, de malachite, etc. On y trouve de l'argile à poterie et des salines.

L'étendue des côtes permet de retirer de la pêche des ressources considérables. L'industrie se concentre autour de Saint-Pétersbourg et de Moscou. Les ports d'Arkhangel, Riga, Odessa, Nikolaïeff, Kherson, Taganrog, et les villes d'Astrakhan, Orenbourg et Kazan, placées près des frontières, font le commerce d'échanges avec les pays étrangers, notamment avec l'Europe, et, par la Sibérie, avec la Chine et les États-Unis. Les principaux articles d'exportation, outre les céréales, sont le lin, les suifs, les bois, les pelleteries et les cuirs, qui sont très-renommés.

252. Formation territoriale. — Les premières origines de l'empire de Russie remontent à l'an 862, époque à laquelle des Normands, venus de Suède sous la conduite de Rurik, se fixèrent à Novogorod et fondèrent le duché de Russie. Au siècle suivant, le nouvel État s'était déjà agrandi, et Moscou en était devenu le siége principal. En 1223, une invasion des Mongols s'empara de tout le pays, qu'ils rendirent tributaire. Le nouvel État fut ainsi entravé dans son essor pendant plusieurs siècles, jusqu'à l'avénement de la dynastie des Romanoff. En 1703, Pierre le Grand avait considérablement étendu les limites de la Russie et fondait Saint-Pétersbourg. Sous ses successeurs furent successivement annexés à la Russie la Finlande, la Crimée, le littoral de la mer Noire, la majeure partie de la Pologne et la Bessarabie. En même temps ses possessions en Asie acquéraient chaque année un nouvel accroissement.

Suède et Norwége (Sverige, Norrige).

253. Notions générales. — Les États de Suède et de Norwége occupent la grande presqu'île Scandinave, qui a pour bornes : au N., l'océan Glacial arctique ; à l'O., l'océan Atlantique ; au S., la mer du Nord, les détroits du Skager-Rack, du Cattégat et du Sund, qui les séparent du Danemark, et la mer Baltique ; à l'E., la mer Baltique ; au N. E., la Tornéa, qui forme la limite de ces États et de la Russie. Son étendue est de 761,500 kilomètres carrés.

Le climat est, en général, très-froid. C'est un pays couvert de lacs ou sillonné par des montagnes, qui produisent en abondance des bois propres à la construction des vaisseaux. La partie septentrionale se nomme *Laponie*.

254. Divisions, villes principales. — La monarchie suédo-norwégienne se compose de deux royaumes : celui de *Suède*, situé à l'E., qui comprend les trois provinces de *Gothie, Suède propre* et *Nordland*, divisées elles-mêmes en 24 préfectures ou lans ; celui de *Norwége*, situé à l'O., divisé en 6 diocèses ou stifts.

Les villes principales sont : 1° *Stockholm*, capitale de la Suède, bâtie sur un détroit qui joint le lac Mælar à un golfe formé par la mer Baltique : 150,000 habit.; — 2° *Gothembourg*, bon port situé sur le Cattégat : 64,000 habit.; — 3° *Carlscrona*, ville forte sur la Baltique, remarquable par son port militaire : 17,000 habit. — 4° *Christiania*, capitale de la Norwége, vaste port au fond du golfe de son nom, que creuse le Cattégat : 66,500 habit.; — 5° *Bergen*, l'une des villes les plus anciennes de la Norwége, port important situé sur l'océan Atlantique, au milieu d'une longue baie nommée *Waag*, entourée de rochers escarpés : 30,000 habit.; — 6° *Drontheim*, sur le golfe de Drontheim, que forme l'océan Atlantique et qui y constitue un bon port : 20,800 habit.

255. Iles. — La Suède possède les iles d'*OEland* et de *Gothland*, dans la mer Baltique : *Wisby*, dans l'île de Gothland, est une place forte, l'une des villes les plus commerçantes au moyen âge ; — la Norwége a : 1° les îles de *Bergen* et de *Dron-*

theim, dans l'océan Atlantique ; 2° les îles *Lofoden* et *Tromsen*, dans l'océan Glacial arctique.

256. Population, gouvernement, finances, armée. — La population, qui est de 4,340,000 habitants pour la Suède et de 1,796,000 pour la Norwége, professe la religion protestante luthérienne et parle le suédois. Le gouvernement est une monarchie constitutionnelle. Les deux royaumes de Suède et de Norwége, quoique réunis sous le même souverain, ont leur constitution distincte et leurs assemblées indépendantes. Le budget réuni de ces États s'élève à 190,000,000 de francs. L'effectif de l'armée est de 162,000 hommes. La marine militaire compte 170 bâtiments de divers rangs.

257. Agriculture, Mines, Industrie, Commerce. — La partie méridionale de la Scandinavie possède un sol assez fertile : on y récolte surtout du blé, du seigle, de l'orge, de l'avoine, des pommes de terre et du lin. Les froids rigoureux qui règnent dans le nord y rendent la culture presque nulle. Les forêts forment une des grandes richesses de la contrée.

De riches mines produisent du fer excellent, du cuivre, du zinc, du cobalt, du plomb, de l'étain, du nickel, de l'or et de l'argent.

Les exportations consistent en bois, fers, cuivre, poissons secs ; les importations, en sucre, vins, eaux-de-vie, sel, coton, tissus, etc. Les principaux ports du commerce sont : Stockholm, Norrkœping , Carlscrona, Gothembourg, Christiania, Christiansand, Bergen, Drontheim.

258. Possessions coloniales. — La Suède ne possède qu'une seule colonie, l'île *Saint-Barthélemy*, aux Antilles.

259. Formation territoriale. — La Scandinavie, fort peu connue des anciens, fut envahie par les Scandinaves au nord, et par les Goths au sud, sous le nom de Normands. Au neuvième siècle, ces derniers s'organisèrent en royaumes. Réunie pendant cinquante ans au Danemark, la Suède recouvra son indépendance avec Gustave Wasa (1523), perdit ensuite plusieurs provinces qu'elle avait conquises en Allemagne et en Russie, mais acquit la Norwége par les traités de 1815.

Danemark (Danmark).

260. Notions générales. — Le royaume de Danemark, situé entre la mer du Nord à l'ouest, le Cattégat au nord-est et la mer Baltique au sud-est, se compose d'une presqu'île, de deux archipels et d'une grande île. Sa superficie est de 38,200 kilomètres carrés. Malgré son peu d'étendue, ce petit royaume a une certaine importance politique et commerciale, à cause de sa position à l'entrée de la mer Baltique.

Les îles danoises et la partie méridionale de la presqu'île jouissent d'un climat tempéré et possèdent de riches pâturages ; le reste du pays est froid et couvert de marais. L'Islande, située dans la partie septentrionale de l'océan Atlantique, est une île froide et montagneuse, parsemée de volcans brûlants et de lacs où se trouvent des sources chaudes, dont les plus curieuses sont les *Geysers*, qui s'élancent en jets magnifiques à une grande hauteur.

261. Population, gouvernement, finances, armée. — La population du Danemark est de 1,874,000 habit., qui professent la religion protestante luthérienne et parlent le danois. Le gouvernement est une monarchie constitutionnelle. Le revenu de cet État est de 48,000,000 de francs. L'armée danoise compte 37,000 hommes, dont les deux tiers sont dans leurs familles et forment la réserve ; sur le pied de guerre, l'armée s'élève à 52,600 hommes. La marine possède 63 bâtiments de tous rangs.

262. Divisions, villes principales. — La *presqu'île danoise*, que l'on appelle le *Jutland*, est située entre la mer du Nord, le Skager-Rack et le Cattégat. L'*archipel Danois*, resserré entre le Cattégat et la mer Baltique, est à l'est de la presqu'île, dont il est séparé par le détroit du Petit-Belt ; ses principales îles sont *Séeland* et *Fionie*, entre lesquelles se trouve le détroit du Grand-Belt, et l'île *Bornholm*, dans la mer Baltique. La grande île d'*Islande* se trouve au nord de l'océan Atlantique. L'*archipel des îles Fœroë* est au sud-est de l'Islande.

Les villes principales sont : 1° *Copenhague*, capitale, sur le détroit du Sund, dans l'île de Séeland, avec un grand et beau port : 216,000 habit.; — 2° *Elseneur*, au nord-est, dans la même île, bon port : 9,000 habit.; — 3° *Odensée*, située dans la partie septentrionale de l'île de Fionie, à 1 kil. d'une baie que forme la mer : 14,000 habit.; — 4° *Aalborg*, dans le Jutland, port de pêche important, sur le grand canal du nord : 10,000 hab.; — 5° *Viborg*, au centre du Jutland : 3,000 habit.; — 6° *Aarhuus*, beau port du Jutland, sur le Cattégat, 11,000 habit.; — 7° *Reykiawik*, au sud-ouest de l'Islande, est le principal village de cette grande île.

263. Agriculture, Mines, Industrie, Commerce. — L'agriculture a peu d'importance dans ce petit État, qui ne produit ni céréales ni forêts, et où la pomme de terre, l'orge et l'avoine sont les seules cultures; mais l'élève des bestiaux y est considérable par suite des bons pâturages du pays. Le sol du Danemark ne renferme pas de mines; mais il présente de nombreux marécages d'où l'on tire de la tourbe. Copenhague et Elseneur sont les deux principaux ports de commerce.

264. Possessions coloniales. — Le Danemark possède l'île de *Sainte-Croix*, qui fait partie de l'archipel des Petites Antilles. Il a aussi des établissements sur la côte du *Groënland*.

265. Formation territoriale. — Au onzième siècle, le Danemark, habité par des Scandinaves et des Germains, devint un petit royaume qui s'étendit sur la province de Gothie en Suède et sur une partie des côtes de la Baltique. L'union de Calmar (1397) réunit les trois royaumes scandinaves, Danemark, Suède et Norwége, sous l'autorité du Danemark; mais à la rupture de l'union la Gothie lui fut enlevée par la Suède, et plus tard les traités de 1815 lui firent perdre la Norwége. Après une guerre malheureuse contre l'Allemagne, le traité de Vienne de 1865 lui a enlevé les duchés de Lauenbourg, de Holstein et de Slesvig.

Exercices. Le maître fera les démonstrations au tableau noir et sur la carte; il fera le tracé des pays dont il vient d'être parlé, expliquera la géographie politique et indiquera la situation des principales villes. Les élèves copieront et mettront au net le tracé.

11.

CHAPITRE XV.

Asie physique.

Situation, limites, configuration, dimensions. — Mers. — Côtes. —
Golfes. — Détroits. — Iles et Archipels. — Presqu'iles. — Isthmes.
— Caps. — Orographie, relief du sol, systèmes de montagnes. —
Chaines de montagnes. — Monts et Pics. — Volcans. — Hydrographie,
ligne de partage des eaux. — Versants et Bassins. — Fleuves. — Lacs.

266. Situation, limites, configuration, dimensions. —
L'Asie s'étend à l'est de l'Europe et de l'Afrique. Elle est séparée de l'Europe par les chaines de l'Oural et du Caucase ; elle
se rattache à l'Afrique par l'isthme de Suez, où l'industrie des
hommes a récemment creusé un canal qui met en communication rapide la partie occidentale et méditerranéenne de l'Asie
avec ses régions méridionales, baignées par la mer des Indes.

Les limites de l'Asie sont : au N., l'océan Glacial arctique ; —
à l'E., l'océan Pacifique ou Grand Océan et les mers qu'il forme ;
— au S., l'océan Indien ou mer des Indes ; — à l'O., la mer
Rouge, l'isthme de Suez, la Méditerranée, la mer de l'Archipel,
le détroit des Dardanelles, la mer de Marmara, le détroit de
Constantinople, la mer Noire, la chaine du Caucase, la mer Caspienne, le fleuve Oural, la chaine des monts Ourals, le fleuve
Kara.

L'Asie est comprise entre le 1° et le 78° de latitude nord,
entre le 23° de longitude orientale et le 172° de longitude occidentale. Elle a la forme d'un hexagone très-irrégulier, dont les
côtés sont découpés par de nombreux golfes et de nombreuses
presqu'iles. Sa superficie est d'environ 42 millions de kilomètres
carrés. Sa longueur, depuis la pointe du détroit de Bab-el-
Mandeb jusqu'au cap Oriental (détroit de Behring), est de
12,200 kilomètres, et sa largeur, depuis le cap Romania jusqu'au cap Sévéro-Vostotchnii, est de près de 8,000 kilomètres.

267. Mers. — Les mers qui baignent l'Asie sont :

1° L'*océan Glacial arctique*, au nord de l'Asie, qui forme :
La mer de *Kara,* au nord-ouest ;

2° *L'océan Pacifique* ou *Grand Océan*, à l'est de l'Asie, qui forme :

La *mer de Behring*, à l'est de la presqu'île de Kamtchatka ;

La *mer d'Okhotsk*, à l'ouest de la presqu'île de Kamtchatka ;

La *mer du Japon*, au sud de la mer d'Okhotsk ;

La *mer Jaune*, au sud de la mer du Japon ;

La *mer Bleue* ou *Orientale*, au sud de la mer Jaune ;

La *mer de Chine*, à l'est de l'Indo-Chine ;

3° *L'océan Indien* ou *mer des Indes*, au sud de l'Asie, qui forme :

La *mer d'Oman*, entre l'Arabie et l'Hindoustan ;

La *mer Rouge*, entre l'Asie et l'Afrique ;

4° La *Méditerranée*, à l'ouest de l'Asie, qui forme :

La *mer de l'Archipel*, à l'ouest de l'Anatolie ;

La *mer de Marmara*, au nord de l'Anatolie ;

La *mer Noire*, au nord-est de l'Anatolie ;

5° La *mer Caspienne*, entre l'Europe et l'Asie, qui ne communique avec aucune mer ;

6° La *mer d'Aral*, autre mer intérieure, un peu à l'est de la précédente.

268. Côtes. — Les côtes des mers de l'Asie sont très-irrégulières ; elles projettent au N. le cap Sacré ou Sévéro-Vostotchnii, le plus septentrional de l'ancien continent ; à l'E. et au S., dans l'océan Pacifique et dans la mer des Indes, elles sont parsemées de golfes et de baies, et font avancer au milieu des eaux de vastes presqu'îles. Leur étendue est très-considérable, puisque l'Asie n'a qu'une frontière de terre, celle qui la sépare de la Russie d'Europe, et n'est séparée de l'Afrique que par l'isthme de Suez.

269. Golfes. — Les principaux golfes formés par les mers sur les côtes de l'Asie sont :

1° Dans l'*océan Glacial arctique* :

Le golfe de l'*Obi*, au nord-ouest ;

2° Dans la mer de *Behring* :

Le golfe d'*Anadyr*, au nord-est ;

3° Dans la mer *Jaune* :

Le golfe du *Pé-tchili*, au nord-est de la Chine ;

4° Dans la mer de *Chine* :

Le golfe du *Tonkin*, à l'est de l'Indo-Chine ;

Le golfe de *Siam*, au nord-est de la presqu'île de Malaka ;

5° Dans l'océan *Indien* :

Le golfe du *Bengale*, entre l'Hindoustan et l'Indo-Chine :

Le golfe de *Martaban*, à l'ouest de l'Indo-Chine ;

Le golfe *Persique*, à l'est de l'Arabie ;

Le golfe d'*Aden*, entre l'Afrique et l'Asie ;

6° Dans la mer *Méditerranée* :

Le golfe d'*Alexandrette*, au nord de la côte de Syrie ;

Le golfe de *Smyrne*, à l'ouest de l'Anatolie.

270. Détroits. — Les détroits les plus remarquables de l'Asie sont :

1° Le détroit de *Behring*, qui sépare l'Asie de l'Amérique ;

2° La Manche de *Tarrakaï*, entre le continent et l'île de Tarrakaï ;

3° Le détroit de *Corée*, entre la Corée et le Japon ;

4° Le détroit de *Malaka*, entre la presqu'île de ce nom *et* l'île de Sumatra ;

5° Le détroit de *Palk*, à l'entrée du golfe du Bengale, entre l'Hindoustan et l'île de Ceylan ;

6° Le détroit d'*Ormuz*, entre le golfe Persique et la mer d'Oman ;

7° Le détroit de *Bab-el-Mandeb*, qui joint la mer Rouge à la mer des Indes par le golfe d'Aden ;

8° Le détroit des *Dardanelles*, qui joint la mer de l'Archipel à la mer de Marmara ;

9° Le canal de *Constantinople* ou *Bosphore*, qui fait communiquer la mer de Marmara avec la mer Noire.

271. Iles et Archipels. — Les îles et les archipels les plus importants de l'Asie sont :

1° Dans l'océan *Glacial arctique* :

Les îles *Liakhov* ou *Nouvelle-Sibérie*, vers le centre de la côte continentale ;

2° Dans l'océan *Pacifique* :

L'archipel des *Kouriles*, à l'est de la mer d'Okhotsk ;

L'île de *Tarrakaï*, au sud-est de la même mer ;

L'archipel du *Japon*, à l'est de la Corée ;

L'archipel des *Lieou-Kieou*, à l'est de la mer Bleue ;

L'île *Formose*, au nord de la mer de Chine ;

L'île *Haï-nan*, à l'entrée du golfe du Tonkin ;

3° Dans l'*océan Indien* :

Les îles *Nicobar*, à l'est du golfe du Bengale ;

Les îles *Andaman*, au nord des îles Nicobar ;

L'île de *Ceylan*, au sud-est de l'Hindoustan ;

Les îles *Maldives*, au sud-ouest de l'île de Ceylan ;

Les îles *Laquedives*, au nord des îles Maldives ;

4° Dans la *Méditerranée* :

L'île de *Chypre*, à l'ouest de la côte de Syrie ;

L'île de *Rhodes*, à l'entrée de la mer de l'Archipel.

272. Presqu'îles. — Les presqu'îles ou péninsules les plus grandes de l'Asie sont :

1° La presqu'île du *Kamtchatka*, entre la mer de Behring et la mer d'Okhotsk ;

2° La presqu'île de *Corée*, entre la mer Jaune et la mer du Japon ;

3° La presqu'île de l'*Indo-Chine*, entre le golfe du Bengale et le golfe du Tonkin ;

4° La presqu'île de *Malaka*, au sud du golfe de Siam ;

5° La presqu'île de l'*Hindoustan*, entre la mer d'Oman et le golfe du Bengale, désignée aussi sous le nom de presqu'île du *Dekhan* ;

6° La presqu'île de l'*Arabie*, entre la mer Rouge et le golfe Persique ;

7° La presqu'île de l'*Anatolie*, à l'ouest de l'Asie.

273. Isthmes. — L'isthme le plus important de l'Asie est l'isthme de *Suez*, situé à l'extrémité occidentale de l'Asie, et qui réunit ce continent à l'Afrique ; sa largeur est de 170 kilomètres ; il est aujourd'hui traversé par le canal de même nom, qui, partant de Port-Saïd sur la mer Méditerranée, débouche à Suez sur la mer Rouge.

274. Caps. — Les principaux caps de l'Asie sont :

1° Le cap *Sacré* ou *Sévéro-Vostotchnii*, au nord de l'Asie ;

2° Le cap *Oriental*, en face du détroit de Behring ;

3° Le cap *Lopatka*, au sud du Kamtchatka ;

4° Le cap de la *Providence*, au sud de la Corée ;

5° Le cap *Cambodge*, à l'est du golfe de Siam ;

6° Le cap *Romania*, au sud de la presqu'île de Malaka ;

7° Le cap *Négrais*, à l'ouest du golfe de Martaban ;

8° Le cap *Comorin*, au sud de l'Hindoustan ;

9° Le cap *Ras-el-Gat*, à l'entrée du détroit d'Ormuz ;

10° Le cap *Baba*, à l'ouest de l'Anatolie.

275. Orographie, relief du sol, systèmes de montagnes. — Les chaînes de montagnes qui parcourent l'Asie dans toutes les directions, mais surtout de l'ouest à l'est, ont été divisées en cinq systèmes : 1° le système *Ouralien*, qui se rattache aux montagnes de l'Europe ; — 2° le système *Caucasique*, qui s'étend sur l'Anatolie et la Syrie ; — 3° le système *Arabique*, formé de montagnes peu élevées en Arabie ; — 4° le système *Indien*, qui appartient à l'Hindoustan ; — 5° le système *Himalayen*, le plus considérable de tous, qui couvre l'Asie centrale, et qui se termine d'un côté au cap Oriental, de l'autre au cap Romania.

276. Chaînes de montagnes. — Les chaînes de montagnes les plus remarquables de ces cinq systèmes sont :

1° Les monts *Ourals*, qui courent pendant 2,000 kilom. du nord au sud entre l'Europe et l'Asie, et dont la partie septentrionale porte le nom de monts *Poyas ;*

2° La double chaîne du *Grand Altaï* et du *Petit Altaï*, au sud de la Sibérie, qui se rattache aux monts Ourals par l'*Ouloug-Tagh* et qui court à l'est par les monts *Iablonoï* et *Stanovoï* jusqu'au cap Oriental, pendant 6,000 kilomètres ;

3° Les monts de la *Chine* et du *Khoukhou-noor*, qui séparent le grand désert central du Thibet et de la Chine et qui projettent en Chine plusieurs rameaux ;

4° Les monts *Himalaya*, les plus élevés du globe, qui courent au nord de l'Hindoustan, de l'est à l'ouest, pendant 2,000 kilomètres ;

5° Les monts de l'*Indo-Chine*, qui se détachent en partie de l'Himalaya, courent en plusieurs branches du nord au sud et se terminent au cap Romania ;

6° Les monts *Ghâtes*, orientaux et occidentaux, qui parcourent du nord au sud la presqu'île de l'Hindoustan jusqu'au cap Comorin, et dont les monts *Windhya* forment le rameau central ;

7° Les monts *Bolor*, qui courent du sud au nord, à l'ouest du plateau central, et se rattachent aux monts *Célestes* ou *Thian-chan*, qui vont de l'ouest à l'est ;

8° Les monts *Soliman*, ceinture occidentale du bassin du Sind ou Indus ;

9° Les monts *Hindou-Kousch*, qui continuent la chaîne de l'Himalaya à l'ouest, et la relient au Caucase par les monts du *Khoraçan* et les monts *Elbrouz* ;

10° La chaîne du mont *Caucase*, qui va de l'est à l'ouest depuis la mer Caspienne jusqu'à la mer Noire ;

11° La chaîne du mont *Taurus*, qui parcourt l'Anatolie de l'est à l'ouest ;

12° Les monts *Liban* et *Anti-Liban*, qui longent la côte orientale de la Méditerranée ;

13° La chaîne *Arabique*, qui contourne les côtes de la péninsule, et forme le massif du *Sinaï*, dans la presqu'île entre les deux golfes de la mer Rouge, au S. de l'isthme de Suez.

277. Monts et Pics. — Les monts et les pics les plus remarquables des montagnes de l'Asie sont :

1° Le mont *Everest* (8,800 m.), la plus haute montagne du globe ; le pic *Karakorum* (8,600 m.), le *Kintchin-Djounga* (8,580 m.), le *Dhawalagiri* (8,200 m.), le *Nanda-Devi* (7,800 m.), dans la chaîne de l'Himalaya ;

2° Le pic de *Démavend* (6,500 m.), dépendance des monts Bolor ;

3° Le *Koh-i-baba* (5,500 m.), dans l'Hindou-Kousch ;

4° L'*Elbrouz* (5,600 m.), dans le Caucase ;

5° L'*Ararat* (5,100 m.), à l'extrémité orientale du Taurus.

278. Volcans. — L'Asie n'a que trois volcans en activité, tous trois dans le Kamtchatka ; le principal est le *Klutchevskoï* (4,900 m.). On trouve les traces de plusieurs volcans dans les monts Célestes et l'Altaï.

279. Hydrographie, ligne de partage des eaux. — La ligne de partage des eaux, qui n'est autre chose que la ligne

de faîte, court de l'isthme de Suez, au S. O., au détroit de
Behring, au N. E. ; elle atteint le Taurus par le Liban et suit,
en se dirigeant à l'est, les monts de l'Arménie, l'Elbrouz, les
monts du Khoraçan et de l'Hindou-Kousch ; là elle se bifurque :
au sud, elle continue par les monts Himalaya et les monts de
l'Indo-Chine ; au nord, par les monts Bolor, le Grand Altaï et
les monts Iablonoï.

280. Versants et Bassins. — La ligne de faîte des eaux,
avec ses ramifications, divise l'Asie en quatre grands versants
et deux petits versants, auxquels il faut ajouter deux plateaux :

1° Le *versant septentrional*, tributaire de l'océan Glacial
arctique ;

2° Le *versant oriental*, tributaire de l'océan Pacifique ;

3° Le *versant méridional*, tributaire de l'océan Indien ;

4° Le *versant occidental*, tributaire de la mer Méditerranée ;

5° Le *versant de la mer Caspienne;*

6° Le *versant de la mer d'Aral;*

7° Le *plateau central*, dont les eaux vont se perdre dans les
lacs Lob et Khou-khou-noor ;

8° Le *plateau de la Perse* ou d'*Iran*, dont les eaux se perdent
dans le lac Zerrah.

Les fleuves de chaque versant forment autant de bassins
distincts.

281. Fleuves. — Les grands fleuves qui arrosent l'Asie sont
tributaires, suivant le versant auquel ils appartiennent, de
l'océan Glacial arctique, de l'océan Pacifique, de l'océan Indien
ou de la mer Méditerranée.

Les principaux fleuves qui se rendent dans l'océan Glacial
arctique sont :

1° L'*Obi*, qui se jette dans le golfe du même nom ;

2° L'*Iénisséi*, dont l'embouchure est à l'est de celle de
l'Obi ;

3° La *Léna*, qui a son embouchure en face des îles Liakhov.

Les principaux fleuves qui se rendent dans l'océan Pacifique et les mers qui en dépendent sont :

1° L'*Anadyr*, tributaire de la mer de Behring ;

2° L'*Amour* ou *Sakhalien*, qui se jette dans la mer d'Okhotsk ;

3° Le *Péi-ho*, qui finit dans le golfe du Pé-tchili ;

4° Le *Hoang-ho* ou fleuve *Jaune*, dont l'embouchure est également dans le golfe du Pé-tchili ;

5° Le *Yang-tse-kiang* ou fleuve *Bleu*, qui se rend dans la mer Bleue en aval de Nan-king ;

6° Le *Tchu-kiang* ou *rivière de Canton*, qui se jette dans la mer de la Chine au-dessous de Canton ;

7° Le *Meï-kong* ou *Cambodge*, qui a son embouchure dans la mer de la Chine à l'entrée du golfe de Siam ;

8° Le *Meïnam*, qui se jette dans le golfe de Siam.

Les principaux fleuves qui se rendent dans l'océan Indien et les mers qui en dépendent sont :

1° Le *Salouen*, qui se jette dans le golfe de Martaban ;

2° L'*Iraouaddy*, qui finit au cap Négrais ;

3° Le *Gange*, qui finit au fond du golfe du Bengale ;

4° Le *Godavéry*, qui se jette dans le même golfe ;

5° Le *Kistnah*, qui a son embouchure un peu au-dessous du précédent ;

6° La *Nerbuddah*, qui se jette dans le golfe de Cambaye ;

7° Le *Sind* ou *Indus*, qui finit dans la mer d'Oman ;

8° L'*Euphrate*, qui se jette dans le golfe Persique, après avoir reçu le *Tigre :* la réunion de ces deux fleuves prend le nom de *Chat-el-Arab.*

Les principaux fleuves qui se rendent dans la mer Méditerranée et les mers qui en dépendent sont :

1° L'*Oronte*, qui se rend dans le golfe d'Alexandrette ;

2° Le *Meïender* ou *Méandre*, qui se jette dans la mer de l'Archipel au sud de l'île de Samos ;

3° Le *Kyzil-Ermak*, qui se jette dans la mer Noire à l'est de Sinope ;

4° Le *Rioni*, qui se rend dans la même mer à Poti.

Les principaux fleuves appartenant aux petits versants de la mer Caspienne et de la mer d'Aral sont :

1° L'*Oural*, qui se jette dans la mer Caspienne, à son extrémité septentrionale;

2° Le *Kour*, qui finit dans la mer Caspienne à l'ouest;

3° L'*Amou-Daria* ou *Djihoun*, qui se rend dans la partie sud de la mer d'Aral;

4° Le *Syr-Daria* ou *Sihoun*, qui finit dans la même mer au nord, par la rive orientale.

Les principaux cours d'eau qui arrosent les plateaux de l'Asie sont :

1° Le *Yarkand* ou *Tarim*, tributaire du lac Lob, dans le plateau central;

2° L'*Helmend*, tributaire du lac Zerrah, dans le plateau de la Perse;

3° Le *Jourdain*, tributaire du lac Asphaltite, dans le plateau du Liban.

282. Lacs. — Les principaux lacs de l'Asie sont :

1° Le lac *Balkach*, à l'ouest des monts Altaï;

2° Le lac *Issi-kul*, au sud-est du précédent;

3° Le lac *Baïkal*, au nord des monts Iablonoï;

4° Le lac *Zerrah* ou *Hamoun*, dans le plateau de la Perse;

5° Le lac *Lob*, dans le plateau central;

6° Le lac *Khou-khou-noor*, dans le même plateau;

7° Le lac *Tengri-noor*, au nord de l'Himalaya;

8° Les deux lacs *Kara-kul* et le lac *Seri-kul*, au pied des monts Bolor;

9° Le lac *Ourmiah*, au nord-ouest de la Perse;

10° Le lac de *Van*, à l'ouest de la mer Caspienne;

11° Le lac *Asphaltite* ou *mer Morte*, au sud du mont Liban;

12° Le lac de *Génésareth* ou *mer de Galilée*, au nord du lac Asphaltite.

Exercices. Le maître fera les démonstrations au tableau noir et sur la carte; il fera un tracé de l'Asie et indiquera la situation des mers, golfes, détroits, etc., dont il vient d'être parlé. Les élèves copieront et mettront au net le tracé.

CHAPITRE XVI.

Versants et Bassins de l'Asie.'— Versant septentrional. — Versant oriental. — Versant méridional. — Versant occidental. — Versant de la mer Caspienne. — Versant de la mer d'Aral. — Plateau central. — Plateau de la Perse. — Aspect général de l'Asie; climat.

Versants et Bassins de l'Asie.

283. Versants et Bassins. — Les six versants et les deux plateaux de l'Asie comprennent chacun autant de bassins qu'il y a de fleuves importants qui les arrosent.

Versant septentrional, tributaire de l'océan Glacial arctique.

284. Ceinture du versant septentrional. — Le *versant septentrional de l'Asie*, tributaire de l'océan Glacial arctique, est formé : 1° par la pente orientale des monts Poyas et Ourals; 2° par la pente septentrionale des monts Ouloug-Tagh, Altaï, Iablonoï et Stanovoï. Les points extrêmes sont le cap Waïgatz, à l'O., qui appartient à l'Europe, et le cap Oriental, à l'E.

285. Bassins du versant septentrional. — Le versant septentrional forme trois bassins importants : 1° l'*Obi*, 2° l'*Iénisséi*, 3° la *Léna*.

1° L'*Obi* descend du Petit Altaï, coule en général du S. E. au N. O., arrose Kolyvan, Sourgout, et finit dans le golfe de l'Obi, après un cours de 3,500 kilomètres. Il reçoit comme affluents principaux : 1° à droite, le *Tom*, qui passe à Tomsk ; 2° à gauche, l'*Irtysch*, rivière importante qui descend du Grand Altaï, traverse le lac Saïsan, arrose Omsk et se grossit à gauche de l'*Ichim* et du *Tobol;* au confluent du Tobol se trouve Tobolsk, capitale de la Sibérie.

2° L'*Iénisséi* prend sa source dans le plateau que forment les deux Altaï, coule en général du S. au N., et finit par un large golfe après un cours de 3,500 kilomètres. Il reçoit à droite : 1° l'*Angara*, qui sort du lac Baïkal et arrose Irkoutsk ; 2° les deux *Tongouska*.

3° La *Léna* descend des hauteurs qui bordent le lac Baïkal à l'O., court du S. O. au N. E., arrose Iakoutsk, reçoit comme affluent principal l'*Aldan* par la droite et finit, au milieu d'un grand nombre d'îles, en face des îles Liakhov.

Versant oriental, tributaire de l'océan Pacifique.

286. Ceinture du versant oriental. — Le *versant oriental de l'Asie*, tributaire de l'océan Pacifique ou Grand Océan, est formé : 1° par le revers méridional des monts Stanovoï et Iablonoï; 2° par la pente orientale des monts de la Chine et de l'Indo-Chine. Ses points extrêmes sont le cap Oriental, au N.E., et le cap Romania, au S. E.

287. Bassins du versant oriental. — Le versant oriental forme huit grands bassins : 1° l'*Anadyr;* 2° l'*Amour;* 3° le *Péi-ho;* 4° le *Hoang-ho;* 5° le *Yang-tse-kiang;* 6° le *Tchu-kiang;* 7° le *Meï-kong;* 8° le *Meïnam.*

1° L'*Anadyr* prend sa source dans les monts Stanovoï, coule de l'O. à l'E. et se jette dans le golfe qui porte son nom.

2° L'*Amour* ou *Sakhalien* se forme de deux rivières, sorties des ramifications des monts Iablonoï, qui s'unissent à Buklanova pour couler de l'O. à l'E., sert en partie de limites entre la Chine et la Sibérie, pénètre dans cette dernière contrée et finit en face de l'île Tarrakaï, après un cours de 3,000 kilomètres.

3° Le *Péi-ho* descend des monts de la Chine, coule à l'E., reçoit le *Yu-ho*, qui arrose Pé-king, capitale de l'empire Chinois, et se jette dans le golfe du Pé-tchili; il est joint au Hoangho par le canal Impérial.

4° Le *Hoang-ho* descend des monts du Khou-khou-noor, se dirige du S. O. au N. E., puis au S. et à l'E., et se relève du S. au N. pour finir dans le golfe du Pé-tchili, après un cours de 3,000 kilomètres. Il est coupé quatre fois par la muraille de la Chine, ouvrage prodigieux de 2,500 kilomètres de longueur sur 8 mètres de hauteur.

5° Le *Yang-tse-kiang*, qui semble naître dans le Haut-Thibet, coule du N. O. au S. E., puis au N. E., traverse plusieurs lacs, arrose Nan-king, et finit dans la mer Bleue, après un cours de 4,000 kilomètres.

6° Le *Tchu-kiang* coule de l'O. à l'E., arrose Canton, et finit après un cours de 780 kilomètres dans le golfe de Canton, à l'entrée duquel est Macao, appartenant aux Portugais.

7° Le *Meï-kong* prend sa source dans les monts du Khou-khou-noor, coule du N. au S., arrose Cambodge et finit par plusieurs embouchures dans la mer de la Chine.

8° Le *Meïnam* descend des montagnes de Siam, court du N. au S., arrose Siam, et finit dans le golfe de Siam au-dessous de Bangkok.

Versant méridional, tributaire de l'océan Indien.

288. Ceinture du versant méridional. — Le *versant méridional de l'Asie*, tributaire de l'océan Indien, est formé : 1° par la pente occidentale des montagnes de Malaka ; 2° par les mêmes pentes des montagnes de Siam ; 3° par la pente méridionale des monts Himalaya et Hindou-Kousch ; 4° par les mêmes pentes des montagnes de la Perse et de l'Arménie ; 5° par la pente orientale des montagnes de la Syrie et de l'Arabie occidentale. Ses deux points extrêmes sont le cap Romania, à l'E., et le cap Bab-el-Mandeb, à l'O.

289. Bassins du versant méridional. — Le versant méridional forme huit bassins importants : 1° le *Salouen* ; 2° l'*Iraouaddy* ; 3° le *Gange* ; 4° le *Godavéry* ; 5° le *Kistnah* ; 6° la *Nerbuddah* ; 7° le *Sind* ou *Indus* ; 8° le *Chat-el-Arab*, formé de l'*Euphrate* et du *Tigre*.

1° Le *Salouen* sort de la pente occidentale des monts de l'Indo-Chine et coule du N. au S. jusqu'à son entrée dans le golfe de Martaban, formé par celui du Bengale.

2° L'*Iraouaddy* sort de la pente N. de l'Himalaya, coule d'abord de l'O. à l'E., passe près de Lhassa, franchit l'Himalaya pour couler du N. au S., arrose Amarapoura et Pégou et finit, après un cours de 3,000 kilom., par quatorze embouchures qui occupent 400 kil. de côtes, et dont l'une passe à Rangoun.

3° Le *Gange* sort de la pente méridionale de l'Himalaya, fait de nombreuses chutes, coule du N. O. au S. E., arrose Allahabad, Bénarès, Patna, s'incline ensuite au S. pour se diviser en une multitude de branches ; la plus occidentale, qu'on nomme l'*Hougly*, arrose Chandernagor, qui appartient à la France, et Calcutta, capitale des possessions anglaises de l'Inde. Son cours est de 2,500 kilomètres. Ses bouches occupent 250 kilom. de côtes.

Les affluents de gauche sont : 1º le *Brahmapoutre*, qui semble sortir de l'extrémité orientale de l'Himalaya, pour couler du N. au S. jusqu'à son confluent avec la branche orientale du Gange ; 2º la *Gogra*, qui arrose Oude ; 3º le *Gundouk*, qui prend sa source près de Catmandou, capitale du Népaul. — Le principal affluent de droite est la *Djemnah*, qui sort des monts Himalaya, coule du N. au S., arrose Dehly et Agrah, tourne à l'E. et reçoit un grand nombre d'affluents sortis des monts Windhya.

4º Le *Godavéry* descend des monts Ghâtes occidentaux, coule du N. O. au S. E. et finit par plusieurs bouches sur l'une desquelles est Yanaon, établissement français.

5º Le *Kistnah* coule de l'O. à l'E. et finit par plusieurs bouches au-dessous de Masulipatam. Son principal affluent est le *Bimah*, qui arrose Pounah.

6º La *Nerbuddah* prend sa source aux monts Windhya, coule de l'E. à l'O. et se jette dans le golfe de Cambaye.

7º Le *Sind* ou *Indus* sort du revers septentrional de l'Himalaya, court du S. E. au N. O., arrose Leï, capitale du Ladak ou Petit-Thibet, sort du plateau par plusieurs brèches, coule au S. O., passe à Haïder-Abad, capitale du Sindhy, et à Tattah, où il se partage en plusieurs branches qui embrassent un delta de 200 kilomètres, et finit dans la mer d'Oman, après un cours de 3,500 kilomètres.

Le principal affluent de gauche est le *Pendjab*, réunion de cinq rivières coulant dans la même direction du N. E. au S. O. et dont la plus orientale et la plus considérable est le *Setledje*, qui sort du lac Mansurower, à côté du Sind, et coule au S. O. Cette dernière rivière se réunit au *Tchénab*, qui descend du versant sud-ouest de l'Himalaya, qui reçoit à droite le *Djalem*, passant à Cachemire, et à gauche le *Ravy*, passant à Lahore, ancienne capitale des Sykhs, et qui arrose ensuite Moultan. — Le seul affluent remarquable de droite est le *Kaumeh*, qui arrose Caboul, capitale des Afghans.

8º L'*Euphrate* prend sa source près d'Erzeroum, coule au S. O., arrose Racca et Hannah, laisse sur sa droite un désert au

nord duquel se trouvent à Tadmor les ruines de Palmyre,
fondée par Salomon ; de là il se dirige de plus en plus au S. O.,
arrose Hellah, bâtie sur les ruines de Babylone, et se réunit au
Tigre à Karnah. Ce fleuve reçoit : à l'O.; le *Karasou*, qui baigne
Malatia ; à l'E., la *Billicha*, qui arrose Harran et laisse au N. E.
Orfa.

Le *Tigre* ou *Didjlet* descend d'une branche du Taurus, arrose
Mossoul et Bagdad ; au-dessous de cette ville, il est séparé de
l'Euphrate par une riche plaine coupée de canaux. Ce fleuve
reçoit à l'E. le *Zarb*, qui a dans son bassin Arbil (Arbelles),
célèbre par la victoire d'Alexandre sur les Perses.

La réunion du *Tigre* et de l'*Euphrate* prend le nom de *Chat-
el-Arab* (fleuve des Arabes), arrose Bassorah, se partage en plusieurs branches qui forment un delta de 60 kilomètres et finit
dans le golfe Persique ; le bras du sud-est reçoit le *Kérah*, qui
passe auprès des ruines de Suse.

Versant occidental, tributaire de la Méditerranée.

290. Ceinture du versant occidental.— Le *versant occidental de l'Asie*, tributaire de la mer Méditerranée, est formé
par la pente occidentale du Liban, la pente septentrionale des
montagnes d'Arménie et la pente occidentale du Caucase. Ce
versant se subdivise en trois parties : 1° le *versant occidental du
Liban* ou *de la Syrie;* 2° le *versant du Taurus* ou *d'Anatolie;*
3° le *versant sud-ouest du Caucase.*

291. Versant et bassins du Liban.—Les bassins remarquables de ce versant sont formés par : 1° l'*Oronte*, qui sort du revers
oriental de l'Anti-Liban, coule parallèlement à cette chaîne du
S. E. au N. O., arrose Hamah, tourne à l'O., passe à Antakieh
(Antioche) et finit dans le golfe d'Alexandrette ; — 2° le *Jourdain*, qui sort du mont Hermon, sur le revers occidental de
l'Anti-Liban, traverse le lac de Génésareth, coule vers le S.
dans le plateau du Liban et se jette dans le lac Asphaltite, après
un cours de 160 kilomètres.

292. Versant et bassins du Taurus. — Les bassins remarquables de ce versant sont formés par : 1° le *Meïender* ou

rivière aux nombreuses sinuosités ; 2° le *Kyzil-Ermak*, le fleuve le plus considérable de l'Anatolie, qui prend sa source dans le Taurus, coule de l'E. à l'O., passe près de Kaïsarieh, se dirige au N. et finit dans la mer Noire.

293. Versant et bassin du Caucase. — Le seul bassin remarquable du versant sud-ouest du Caucase est le *Rioni*, qui arrose la Mingrélie, passe à Koutaïs et finit à Poti dans la mer Noire.

Versant de la mer Caspienne.

294. Versant et bassins de la mer Caspienne. — La partie asiatique du *versant de la mer Caspienne* s'étend à l'ouest et au sud de cette mer et renferme deux bassins importants : 1° l'*Oural*, qui prend sa source dans les montagnes de son nom, coule au S., sert de limite à l'Europe et à l'Asie et se jette dans la mer Caspienne, à son extrémité septentrionale ; — 2° le *Kour*, qui naît dans les montagnes de l'Arménie, coule au N. E. et au S. E., arrose Tiflis, capitale de la Géorgie, et a pour principal affluent l'*Aras*, qui sort des mêmes montagnes et arrose Érivan, capitale de l'Arménie russe.

Versant de la mer d'Aral.

295. Versant et bassins de la mer d'Aral. — Le *versant de la mer d'Aral* s'étend à l'ouest du plateau central et renferme deux bassins remarquables : 1° l'*Amou-Daria* ou *Djihoun*, qui prend sa source dans les montagnes de la ceinture occidentale du plateau central, coule de l'E. à l'O., passe près de Balkh et de Khiva, et remonte au N. pour se jeter dans la mer d'Aral après un cours de 1,200 kilomètres ; — 2° le *Syr-Daria* ou *Sihoun*, qui descend des monts Thian-chan, coule du S. E. au N. O., arrose Khokand et finit dans la mer d'Aral par plusieurs embouchures après un cours de 1,200 kilomètres.

Plateau central.

296. Ceinture du Plateau central. — Le *plateau central* est une immense suite de déserts et de plaines sablonneuses talu-

tés au N. par les monts Altaï et Iablonoï, à l'E. par les monts
de la Chine et du Khou-khou-noor, au S. par les monts du
Thibet, à l'O..par les monts Bolor. On trouve dans ce plateau
nombre de lacs dans lesquels se perdent différents cours d'eau
qui l'arrosent. Le plus important de ces cours d'eau est le *Yar-kand* ou *Tarim*, qui a un cours d'environ 200 kilomètres, reçoit
plusieurs affluents et va se jeter dans le lac Lob.

Plateau de la Perse.

297. Ceinture du Plateau de la Perse. — Le *plateau de la
Perse* ou *d'Iran* est taluté au S. par les monts du Farsistan,
à l'E. par les monts Soliman, au N. par l'Hindou-Kousch et à
l'O. par les monts de l'Arménie. L'*Helmend*, qui arrose ce plateau, se jette dans le lac Zerrah ou Hamoun.

298. Aspect général de l'Asie; climat. — L'Asie, qui
touche presque à l'équateur, qui s'étend jusqu'au 78e degré de
latitude, et dont le centre est occupé par les plus hautes montagnes du globe, doit offrir et offre en effet les plus grandes
variétés de température.

La région du nord ou zone sibérienne est très-froide pendant
l'hiver et se couvre d'épais brouillards pendant l'été. La région
de l'est, sur l'océan Pacifique, jouit d'un climat doux et salubre
qui favorise toute espèce de culture. La région de l'ouest, sur
la Méditerranée, a une température qui est semblable à celle du
midi de l'Europe. Les régions du sud et du sud-ouest, où les
chaleurs sont tropicales, ne connaissent que deux saisons : celle
d'avril à novembre, qui est pluvieuse et malsaine, et celle du
reste de l'année, qui est très-sèche et où des nuits froides
succèdent souvent à des jours d'une grande chaleur.

Exercices. Le maître démontrera au tableau noir et sur la carte
murale; il fera le tracé des versants et bassins dont il vient d'être
parlé. Les élèves copieront et mettront au net le tracé.

12.

CHAPITRE XVII.

Asie politique et économique.

Notions générales. — Grandes Divisions. — Populations, Races, Langues. — Gouvernements, Religions. — Productions agricoles et minérales. Industrie et commerce.

299. Notions générales. — L'Asie est la plus grande et la plus peuplée des trois parties de l'ancien continent. Elle a été le berceau du monde et de la civilisation et le siége des premiers empires ; elle est la patrie de la race blanche, qui domine aujourd'hui dans la population du globe. Son ancienne civilisation est restée stationnaire, et n'a pas fait de progrès depuis des siècles. Actuellement, la moitié de son vaste territoire est sous la domination des puissances européennes, principalement de la Turquie, de la Russie et de l'Angleterre. De l'Asie sont sorties les nations qui ont peuplé et conquis l'Europe.

300. Grandes Divisions. — L'Asie se divise en onze contrées principales, savoir :

Région septentrionale. . . . . | 1° La *Russie d'Asie*.

Région orientale . . . . { 2° Le *Japon*. / 3° La *Chine*. / 4° L'*Indo-Chine*.

Région méridionale. . . . . { 5° L'*Hindoustan*. / 6° Le *Béloutchistan*. / 7° L'*Afghanistan*.

Région occidentale . . . . . { 8° La *Perse*. / 9° Le *Turkestan*. / 10° La *Turquie d'Asie*. / 11° L'*Arabie*.

301. Population, Races, Langues. — La population de l'Asie est mal connue : on estime qu'elle s'élève à sept cent soixante millions d'habitants, qui se partagent entre la race jaune (Chinois, Japonais, Mongols, Mandchoux, etc.) et la race blanche (Hindous, Persans, Turcs, Arabes, Arméniens, Géorgiens,

Grecs, etc.). On rencontre aussi en Asie quelques Malais et quelques nègres.

Les principaux idiomes de l'Asie sont : le turc, l'arabe, l'arménien, le persan, l'indoustani, le chinois, le japonais, etc. Le russe et l'anglais sont très-répandus dans les contrées qui appartiennent à la Russie et à l'Angleterre.

302. Gouvernements, Religions. — Parmi les peuples de l'Asie, les uns sont soumis aux puissances européennes, les autres sont indépendants sous des gouvernements despotiques.

Les Asiatiques, restés étrangers aux progrès de la civilisation européenne, ont conservé généralement leurs anciennes religions. Les principales sont : le bouddhisme (Chine, Japon, Indo-Chine), le brahmanisme (Hindoustan), le lamisme (Thibet, plateau central), le sabéisme (Perse, Hindoustan). La doctrine de Confucius a un grand nombre de sectateurs en Chine et au Japon. Le mahométisme domine dans les parties occidentales (Arabie, Turquie d'Asie, Perse), où il a pris naissance. Le christianisme compte de nombreux adhérents dans la Turquie d'Asie, la Transcaucasie, la Sibérie, l'Hindoustan, l'Indo-Chine, la Chine et le Japon.

303. Productions agricoles et minérales. Industrie et Commerce — La variété de température suivant les différentes zones entraîne une grande variété dans les productions. L'igname-patate, originaire de l'Inde et de la Chine, est pour la population un précieux aliment. Le café croît au sud de l'Arabie. La côte de Malabar donne le poivre. L'île de Ceylan produit la cannelle. Le sucre, le riz, le pavot (opium), le coton, l'indigo, abondent dans les régions méridionales. La Chine fournit du thé au monde entier. La vigne, le figuier, l'olivier et l'oranger prospèrent dans l'Anatolie. La Sibérie n'a que des forêts et des mousses ; on ne trouve quelque culture que dans la partie méridionale de cette grande région. Les Indes donnent des diamants, des pierres précieuses et de l'or. La Chine possède des mines de zinc et de mercure. L'étain abonde dans la presqu'île de Malaka, et le cuivre dans les îles du Japon.

- Les fleuves du nord sont très-poissonneux ; ceux du sud nourrissent le crocodile. On trouve dans les forêts d'énormes serpents, entre autres le boa. La Sibérie a le renne, l'ours blanc, le loup, la martre et l'hermine. L'huître à perles se pêche dans le golfe Persique et dans les parages de l'île de Ceylan. L'Inde et la Chine ont le ver à soie, le tigre, le rhinocéros et l'éléphant. Le Thibet a une espèce de chèvre dont le poil sert à fabriquer les châles de Cachemire. Les hauteurs de l'Himalaya ont pour habitants l'aigle, le faisan, le paon, le vautour. L'Arabie élève des chevaux estimés et des chameaux qui servent à traverser les déserts.

L'industrie manufacturière est sans importance. Elle se borne en général à la fabrication d'étoffes de soie, de châles cachemires, de tapis, d'objets en laque, de porcelaines chinoises et japonaises, que recherche l'Europe. Le commerce intérieur se fait par les fleuves, mais plus souvent encore par les caravanes à travers les déserts et les gorges des montagnes. Le commerce extérieur est aux mains des Européens et des Américains. Il se fait par les Échelles du Levant dans la Méditerranée et la mer Noire, par des services réguliers de paquebots français et anglais avec les grands ports de l'océan Indien et de l'Asie orientale et de paquebots américains avec le Japon et la Chine. L'ouverture du canal de Suez a rendu les communications plus rapides avec l'Europe et entre les côtes occidentales et méridionales de l'Asie.

Exercices. Le maître fera les démonstrations au tableau noir et sur la carte murale et relèvera les divisions politiques actuelles de l'Asie. Les élèves copieront et mettront au net.

CHAPITRE XVIII.

Région septentrionale. — Russie d'Asie. — Région orientale. — Japon. — Chine.

Russie d'Asie[1].

304. Notions générales. — La *Russie d'Asie*, qui forme par son étendue une partie importante de l'empire Russe et compte environ 8 millions d'habitants, comprend trois pays

1. Voir à l'Europe (p. 155) l'Empire russe.

séparés : 1° la *Sibérie*, 2° la *Transcaucasie*, 3° le *Turkestan russe*.

305. Sibérie, villes principales. — La *Sibérie* occupe tout le versant septentrional de l'Asie et la partie nord-est du versant oriental. Son étendue égale celle de l'Europe. Sa longueur de l'O. à l'E. est d'environ 8,500 kilomètres, et sa largeur du N. au S. de 3,000 kilomètres. Sa superficie est de 14,000,000 de kilomètres carrés. Ses limites sont : au N., l'océan Glacial arctique; à l'E., le détroit de Behring et l'océan Pacifique; au S., l'Amour et l'Oussouri, dernier affluent de droite de l'Amour, jusqu'à la baie Victoria, les monts Altaï et le Turkestan; à l'O., les monts Ourals, qui la séparent de la Russie d'Europe. La population, qui peut être évaluée à plus de 5 millions d'habitants, est en général d'origine mongole ou finnoise, à l'exception d'un certain nombre de Russes, parmi lesquels se trouvent les exilés. On y compte un grand nombre de chrétiens du rite grec et quelques idolâtres.

La Sibérie se divise en deux parties principales : la *Sibérie occidentale* et la *Sibérie orientale*. — Les villes les plus importantes sont : 1° *Tobolsk*, chef-lieu de la Sibérie occidentale, située au confluent du Tobol avec l'Irtysch, affluent de gauche de l'Obi : 20,000 habit.; — 2° *Tomsk*, grande ville de commerce, située sur le Tom, affluent de droite de l'Obi, à l'E. S. E. de Tobolsk : 24,000 habit.; — 3° *Omsk*, sur l'Irtysch, ville commerçante, au S. E. de Tobolsk : 24,500 habit.; — 4° *Irkoutsk*, chef-lieu de la Sibérie orientale, située sur l'Angara, grand affluent de l'Iénisséi et près du lac Baïkal : 27,500 hab.; — 5° *Kiachta*, entrepôt de commerce avec la Chine; — 6° *Okhotsk*, port situé sur la mer de ce nom; — 7° *Pétropaulovsk*, port situé sur la mer de Behring, dans la presqu'île de Kamtchatka; — 8° *Nikolaïevsk*, port militaire et commerçant sur l'océan Pacifique, à l'embouchure du fleuve Amour.

306. Transcaucasie, villes principales. — La *Transcaucasie* occupe les bassins du Kour et du Rioni, entre le Caucase au nord, la mer Caspienne à l'est, le prolongement des monts de l'Arménie au sud et la mer Noire à l'ouest. Sa superficie est de 200,000 kilomètres carrés. On y compte 2,500,000 habitants, d'origines très-diverses; la race la plus remarquable est celle des Géorgiens, considérés comme le type de la race blanche.

La Transcaucasie se compose de plusieurs provinces, dont les plus importantes sont la *Géorgie* et l'*Arménie russe*. — Les villes principales sont : 1° *Tiflis*, chef-lieu de la Géorgie, sur le Kour, tributaire de la mer Caspienne : 60,000 habit.; — 2° *Koutaïs*, sur le Rioni, tributaire de la mer Noire ; — 3° *Érivan*, chef-lieu de l'Arménie russe, sur l'Aras, affluent du Kour : 8,000 habit.; — 4° *Chamakhi*, située dans la partie orientale : 25,000 habit.; — *Bakou*, port sur la mer Caspienne : 5,000 habit.

307. Turkestan, villes principales.— Le *Turkestan russe*, dont l'étendue augmente rapidement, est limité au midi par l'Amou-Daria jusqu'à la mer d'Aral et ensuite par l'Ouzboï, lit de l'ancien Oxus, jusqu'à la mer Caspienne. — Il a comme villes importantes : 1° *Turkestan;* — 2° *Tachkend*, grande ville de commerce : 80,000 habit.; — 3° *Wiernojë*, près du lac Issi-koul: entrepôt de commerce avec la Chine ; — 4° *Khodjend*, sur le Syr-Daria ; — 5° *Samarcande*.

308. Agriculture, Mines, Industrie, Commerce. — La plus grande partie de la Sibérie est, par sa situation au nord, impropre à toute culture, et l'on ne cultive guère les céréales que dans sa partie méridionale ; mais le pays abonde en mines d'or, d'argent et de cuivre ; il possède aussi des mines de houille et de marbre. Le peuple y vit surtout de la chasse et de la pêche. Le principal commerce consiste dans les fourrures. Une route gardée par les Cosaques assure les relations entre la Chine et la Russie. La Transcaucasie, riche en forêts dans ses montagnes, fertile en grains, en vins, en fruits, en soie et en coton dans ses plaines et nourrissant de nombreux troupeaux, fait un échange jusqu'à présent peu considérable de l'excédant de ses produits contre des armes et contre les productions de l'industrie européenne. Le Turkestan est occupé en partie par des steppes déserts, en partie par des vallées fertiles ; il n'a point d'industrie et n'a qu'un commerce de transit.

Empire du Japon.

309. Notions générales. — Le *Japon* ou *Empire du Soleil levant* occupe au N. E. de l'Asie, dans l'océan Pacifique, une position à peu près semblable à celle des îles Britanniques au N. O. de l'Europe. Cet empire se compose d'un groupe d'îles, dont les plus importantes sont : 1° l'île de *Yéso*, au N.; 2° l'île de *Niphon*, la plus grande du Japon, au centre; 3° les îles *Sikokf* et *Kiou-siou*, au S. O. de Niphon; 4° la partie méridionale de l'archipel des *Kouriles*, situées au N. d'Yéso.

La superficie du Japon est d'environ 400,000 kilomètres carrés. Sa population s'élève à 34 millions d'habitants. Le gouvernement est une monarchie, dont le souverain se nomme mikado ; son pouvoir politique, autrefois annulé par le shogun, véritable maire du palais, et par celui des daïmios, seigneurs féodaux propriétaires du sol, est aujourd'hui rétabli dans son intégrité. On rencontre au Japon deux religions dominantes : la religion de Sinto, qui a pour base le culte des génies ; le bouddhisme, qui est la plus répandue ; on y trouve aussi des chrétiens et quelques sectateurs de Confucius. Le Japon a sa langue nationale.

Les principales villes sont : 1° *Tokio* ou *Yédo*, capitale de l'empire, grande et belle ville, située sur la côte orientale de l'île de Niphon : 700,000 habit.; — 2° *Kioto* ou *Myako*, dans le sud de Niphon : 375,000 habit.; — 3° *Osaka*, port important dans le sud de Niphon, sur la baie de Myako : 300,000 habit.; — 4° *Yokohama*, dans la baie de Yédo, centre du commerce étranger, station extrême des paquebots européens et américains ; — 5° *Matsmaï*, située dans l'île de Yéso, avec un port de commerce ; — 7° *Nangasaki*, port sur la côte occidentale de l'île de Kiou-siou ; — 8° *Kagosima*, au sud de la même île, 200,000 habit.

310. Agriculture, Mines, Industrie, Commerce.—Le Japon, ouvert aux Portugais et aux missionnaires chrétiens dans le seizième siècle, ferma depuis ses portes aux nations européennes et défendit l'exercice du christianisme ; les Hollandais seuls avaient le droit de commercer à Myako. Les traités de 1858 ont rendu six villes au commerce avec l'Europe et les États-

Unis. Depuis cette époque le Japon se civilise rapidement et entretient les meilleurs rapports avec les Européens et les Américains. L'agriculture y est développée. Le thé, le riz, les gommes, le coton, le mûrier, sont les principales cultures. De riches mines d'or, d'argent, de fer, d'étain et surtout de cuivre sont habilement exploitées. Les étoffes de coton et de soie, les porcelaines, les laques, sont les produits de l'industrie japonaise les plus recherchés en Europe.

Empire Chinois.

311. Notions générales. — L'*empire Chinois*, nommé aussi l'*empire du Milieu* et le *Céleste Empire*, l'État le plus étendu du monde après la Russie, comprend la plus grande partie du versant oriental de l'Asie, tout le plateau central, une petite partie du versant méridional et quelques îles dans l'océan Pacifique. Ses limites sont : au N., la Sibérie ; à l'E., l'océan Pacifique, qui forme sur ses côtes la mer du Japon, la mer Jaune, la mer Orientale ou Bleue et la mer de Chine ; au S., l'empire d'Annam, le royaume de Siam, l'empire Birman et l'Hindoustan ; à l'O., le Turkestan.

La superficie de la Chine est de 10,000,000 de kilomètres carrés, et sa population, qu'on ne connaît qu'imparfaitement, est estimée à 425 millions. Le gouvernement y est absolu ; le chef suprême est appelé souverain du Céleste Empire. La religion de Confucius est celle de l'État et des lettrés : l'empereur en est le souverain pontife ; mais la majorité de la population professe le bouddhisme. On y compte un certain nombre de chrétiens depuis la proclamation de la liberté des cultes.

L'empire Chinois se divise en deux parties : la *Chine proprement dite*, les *pays tributaires*.

312. Chine proprement dite, villes principales. — La *Chine proprement dite* s'étend dans la partie moyenne du versant oriental et occupe les grands bassins du Hoang-ho (fleuve Jaune), au nord, et du Yang-tse-kiang (fleuve Bleu), au centre ; elle possède de nombreuses routes et des canaux, dont le plus important est le canal Impérial, qui a près de 3,000 kilomètres et qui fait communiquer Chang-haï avec Pé-king. On trouve dans la partie nord, sur la frontière de la Mongolie, la fameuse grande muraille, qui a plus de 2,500 kilomètres de développement; construite vers l'an 244 avant J. C. pour protéger la Chine contre l'invasion des Tartares, cette muraille n'est plus entretenue et tombe en ruines. La Chine proprement dite est divisée administrativement en dix-huit grandes provinces gouvernées par des vice-rois. C'est le pays qui possède les villes les plus peuplées.

Les villes principales sont: 1° *Pé-king*, capitale de l'empire, située au N. E. et près du golfe du Pé-tchili, dans une grande plaine, sur le Yu-ho, petit affluent du Péi-ho : 1,800,000 habit.; — 2° *Tien-tsin*, port maritime sur le Péi-ho, ville industrieuse et commerçante, servant de port à Pé-king : 400,000 hab.; — 3° *Tching-tou-fou*, centre du commerce avec le Thibet : 800,000 hab.; — 4° *Nan-king*, grande ville bâtie sur le Yang-tse-kiang, au S. de Pé-king: 1,000,000 d'habit.; — 5° *Chang-haï*, grande ville de commerce, port maritime situé à l'E., près de l'embouchure du Yang-tse-kiang dans la mer Bleue, station des paquebots européens: 500,000 hab.; — 6° *Sou-tcheou-fou*, sur le canal Impérial, très-grande et très-importante ville d'industrie : 1,000,000 d'hab.; — 7° *Yan-tcheou-fou*, sur le Grand canal : 800,000 d'hab.; — 8° *Fou-tcheou*, port maritime près de la mer Bleue : 600,000 habit.; — 9° *Canton*, excellent port situé dans le S., à l'embouchure du Tchu-kiang dans la mer de la Chine : 1,200,000 hab.

A la Chine propre se rattachent l'île *Formose*, située au N. de la mer de la Chine, et l'île *Haïnan*, qui occupe l'entrée du golfe du Tonkin.

Les Portugais possèdent l'île de *Macao*, 35,000 hab., à l'entrée de la baie de Canton, et les Anglais, l'île de *Hong-kong*, à l'E. de celle de Macao, avec la ville de *Victoria*, 125,000 hab.

313. Pays tributaires, villes principales. — Les pays tributaires sont : la *Corée*, la *Mandchourie*, la *Mongolie*, la *Dzoungarie*, la *Petite Boukharie*, le *Thibet*, le *Boutan*, et les îles *Lieou-khieou*. La population de ces pays s'élève à près de 30 millions.

1° La presqu'île de *Corée*, qui s'avance entre la mer Jaune et la mer du Japon, au N. E. de la Chine, a pour chef-lieu *Hang-ching*, située dans l'intérieur. Cet État tend à devenir indépendant.

2º La *Mandchourie* s'étend au N. E. de la Chine et est arrosée par le *Soungari*, principal affluent de l'Amour. — Les villes principales sont : 1º *Moukden*, ancienne capitale des empereurs mandchoux ; 2º *Niutschang*, port sur le golfe du Pé-tchili.

3º La *Mongolie*, qui forme avec la *Mandchourie* la grande région appelée *Tartarie chinoise*, occupe la plus grande partie du plateau central au N. de la Chine. — Les villes principales sont : 1º *Ourga* ou *Kouré*, au nord, chef-lieu de la Mongolie ; 2º *Maïmatchin*, entrepôt du commerce avec Kiachta sur la frontière de Sibérie.

4º La *Dzoungarie*, pays montagneux, s'étend à l'O. de la Mongolie et a pour ville principale *Ili*, bâtie sur l'Ilja.

5º La *Petite Boukharie* ou *Turkestan chinois*, au S. de la Dzoungarie, occupe la partie occidentale du plateau central. — Les villes remarquables sont : 1º *Kaschgar*, près des monts Bolor ; 2º *Yarkand*, sur la rivière qui porte son nom. Cet État s'est récemment révolté et rendu indépendant.

6º Le *Thibet*, à l'O. de la Chine et au S. de la Mongolie, région élevée et chaude, fertile en pâturages, est sous la domination du dalaï-lama, à la fois chef de l'État et chef de la religion bouddhiste chez les Thibétains. Il a pour capitale *Lhassa*, non loin de la rive gauche de l'Iraouaddy.

7º Le *Boutan*[1], qui s'étend au S. du Thibet, sur le versant méridional des monts Himalaya, appartient à la Chine moins par sa position que par sa population d'origine mongole. Sa capitale, *Tassisudon*, est regardée comme ville sainte.

8º Les *îles Liéou-khieou*, situées à l'E., entre la mer Bleue et l'océan Pacifique, forment un royaume tributaire à la fois de la Chine et du Japon et ont pour capitale *Kin-tching*, située dans l'île principale.

314. Agriculture, Mines, Industrie, Commerce. — Les trente degrés de latitude, du 20e au 50e degré, que comprend la Chine, et l'altitude des montagnes qui en couvrent de nombreuses parties, lui donnent plusieurs zones de climats et par suite une grande variété de produits suivant la zone. L'agriculture surtout est l'objet des plus grands soins ; l'empereur lui-même, chaque

---

1. Des géographes placent ce pays parmi les États tributaires de l'Hindoustan.

année, trace avec la charrue quelques sillons, comme pour honorer le travail de la terre. Le nord est très-froid et la température des montagnes est glaciale. Au sud et dans les plaines, on voit partout des champs de froment, de vastes rizières, l'igname-patate, le cotonnier, l'arbre à papier, l'arbre à vernis, l'arbre à cire, le mûrier pour les vers à soie, les bambous, le camphrier, mais surtout l'arbre à thé, le thé étant presque l'unique boisson du pays et l'objet d'une exportation immense. Il y a peu de pâturages et par conséquent peu de bétail, sauf toutefois le mouton et le porc. La Chine a des mines, mais mal exploitées, si l'on en excepte la houille, le fer, le cuivre, le jaspe, le kaolin ou terre à porcelaine. Les principaux produits de l'industrie sont les poteries et les porcelaines, les petits meubles de laque, le papier de riz, les ivoires, les étoffes de coton et de soie, qui font avec le thé l'objet du commerce extérieur. Le commerce intérieur est très-actif par les fleuves et les canaux. La Chine a longtemps interdit aux étrangers l'entrée des ports et du pays; aujourd'hui elle est ouverte au commerce et même à la curiosité européenne. Le commerce avec la Russie a lieu comme autrefois par la Sibérie.

Exercices. Le maître fait sur le tableau le tracé physique et politique des contrées dont il vient d'être parlé. Les élèves copient et mettent au net.

CHAPITRE XIX.

Suite de la région orientale. — Indo-Chine. — Région méridionale. — Hindoustan.

Indo-Chine.

315. Notions générales. — L'*Indo-Chine* ou *Inde Transgangétique* (au delà du Gange) est une grande presqu'île qui appartient au versant oriental et au versant méridional de l'Asie. Bornée au N. par l'empire Chinois, elle est baignée à l'E. par la mer de Chine, qui y creuse le golfe du Tonkin; au S. par la même mer, qui y forme le golfe de Siam, et par le détroit de Malaka; enfin à l'O. par le golfe du Bengale, formé par l'océan Indien.

La superficie de l'Indo-Chine est de 1,800,000 kilomètres carrés, et sa population de 28 millions d'habitants, dont la majorité professe le bouddhisme; on compte un certain nombre de catholiques dans la Cochinchine, de protestants dans l'Indo-Chine anglaise et de mahométans dans l'empire Birman.

L'Indo-Chine comprend trois parties : 1º les *États indigènes indépendants* ; 2º l'*Indo-Chine anglaise* ; 3º la *Cochinchine française*.

316. États indigènes, villes principales. — Les *États indigènes* indépendants sont : 1º les *États malais* de la presqu'île de Malaka; 2º l'empire *Birman*; 3º le royaume de *Siam* ; 4º l'empire d'*Annam* ; 5º le royaume de *Cambodge*.

1º Les *États malais*, qui occupent la presqu'île de Malaka, ont pour limites au N. le royaume de Siam et les possessions anglaises; à l'E., le golfe de Siam et la mer de Chine ; au S., le détroit de Singapour; à l'O., le détroit de Malaka et le golfe du Bengale. Leur superficie est de 80,000 kilomètres carrés, et leur population de 500,000 habitants. — Les États les plus importants sont ceux de *Pahang*, sur la côte orientale, et de *Salingore*, sur le détroit de Malaka, avec capitales du même nom.

2º L'empire *Birman*, qui occupe la partie centrale du bassin de l'Iraouaddy, a pour limites : au N., le pays d'Assam et la Chine; à l'E., la Chine et le royaume de Siam ; au S., la province anglaise de Martaban; à l'O., l'Indo-Chine anglaise. Sa superficie est de 500,000 kilomètres carrés, et sa population d'environ 6 millions d'habitants. — Les villes principales sont : 1º *Mandalé* ou *Yédéna-Chonébon*, capitale, située sur l'Iraouaddy; 2º *Ava*, ancienne capitale, sur le même fleuve; 3º *Amarapoura*, ancienne résidence impériale ; 4º *Bammo*, ville commerçante sur les frontières de la Chine.

3º Le royaume de *Siam* s'étend dans le bassin du Meïnam et a pour limites : au N., la Chine ; à l'E., l'empire d'Annam et le royaume de Cambodge ; au S., le golfe de Siam et les États de Malaka; à l'O., la province anglaise de Ténassérim et l'empire Birman. Sa superficie est de 650,000 kilomètres carrés, et sa population de 6 millions d'habitants. — Les villes principales sont : 1º *Bang-kok*, capitale, située vers l'embouchure du Meïnam, avec un port commerçant : 500,000 habit.; 2º *Siam*, sur le même fleuve, au N. de Bang-kok, ancienne capitale, ville déchue.

4° L'empire d'*Annam*, arrosé par le Meï-kong, comprend la Cochinchine et le Tonkin et a pour limites : au N., la Chine ; à l'E. et au S., la mer de Chine ; au S. O., la Cochinchine française ; à l'O., les royaumes de Cambodge et de Siam. Sa superficie est de 550,000 kilomètres carrés, et sa population de 10 millions d'habitants. — Les villes principales sont : 1° *Hué*, capitale, située dans la Cochinchine, bon port à l'entrée du golfe du Tonkin : 100,000 habit. ; 2° *Ké-tcho*, au N. de l'empire, port sur le Song-haï, près de son embouchure dans le golfe du Tonkin : 150,000 habit. ; 3° *Tourane*, sur la baie du même nom, formée par la mer de Chine ; 4° *Faï-fo*, port d'un commerce important, sur la baie de Tourane.

5° Le royaume de *Cambodge* s'étend sur le cours moyen du Meï-kong, qui en prend souvent le nom, et a pour limites : au N. et à l'E., l'empire d'Annam ; au S., la Cochinchine française ; à l'O., le golfe et le royaume de Siam. Cet État, resserré entre l'empire d'Annam et le royaume de Siam, après avoir été longtemps le sujet de nombreuses guerres entre ces deux États et avoir été presque toujours tributaire de l'un ou de l'autre, est aujourd'hui sous la protection du gouvernement français. Sa superficie est de 50,000 kilomètres carrés, et sa population de 1 million d'habitants. — Sa capitale est *Oudong*, sur le Meï-kong, dans la partie méridionale.

317. Indo-Chine anglaise, villes principales. — L'*Indo-Chine anglaise*, située le long de la côte orientale du golfe du Bengale, comprend : 1° la *Birmanie britannique*, c'est-à-dire le pays d'Assam et la province d'Aracan ; 2° les provinces maritimes de Pégou, de Martaban et de Ténassérim, bornées à l'E. par l'empire Birman et le royaume de Siam, avec les îles Merghi ; 3° la province de Wellesley, dans le Malaka, avec les îles du Prince-de-Galles et de Singapour. Sa superficie est de 200,000 kilomètres carrés, et sa population de 2,500,000 habitants.

Les villes principales sont : 1° *Akyab*, capitale de l'Aracan, port important sur le golfe du Bengale ; — 2° *Pégou*, situé sur un bras de l'Iraouaddy ; — 3° *Rangoun*, port remarquable à l'embouchure du même fleuve ; — 4° *Martaban*, port situé au fond du golfe de ce nom, à l'embouchure du Salouen ; — 5° *Merghi*, près de l'archipel du même nom ; — 6° *Pinang*, port de relâche sur le détroit de Malaka ; — 7° *Malaka,* bon port au sud-ouest de la presqu'île du même nom ; — 8° *Singapour,* bâtie dans une petite île près du cap Romania, sur la mer de Chine, lieu de relâche pour les paquebots européens.

318. Cochinchine française, villes principales. — La *Cochinchine française* ou *Basse-Cochinchine* occupe la partie inférieure du bassin du Meï-kong, qui s'y jette dans la mer de Chine, au S., par d'innombrables bouches. Elle est située au S. du royaume de Cambodge, touche à l'E. à l'empire d'Annam et à l'O. au golfe de Siam. Ce pays est divisé administrativement en six provinces : *Dong-naï* ou *Bien-hoa, Gia-dinh* ou *Saï-gon, Dinh-tuong* ou *Mytho, Hatien, Vinh-long* et *An-giang* ou *Chaudoc.* Sa superficie est de 20,000 kilomètres carrés, et sa population de 1,336,000 habitants. Le chef-lieu est *Saï-gon,* ville importante et bon port, sur la rivière du même nom, qui se jette dans le Dong-naï. à 80 kilom. de la mer de la Chine.

319. Agriculture, Mines, Industrie, Commerce. — L'Indo-Chine est remarquable par la fécondité de son sol. Le riz est la principale culture ; viennent ensuite la canne à sucre, le mûrier, le poivre, le bétel, le cotonnier, le tabac, etc. On y trouve le sycomore, l'ébénier, le palmier, le croton à laque, le teck, le bois de fer, le bananier, le tamarinier, le mangoustan et le manguier aux fruits délicieux. Ce pays est riche en mines d'or, d'argent, de plomb, d'étain, de fer, de cuivre, de zinc, de houille, de pétrole, de soufre, etc. L'industrie y est presque nulle. Le commerce extérieur consiste principalement dans l'échange des produits naturels du pays avec les produits fabriqués de l'Europe.

Hindoustan.

320. Notions générales. — L'*Hindoustan* ou *Inde Cisgangétique* (en deçà du Gange) embrasse la grande presqu'île comprise entre le Gange et le Sind, avec tout le territoire situé au nord jusqu'à la chaîne de l'Himalaya. La partie méridionale est plus particulièrement désignée sous le nom de *Dekhan.* Les limites de cette vaste contrée sont : au N., la Chine ; à l'E., l'Indo-Chine ; au S., le golfe du Bengale, l'océan Indien et la mer d'Oman ; à l'O., le Béloutchistan et l'Afghanistan. — La superficie est de 3,500,000 kilomètres carrés. La population est estimée à environ 170 millions d'habitants, dont les principales religions sont : le brahmanisme, le bouddhisme, le mahométisme : cependant le christianisme y compte de nombreux disciples.

L'Hindoustan comprend : 1° les *États indigènes* indépendants; 2° l'*Inde anglaise*; 3° les *possessions françaises*; 4° les *possessions portugaises*.

321. États indigènes, villes principales. — Les *États indigènes* indépendants sont : 1° le *Népaul*, 2° l'État de *Cachemire*, 3° le royaume des îles *Maldives*.

1° Le *Népaul*, situé au S. O. de la Chine et entouré par les possessions immédiates des Anglais, s'étend sur la pente méridionale de l'Himalaya, dans le nord-est du bassin du Gange. — La capitale est *Katmandou*, située sur un affluent du Gange.

2° L'État de *Cachemire*, situé dans la vallée de même nom, à l'O. de la Chine et au N. O. des possessions immédiates des Anglais, est resserré de tous côtés par de hautes ramifications des monts Himalaya. — La capitale est *Cachemire* ou *Sirinagor*, sur le Djélem.

3° Le royaume des *Maldives*, situé au S. O., dans l'océan Indien, se compose de dix-sept groupes d'îles. — La capitale est *Malé*, résidence du sultan ou souverain.

322. Inde anglaise, villes principales. — L'*Inde anglaise* occupe la plus grande partie de l'Hindoustan ; il faut y ajouter les parties de l'Indo-Chine dont il a déjà été parlé.

L'Hindoustan anglais se divise : 1° en *possessions immédiates*; 2° en *possessions médiates*. Ces dernières sont administrées par des princes indigènes vassaux et tributaires de l'Angleterre. Les possessions immédiates sont administrées par le gouvernement anglais. Il y a quelques années, l'Hindoustan anglais était régi par une compagnie commerciale en commandite qui prenait le titre de *Compagnie des Indes orientales* et dont le siége était à Londres. Actuellement il est placé sous l'autorité directe de la métropole et l'administration supérieure d'un vice-roi ou gouverneur général, et la reine d'Angleterre porte le titre d'*impératrice des Indes*.

1° Les *possessions immédiates* des Anglais comprennent toute la côte du golfe du Bengale, la plus grande partie de celle de la mer d'Oman et les bassins du Gange et du Sind. Elles se divisent en trois présidences, du *Bengale*, de *Madras* et de *Bombay*, ainsi nommées de ce qu'elles ont chacune une cour supérieure de justice. De la présidence du Bengale relèvent, chacun sous un gouverneur particulier, les quatre gouvernements du *Nord-Ouest*, du *Pendjab*, de l'*Oude* et des *Provinces centrales*. — La superficie est estimée à 2 millions de kilomètres carrés. La population est d'environ 191 millions d'habitants. La religion dominante est le brahmanisme; on compte aussi un certain nombre de mahométans et de chrétiens.

Les villes principales sont : 1° *Calcutta*, grande ville maritime sur l'Hougly, bras le plus occidental du Gange, non loin de son embouchure dans le golfe du Bengale, résidence du gouverneur général de l'Inde anglaise : 892,000 habit.; — 2° *Patna*, dans le Bengale, sur la rive gauche du Gange : 159,000 habit.; — 3° *Bénarès*, sur le Gange, dans le gouvernement du Nord-Ouest, ville sainte et savante : 175,000 habit.; — *Agrah*, sur la Djemnah, affluent de droite du Gange : 125,000 hab.; — 5° *Dehly*, sur la Djemnah, ancienne capitale du Grand Mogol : 154,000 habit.; —6° *Luknow*, sur le Goumti, ancienne capitale du royaume d'Oude : 285,000 habit.; — 7° *Cawnpore*, l'une des principales stations militaires : 108,000 habit.; — 8° *Lahore*, sur le Ravy, dans le Pendjab, ancienne capitale du royaume de ce nom : 100,000 habit.; — 9° *Moultan*, sur le Chénab, ancien siége de la domination des Seiks : 80,000 habit.; — 10° *Naypore*, principale ville des Provinces centrales : 110,000 habit.; — 11° *Bombay*, grande ville maritime située dans une île sur la mer d'Oman, grand entrepôt du commerce avec l'Europe : 800,000 habit.; — 12° *Surate*, ville maritime près de l'embouchure du Tapti dans la mer d'Oman : 140,000 habit.; — 13° *Madras*, port sur le golfe du Bengale : 420,000 habit.; — 14° *Calicut*, port sur l'océan Indien, où aborda Vasco de Gama après avoir tourné l'Afrique : 30,000 habit.

L'île de *Ceylan*, située dans l'océan Indien, à l'entrée S. O. du golfe du Bengale, et séparée de l'Hindoustan par le détroit de Palk, appartient aussi aux Anglais. Cette grande île, la *Taprobane* des anciens, est célèbre par sa fécondité; elle renferme près de 2 millions d'habitants. — *Colombo*, située sur la côte occidentale, en est la capitale ; *Trinquemale*, située sur la côte orientale, le port principal, et *Pointe-de-Galle*, au S. O., la station où s'arrêtent les paquebots européens.

2° Les *possessions médiates* des Anglais renferment plusieurs États hindous tributaires ou alliés-protégés, qui ont une superficie de 1,200,000 kilomètres carrés et une population d'environ 48 millions d'habitants, et dont les plus importants sont : les États des *Radjepouts* et des *Mahrattes*, ceux de *Maïssour*, du *Nizam* et de *Travancore*.

1° Les États des *Radjepouts* sont situés au N. O., entre la Djemnah et le golfe de Kotch. — Les plus importants sont ceux de *Djeypour* et d'*Odeypour*, qui ont des capitales de même nom.

2° Les États des *Mahrattes*, dont les plus importants sont ceux de *Sindhyah* et de *Guykavar*, sont entourés par les États des Radjepouts et les possessions immédiates des Anglais. — *Goualior*, située au S. d'Agrah, est la capitale du Sindhyah, et *Baroda*, celle du Guykavar.

3° L'État de *Maïssour* ou *Mysore* est situé au S. et est enclavé dans les possessions immédiates. — La capitale est *Mysore*, sur le Cavery, à l'O. de Pondichéry, et les villes principales : *Banyalore*, ville manufacturière, et *Seringapatam*, ancienne capitale d'Haïder-Ali.

4° L'État du *Nizam* ou du *Dekhan* occupe la partie moyenne du cours du Godavéry et du Kistnah. — La capitale est *Haïder-Abad*, sur un vaste plateau qui sépare ces deux rivières : 200,000 habit. *Golconde*, célèbre entrepôt de diamants, et *Aureng-Abad* sont les villes les plus importantes.

5° L'État de *Travancore*, au S. de la côte occidentale, sur la mer d'Oman, se termine par le cap Comorin. — Les villes principales sont : *Cochin*, bon port qui appartient aux Anglais, et *Trivanderam*, au N. O. du cap.

323. Possessions françaises. — L'*Inde française* se compose de quelques villes, avec leurs territoires, et de loges ou parcelles de terrain qui servent à établir des comptoirs et où la France a le droit de faire flotter son pavillon. — La superficie est de 300,000 kilomètres carrés et la population de 220,000 habitants. — Les villes sont : 1° *Pondichéry*, située sur la côte de Coromandel, dans le golfe du Bengale, avec une rade ouverte, capitale des établissements français dans l'Inde :

13.

40,000 habit.; 2° *Karikal*, au S. de Pondichéry, port sur le même golfe; 3° *Yanaon*, au N. de Pondichéry, port sur le Godavéry, près de son embouchure dans le golfe du Bengale; 4° *Chandernagor*, dans le Bengale, au N. O. de Calcutta, sur l'Hougly, le plus occidental des bras du Gange : 30,000 habit.; 5° *Mahé*, port sur la côte de Malabar, dans la mer d'Oman : 8,000 habit. La France possède des loges à *Calicut* et à *Surate*, sur la côte de Malabar.

324. Possessions portugaises. — L'*Inde portugaise* est située dans la mer d'Oman et sur la côte de Malabar. Elle a 3,500 kilomètres carrés de superficie et compte 440,000 habitants. — Le chef-lieu des possessions portugaises est *Panjim* ou *Goa*, port sur la mer d'Oman; les villes les plus importantes sont *Diu* et *Damaon*.

325. Agriculture, Mines, Industrie, Commerce. — L'Hindoustan, avec ses montagnes boisées, ses hauts plateaux, le large et fertile bassin de ses fleuves et aussi ses plaines arides, offre une grande variété de climats et de cultures. Le riz est la nourriture principale des Indiens; cependant ils cultivent aussi les céréales, les épices, l'arec, dont on mange le bourgeon sous le nom de chou palmiste, le figuier indien, dont les branches retombent et prennent racine, le figuier de Bouddha, commun dans l'île de Ceylan. Le coton est également cultivé avec succès, surtout dans la région du Dekhan. Il existe des mines d'or, d'argent, de fer, de plomb, de zinc. Les pierres précieuses et les diamants du Dekhan sont renommés. Dans le golfe de Manaar (Ceylan) on pêche l'aronde à perles. Les principales fabrications sont les soieries, les mousselines, et particulièrement les foulards et les châles. Le commerce intérieur est peu actif, à cause de l'état général des routes et des difficultés des moyens de transport; cependant quelques chemins de fer commencent à y être établis. Dans cette contrée, les éléphants servent de bêtes de somme pour les transports, concurremment avec les chameaux. Les principaux articles d'exportation sont les produits du sol et des manufactures; ceux d'importation, les vins, les liqueurs, les cotonnades, les soieries, les ouvrages de fer, d'acier, de cuivre et autres métaux.

Exercices. Le maître fait le tracé physique et politique des contrées dont il vient d'être parlé. Les élèves copient et mettent au net.

CHAPITRE XX.

Suite de la Région méridionale — Béloutchistan. — Afghanistan. — Perse. — Turkestan. — Région occidentale. — Turquie d'Asie. — Arabie. — État des possessions européennes.

Béloutchistan.

326. Notions générales. — Le *Béloutchistan* s'étend sur la côte septentrionale de la mer d'Oman, entre le détroit d'Ormuz. à l'O., et les bouches du Sind, à l'E. Il a pour limites : au N., l'Afghanistan ; à l'E., l'Hindoustan ; au S., la mer d'Oman ; à l'O., la Perse. — Sa superficie est de 350,000 kilomètres carrés, et sa population de 2 millions d'habitants, qui professent en majorité la religion mahométane.

Les peuples de cet État sont divisés en tribus qui obéissent à des chefs ou khans ; ces derniers reconnaissent l'autorité suprême du khan de Kélat, qui est lui-même vassal des Anglais. — Les villes principales sont : 1° *Kélat*, située sur le Doust, affluent de droite du Sind : 20,000 habit.; 2° *Gandava*, au S. E. de Kélat. — Le commerce se fait par caravanes.

Afghanistan.

327. Notions générales. — L'*Afghanistan*, région aride et habitée par des tribus en partie nomades, s'étend dans la partie orientale du plateau d'Iran ou de la Perse. Il a pour limites : au N., le Turkestan ; à l'E., l'Hindoustan ; au S., le Béloutchistan ; à l'O., la Perse. — Sa superficie est de 550,000 kilomètres carrés, et sa population de 6,000,000 d'habitants. professant le mahométisme ou le brahmanisme.

Les principaux États de ce pays sont : 1° le *Caboul*; 2° le *Hérat*; 3° le *Cafiristan*. Dans ces derniers temps, les Afghans ont étendu leur domination sur la partie méridionale du Turkestan, et principalement sur *Koundouz, Balkh, Badakchan, Maïmana*.

Les villes principales sont : *Caboul*, située sur la rivière de ce nom : 60,000 habit.; *Kandahar*, au S. O. de Caboul : 60,000 habit.; *Hérat*, située à l'O., qui est le centre des caravanes entre l'Hindoustan et la Russie : 45,000 habit.; enfin *Djellal-Abad*, au S. O. de Caboul.

Perse.

328. Notions générales. — La *Perse* occupe une partie du plateau de l'Arménie, la plus grande partie de celui qui porte le nom d'*Iran* et tout le littoral septentrional du golfe Persique. Elle a pour limites : au N., la Transcaucasie, la mer Caspienne et le Turkestan ; à l'E., l'Afghanistan et le Béloutchistan ; au S. la mer d'Oman et le golfe Persique ; à l'O., la Turquie d'Asie. — Sa superficie est de 1,200,000 kilomètres carrés. Sa population est estimée à 7 millions d'habitants, presque tous mahométans. Le souverain, nommé *chah,* exerce un pouvoir absolu.

329. Divisions, villes principales. — La Perse est divisée en onze provinces : *Mazendéran* et *Ghilan,* au N.; *Aderbaïdjan* ou *Arménie persane, Kurdistan* et *Khouzistan,* à l'O.; *Farsistan,* au S.; *Moghistan* et *Kerman,* au S. E.; *Kouhistan* et *Khoraçan,* à l'E.; *Irak-Adjemi,* au centre. — Les villes principales sont : 1° *Téhéran,* capitale, située sur le revers méridional des monts Elbrouz, au sud de la mer Caspienne : 130,000 habit.; — 2° *Ispahan,* ancienne capitale, située au S. de Téhéran : 60,000 hab.; — 3° *Tauris,* située près du lac Ourmiah : 150,000 habit.; — 4° *Chiraz,* située près des ruines de Persépolis, célèbre par ses vins; — 5° *Mechehed,* située au N. E., dans une vallée du Khoraçan : 70,000 habit.; — 6° *Abouchcher,* principal port, situé sur le golfe Persique ; — 7° *Mohammera,* port sur le même golfe.

Les Anglais y possèdent l'île *Kischm,* à l'entrée du golfe Persique.

330. Agriculture, Mines, Industrie, Commerce.— Dans l'intérieur de la Perse, le manque de cours d'eau nuit à l'agriculture ; mais les rives de la mer Caspienne et les plaines entre les montagnes de l'ouest abondent en grains de toute espèce et en fruits savoureux. On trouve en Perse du fer, de l'argent, du cuivre, du soufre, du bitume, du pétrole, du kaolin, etc.

Le Persan est industrieux et excelle dans les broderies sur
étoffe et dans la fabrication des sabres. Le commerce se
fait avec la Russie par la mer Caspienne, avec l'Angleterre
par le golfe Persique, et avec les peuples voisins par des
caravanes. Ce pays exporte le riz, le safran, les fruits, les
châles, les tapis, les soies, les perles, les chevaux ; il importe le
thé, le café, le sucre, l'indigo, les fourrures, les draps, les cotonnades, etc.

Turkestan.

331. Notions générales. — Le *Turkestan* ou *Tartarie indépendante* s'étend dans le plateau de la mer d'Aral et sur le littoral oriental de la mer Caspienne. Il a pour limites : au N., la
Sibérie ; à l'E., le Turkestan chinois ; au S., l'Afghanistan et la
Perse ; à l'O., la mer Caspienne. — Sa superficie est de
plus de 800,000 kilomètres carrés, et sa population évaluée à
8 millions d'habitants, presque tous mahométans. Une partie
du sol est occupée par de vastes steppes et par des déserts
sablonneux ; le reste est généralement fertile en céréales, vins,
fruits, cotons. Dans des gras pâturages paissent de nombreux
troupeaux de chevaux, de moutons et de chèvres. On y trouve
de l'argent, du cuivre, du plomb, du fer et quelques pierres
précieuses.

Le Turkestan est divisé en plusieurs petits États, où règne
le despotisme militaire ; quelques-uns sont aujourd'hui sous le
protectorat de la Russie. — Les trois principaux sont : 1° le khanat
de *Boukhara*, le plus considérable du Turkestan, situé au
centre ; le chef-lieu est *Boukhara*, ville commerçante : 70,000
habit.; à l'E. de cette ville est *Samarcande*, ancienne capitale
des Mongols, aujourd'hui à la Russie ; — 2° le khanat de *Khokand*, tributaire de la Russie, à l'E.; chef-lieu : *Khokand*, située près du Syr-Daria : 70,000 habit.; — 3° le khanat de
Khiva, à l'O., le plus étendu, mais en grande partie désert ; chef-
lieu : *Khiva*, située sur une branche du fleuve Amou-Daria :
20,000 habit. — Près de la mer Caspienne on trouve les tribus
nomades des *Turcomans*.

Turquie d'Asie[1].

332. Notions générales. — La *Turquie d'Asie* comprend la presqu'île de l'Asie Mineure, les bassins de l'Oronte, du Jourdain, du Tigre et de l'Euphrate, le plateau du lac de Van et la partie supérieure des bassins du Kour et de l'Aras. Ses limites sont : au N., la mer Noire et la Russie ; à l'E., la Perse ; au S., l'Arabie ; à l'O., la Méditerranée, la mer de l'Archipel, le détroit des Dardanelles, la mer de Marmara et le Bosphore ou canal de Constantinople. — Son étendue est de 1,200,000 kilomètres carrés, et sa population de 14 millions d'habitants, Turcs, Grecs, Arméniens, Arabes, Maronites, Druses, etc., qui sont mahométans, chrétiens ou juifs.

333. Divisions, villes principales. — La Turquie d'Asie se compose de sept parties : 1° l'*Asie Mineure* ou *Anatolie*, 2° l'*Arménie turque*, 3° le *Kurdistan*, 4° l'*Irak-Araby*, 5° l'*Al-Djézireh*, 6° la *Syrie*, 7° les *îles*. — A ces provinces il faut ajouter l'*Arabie ottomane*, qui est sous la suzeraineté de la Turquie.

1° L'*Asie Mineure* ou *Anatolie* s'étend dans la partie occidentale de l'Asie, entre la mer Méditerranée, l'Archipel et la mer Noire. — Les villes les plus remarquables sont : 1° *Koutaïeh*, chef-lieu : 50,000 habit.; — 2° *Scutari*, située sur le Bosphore et considérée comme un faubourg de Constantinople : 50,000 habit.;—3° *Brousse*, bâtie au pied du mont Olympe et au S. E. de la mer de Marmara : 100,000 habit.;—4° *Smyrne*, excellent port sur la mer de l'Archipel et au fond d'un golfe qui porte son nom, ville très-commerçante, la plus importante Échelle du Levant : 150,000 habit.; — 5° *Angora*, dans l'intérieur, connu pour ses chèvres au poil soyeux : 50,000 habit.; — 6° *Konieh*, située dans l'intérieur, sur le plateau que forment les monts Taurus : 30,000 habit.;—7° *Trébizonde*, port sur la mer Noire : 60,000 habit.

2° L'*Arménie turque* occupe les parties supérieures des bassins de l'Euphrate, du Tigre, du Kour, et le plateau du lac de Van. — Les villes remarquables sont : 1° *Erzeroum*, située sur

---

1. Voir à l'Europe (p. 151) l'Empire Ottoman.

l'Euphrate : 100,000 habit.; — **2°** *Kars*, place forte située à
l'E. N. E. d'Erzeroum, sur les confins de l'empire Russe.

3° Le *Kurdistan* s'étend dans le bassin du Tigre. — Les
villes remarquables sont : 1° *Diarbékir*, sur le Tigre : 50,000
habit.; 2° *Mossoul*, bâtie sur le Tigre, près des ruines de l'antique Ninive : 60,000 habit.

4° L'*Irak-Araby* ou *Babylonie* occupe la partie inférieure des
bassins du Tigre et de l'Euphrate. — Les villes remarquables
sont : 1° *Bagdad*, située sur le Tigre : 100,000 habit.; —
2° *Bassora*, port maritime sur le Chat-el-Arab, au fond du golfe
Persique : 30,000 habit.

5° L'*Al-Djézireh* ou *Mésopotamie* s'étend dans les parties
centrales des bassins du Tigre et de l'Euphrate. — La ville
remarquable est *Orfa* ou *Réha*, l'ancienne Édesse : 40,000 habit.

6° La *Syrie* occupe les bassins du Jourdain et de l'Oronte. —
Les villes remarquables sont : 1° *Alep*, bâtie sur le Koueïk,
petit cours d'eau qui se perd dans le lac Kincoïn : 100,000
habit.; — **2°** *Antakieh*, l'ancienne Antioche, sur l'Oronte :
15,000 habit.; — 3° *Tripoli*, port sur la Méditerranée : 16,000
habit.;—4° *Beyrouth*, port fréquenté sur la même mer : 100,000
habit.;—5° *Saint-Jean-d'Acre*, port également sur la même mer :
10,000 habit.; — 6° *Damas*, située sur le Baradié, qui se perd
dans le petit lac Bohaira : 120,000 hab.; — 7° *Jérusalem*, ville
célèbre par ses souvenirs religieux, située sur le versant oriental du Liban, au N. O. du lac Asphaltite : 25,000 habit.; —
8° *Saïda*, l'ancienne Sidon, port sur la Méditerranée.

7° Les *îles* sont situées dans la mer de l'Archipel et dans la
mer Méditerranée ; les plus importantes sont : 1° dans l'Archipel, *Samos*, qui compte 30,000 habit., et *Rhodes*, avec un
port important du même nom et une population de 27,000 hab.;
— 2° dans le golfe que forme la Méditerranée entre l'Asie Mineure et la Syrie, *Chypre*, avec une population de 200,000 hab.;
Nicosie, capitale, au centre de l'île, et *Larnaca*, port maritime.

334. Agriculture, Mines, Industrie, Commerce. — Ni
l'agriculture, malgré la fertilité du sol, ni l'industrie, malgré la
richesse des mines et l'abondance des matières premières, ni
le commerce, malgré de beaux ports, ne sont actuellement développés dans les provinces de la Turquie d'Asie. Il y existe
cependant quelques manufactures de soie et de coton, plusieurs

fabriques de tapis et d'armes. Les provinces de la Turquie d'Asie possèdent des mines de fer, de la houille, du cuivre, de l'argent, du plomb, du sel, des sources minérales, etc. Les navires de l'Europe importent dans ce pays les produits de l'Occident et en exportent des céréales, des fruits, du tabac, des tapis, de la soie, des plantes tinctoriales, du cuivre, du plomb,etc. Le commerce se fait par les ports de la Méditerranée et de la mer Noire, connus sous le nom d'Échelles du Levant.

Arabie.

335. Notions générales. — L'*Arabie* est une grande presqu'île qui a pour limites : à l'E., le golfe Persique ; au S. E. et au S., la mer d'Oman ; à l'O., la mer Rouge ; au N. O., l'isthme de Suez ; au N. et au N. E., la Turquie d'Asie. — Son étendue est de 2,800,000 kilomètres carrés formant à l'intérieur une série de hauts plateaux sans cours d'eau et par conséquent infertiles et déserts, où s'élève le mont Sinaï, au nord-ouest. Sa population est de 8 millions d'habitants, en grande partie nomades et pasteurs, qui professent presque tous la religion mahométane.

336. Divisions, villes principales. — Les géographes anciens divisaient l'Arabie en trois parties : l'*Arabie Pétrée*, au N. O. ; l'*Arabie Déserte*, au N. E.; l'*Arabie Heureuse*, au S. O. Les Arabes, qui n'ont pas connu cette division, partagent leur pays en six grandes régions : 1° l'*Hedjaz;* 2° l'*Yémen;* 3° l'*Hadramaout;* 4° l'*Oman;* 5° l'*El Haça;* 6° le *Nedjed.* La Turquie exerce le droit de suzeraineté sur une partie de la côte occidentale. La côte orientale est en partie soumise à l'iman de Mascate.

L'*Arabie ottomane* comprend l'*Hedjaz* et l'*Yémen* et s'étend à l'ouest et au sud-ouest le long de la mer Rouge. — Les villes remarquables sont : 1° dans l'Hedjaz, *Djeddah,* chef-lieu, sur la mer Rouge, qui sert de port à La Mecque ; *La Mecque,* patrie de Mahomet, grand lieu de pèlerinage, située au sud . 30,000 habit.; *Médine,* au N. de La Mecque, renfermant le tombeau de Mahomet : 20,000 habit.; — 2° dans l'Yémen, *Moka,* chef-lieu, port sur la mer Rouge, près du détroit de Bab-el-Mandeb : entrepôt d'exportation de café : 8,000 habit.; les Français y ont un comptoir ; *Sana*, située sur le Schabb : 40,000 habit.

L'imanat de *Mascate* comprend l'*Oman* et s'étend sur une partie de la côte de la mer d'Oman et de celle du golfe Persique. Les îles d'*Ormuz*, à l'entrée du golfe Persique, et de *Bahreïn*, renommées par leurs pêcheries de perles, en dépendent. — La ville la plus importante est *Mascate*, bon port sur la mer d'Oman, près du détroit d'Ormuz : 60,000 habit.; les Français y ont un comptoir.

Les autres parties de l'Arabie, l'*Hadramaout*, l'*El Haça* et le *Nedjed,* qui ne renferment que de petits États sans importance, sont parcourues par des tribus nomades.

Les Anglais possèdent en Arabie : *Aden*, port sur le golfe du même nom, à l'entrée de la mer Rouge, important entrepôt de café : 40,000 habit.; l'île *Périm*, au milieu du détroit de Bab-el Mandeb.

337. Agriculture, Mines, Industrie, Commerce. — L'Arabie est une contrée pastorale, fertile seulement sur ses côtes et à l'intérieur dans de nombreuses oasis. Les pâturages nourrissent des moutons, des chèvres, des gazelles domestiques, des ânes, des dromadaires pour les caravanes, et surtout des chevaux recherchés pour leur forme et leur vitesse. Le café, la canne à sucre, des fruits de toute espèce, l'encens, le tabac, croissent facilement sous un climat presque tropical. Il y a des perles et du corail sur les côtes du golfe Persique. Les montagnes renferment du porphyre, du jaspe, du marbre, de l'albâtre. On y trouve aussi du naphte, du soufre, du plomb, du cuivre, etc. L'industrie est, pour ainsi dire, nulle. Le commerce est aux mains des Juifs et des Indiens. Le café, les parfums, les perles, les laines, les chevaux, les plumes d'autruche, s'échangent contre les produits de l'Europe et de l'Asie. Un commerce actif de transit par caravanes est une des principales ressources de l'Arabie ; mais il peut décroître à cause des communications rendues plus faciles par l'ouverture du canal de Suez.

État des possessions européennes.

338. Possessions anglaises. — Les possessions des Anglais en Asie comprennent : 1° l'*Hindoustan;* — 2° les côtes occidentales de l'*Indo-Chine;* — 3° l'île de *Hong-Kong*, près de la côte sud-est de la Chine ; — 4° le port d'*Aden*, en Arabie, sur le détroit de Bab-el-Mandeb ; — 5° l'île *Périm*, à l'entrée de la mer Rouge ; — 6° l'île *Kischm*, à l'entrée du golfe Persique. — La population totale, y compris les tributaires, est de 240 millions.

339. Possessions turques. — Les possessions de la Turquie sont : 1° l'*Asie Mineure* ou *Anatolie;* 2° l'*Arménie turque;* 3° le *Kurdistan;* 4° l'*Irac-Araby;* 5° l'*Al-Djézireh;* 6° la *Syrie.* Elle exerce de plus un droit de suzeraineté sur une partie de l'*Arabie.* — La population totale est de 14 millions.

340. Possessions russes. — Les possessions de la Russie se composent : 1° de la *Sibérie,* qui comprend tout le versant septentrional de l'Asie ; — 2° de la *Transcaucasie,* entre la mer Noire et la mer Caspienne ; — 3° de la partie septentrionale du *Turkestan.* — La population totale est estimée à 11 millions.

341. Possessions françaises. — Les possessions de la France sont : 1° dans l'Hindoustan, sur la côte orientale, le territoire et la ville de *Pondichéry,* le territoire et la ville de *Karikal,* la ville de *Yanaon* et celle de *Chandernagor ;* sur la côte occidentale, le territoire et la ville de *Mahé* et les comptoirs de *Calicut* et de *Surate;* — 2° dans l'Indo-Chine, la *Cochinchine française.* — La population de ces colonies s'élève à 1,500,000 habitants.

342. Possessions portugaises. — Les Portugais possèdent : 1° sur la côte occidentale de l'Hindoustan, la ville et le territoire de *Goa,* avec les villes de *Damaun* et de *Diu ;* — 2° sur la côte sud-est de la Chine, l'île de *Macao.* — La population est de 475,000 habitants.

Exercices. Le maître fait sur le tableau le tracé des contrées dont il vient d'être parlé. Les élèves copient et mettent au net.

CHAPITRE XXI.

Afrique physique.

Situation, limites, configuration, dimensions. — Mers. — Côtes. —
Golfes. — Détroits. — Iles et Archipels. — Isthme. — Caps. —
Orographie, relief du sol, systèmes de montagnes. — Chaines de
montagnes. — Monts et Pics. — Volcans. — Hydrographie, ligne
de partage des eaux. — Versants et Bassins. — Fleuves. — Lacs,

343. Situation, limites, configuration, dimensions. —
L'Afrique, qui se rattache à l'Asie par l'isthme de Suez, est une
grande presqu'île bornée : au N., par la Méditerranée ; — à l'E.
par l'isthme de Suez, la mer Rouge et l'océan Indien ; — au S..
par l'océan Pacifique ; — à l'O., par l'océan Atlantique.

On peut considérer l'Afrique comme un vaste triangle, dont
la base est baignée par la Méditerranée, et qui porte à son
centre un large plateau que soutiennent sur ses trois côtés des
montagnes généralement peu élevées. Sa superficie est d'environ
300,000 myriamètres carrés, le triple de celle de l'Europe.

344. Mers. — Les mers qui baignent l'Afrique sont :

1° La *mer Méditerranée*, au nord de l'Afrique ;
2° L'*océan Atlantique*, à l'ouest ;
3° L'*océan Pacifique* ou *Grand Océan*, au sud ;
4° L'*océan Indien* ou *mer des Indes*, à l'est ;
5° La *mer Rouge*, au nord-est, entre l'Asie et l'Afrique.

345. Côtes. — Les côtes de l'Afrique sont plus droites,
moins découpées, moins parsemées d'îles que celles de l'Europe et de l'Asie. La mer Méditerranée ne forme que les deux
grands enfoncements de la Sidre et de Cabès, et l'océan Atlantique celui du golfe de Guinée. Les côtes baignées par la Méditerranée sont basses et sablonneuses ; celles de l'océan
Atlantique sont sauvages et inhospitalières dans le Sahara,
plates, marécageuses et par conséquent malsaines dans la Sénégambie et les deux Guinées, plus élevées et dangereuses

dans la Hottentotie. Celles du Cap de Bonne-Espérance sont plus hautes, mais découpées en baies nombreuses. La côte de l'océan Indien a peu de développement vers l'intérieur, mais elle est plus abordable, excepté vers le nord, et l'on y trouve la grande île de Madagascar avec nombre d'îles et d'archipels. La mer Rouge a des côtes élevées et de hauts promontoires.

346. Golfes. — Les mers de l'Afrique qui forment des golfes sont :

1° La *Méditerranée*, qui creuse :
Le golfe de la *Sidre*, au nord, et le golfe de *Cabès*, à l'ouest du précédent :

2° L'*océan Atlantique*, qui creuse :
Le golfe de *Guinée*, à l'ouest, au fond duquel sont les golfes de *Bénin* et de *Biafra* ;

3° L'*océan Indien*, qui creuse :
Le golfe d'*Aden*, à l'entrée de la mer Rouge ;

4° La *mer Rouge*, qui creuse :
Le golfe de *Suez*, au nord-ouest.

347. Détroits. — Les principaux détroits de l'Afrique sont :

1° Le détroit de *Gibraltar*, au nord-ouest, qui fait communiquer la Méditerranée avec l'océan Atlantique ;
2° Le détroit de *Bab-el-Mandeb*, entre la mer Rouge et l'océan Indien ;
3° Le canal de *Mozambique*, à l'est-sud-est, entre l'Afrique et l'île de Madagascar.

348. Iles et Archipels. — Les îles et les archipels les plus importants de l'Afrique sont :
Dans l'océan Indien, du nord au sud :

1° L'île *Socotora*, près du détroit de Bab-el-Mandeb ;
2° Les îles *Seychelles*, au sud de Socotora ;
3° Les îles *Comores*, au nord du canal de Mozambique ;

4° La grande île de *Madagascar*, au sud des îles Comores ;

5° L'archipel des îles *Mascareignes*, à l'est de Madagascar, comprenant : l'île de la *Réunion* ou *Bourbon*, l'île *Maurice* ou de *France* et l'île *Rodrigue*.

Dans l'océan Atlantique, du sud au nord :

1° Les îles *Sainte-Hélène* et de l'*Ascension*, à quelque distance de la côte occidentale ;

2° Les îles *Annobon*, *Saint-Thomas*, du *Prince* et *Fernando-Po*, dans le golfe de Guinée ;

3° Les îles du *Cap-Vert*, à l'ouest du Sénégal ;

4° Les îles *Canaries*, au nord-est des îles du Cap-Vert ;

5° Les îles *Madère*, au nord des îles Canaries ;

6° Les îles *Açores*, au nord-ouest des îles Madère.

349. Isthme. — On ne remarque en Afrique qu'un seul isthme : celui de *Suez*, au nord-est, qui rattache cette contrée à l'Asie, et que traverse le canal maritime du même nom joignant la mer Méditerranée à la mer Rouge.

350. Caps. — Les principaux caps que projettent les côtes de l'Afrique sont :

1° Le cap *Bon*, au nord du golfe de Cabès ;

2° Le cap *Ceuta*, sur le détroit de Gibraltar ;

3° Le cap *Bojador*, au sud-est des îles Canaries ;

4° Le cap *Blanc*, au sud du cap Bojador ;

5° Le cap *Vert*, au sud de l'embouchure du Sénégal ;

6° Le cap des *Palmes*, à l'entrée du golfe de Guinée ;

7° Le cap *Lopez*, au sud du golfe de Guinée ;

8° Le cap *Négro*, au sud du cap Lopez ;

9° Le cap *Frio*, au sud du cap Négro ;

10° Le cap de *Bonne-Espérance* et la *Pointe des Aiguilles*, à l'extrémité méridionale de l'Afrique ;

11° Le cap *Corrientes* ou des *Courants*, au sud du canal de Mozambique ;

12° Le cap *Delgado*, au nord du canal de Mozambique ;

13° Le cap *Guardafui*, à l'entrée du golfe d'Aden ;

14° Le cap d'*Ambré*, au nord de l'île de Madagascar

15° Le cap *Sainte-Marie*, au sud de Madagascar.

351. Orographie, relief du sol, systèmes de montagnes.
— L'orographie de l'Afrique a été ramenée à cinq systèmes de
montagnes : 1° le *système de l'Atlas*, au nord ; — 2° le *système
occidental*, vers l'océan Atlantique ; — 3° le *système méridional*, près du cap de Bonne-Espérance ; — 4° le *système oriental*,
vers l'océan Indien ; — 5° le *système abyssinien*, au nord-est.

352. Chaînes de montagnes. — Les principales chaines de
montagnes de ces systèmes sont :

1° La triple chaîne de l'*Atlas*, au nord ;
2° Les monts de *Kong*, au nord du golfe de Guinée ;
3° Les monts de la *Lune*, vers le centre ;
4° Les monts *Lupata*, au sud-est ;
5° Les monts *Nieeuweld*, au sud ;
6° Les monts de l'*Abyssinie*, au nord-est.

353. Monts et Pics. — Les monts et les pics les plus élevés
de l'Afrique sont :

1° Le mont *Camérones* (4,000 m.), dans la Guinée ;
2° Le mont *Muria* (3,500 m.), dans le Congo ;
3° Le mont *Kilima-Ndjaro* (6,200 m.), dans le Zanguebar ;
4° Le mont *Kénia* (6,000 m.), dans le même pays ;
5° Le mont *Abba-Jareb* (4,500 m.), en Abyssinie ;
6° Le mont *Bouahat* (4,000 m.), dans le même pays.

354. Volcans. — Les volcans les plus importants de l'Afrique
sont :

1° Le pic de *Ténériffe*, dans les îles Canaries ;
2° Le pic de l'*île de Feu*, dans l'archipel du Cap-Vert ;
3° Le pic de *Bourbon*, dans l'île de la Réunion.

355. Hydrographie, ligne de partage des eaux. — On ne
connaît pas encore assez l'intérieur de l'Afrique pour déterminer exactement la ligne de faîte qui en partage les eaux.
D'après les dernières découvertes, c'est du centre de l'Afrique
et de ses grands lacs que sortiraient les quelques fleuves qui
vont se jeter dans la Méditerranée, l'océan Atlantique et l'océan
Indien.

356. Versants et bassins. — Les eaux de l'Afrique se divisent en trois grands versants et deux plateaux :

1° Le *versant septentrional* ou de la Méditerranée ;
2° Le *versant occidental* ou de l'océan Atlantique ;
3° Le *versant oriental* ou de l'océan Indien ;
4° Le *grand plateau du Sahara;*
5° Le *grand plateau central et austral.*

Les fleuves qui appartiennent à chaque versant forment autant de bassins distincts.

357. Fleuves. — Le plus grand fleuve que l'Afrique envoie à la Méditerranée est :

Le *Nil*, qui se forme de deux rivières, le *Bahr-el-Abiad* ou *fleuve Blanc* et le *Bahr-el-Azrak* ou *fleuve Bleu,* et prendrait sa source d'après les dernières découvertes, dans de grands lacs situés sous la ligne équinoxiale.

Les plus grands fleuves de l'Afrique qui se rendent dans l'océan Atlantique sont :

1° Le *Sénégal*, qui naît dans les monts de Kong et coule vers le nord-ouest ;
2° La *Gambie,* qui coule parallèlement au Sénégal jusqu'à son embouchure ;
3° Le *Niger*, appelé aussi *Djoliba* et *Kouara*, qui coule d'abord vers le nord et ensuite vers le sud-est jusqu'au fond du golfe de Guinée ;
4° Le *Congo* ou *Zaïre*, qui coule du sud au nord, puis de l'est à l'ouest jusqu'à son embouchure au nord du cap Négro ;
5° L'*Orange*, qui a son cours de l'est à l'ouest jusqu'à son embouchure au nord du cap de Bonne-Espérance.

L'Afrique n'envoie à l'océan Indien qu'un seul fleuve important :

Le *Zambèze,* qui sort du plateau austral pour couler vers l'est jusqu'au canal de Mozambique.

358. Lacs. — Les principaux lacs de l'Afrique sont :

Les lacs *Mariout* et d'*Edkou*, à l'ouest de l'embouchure du Nil ;

Le lac de *Bourlos*, entre les deux embouchures du Nil ;

Les lacs de *Menzaleh*,'*Ballah*, *Timsah*, à l'est de l'embouchure
du Nil, et traversés par le canal de Suez ;

Le lac *Nou*, au confluent du Nil blanc et du Bahr-el-Ghazal,
au sud de la Nubie ;

Le lac *Zana* ou *Dembéa*, d'où sort le Nil bleu, en Abyssinie ;

Le *Victoria Nyanza* ou lac *Victoria* ou *Ukerewé*, d'où sort le
Nil blanc sous l'équateur ;

L'*Albert Nyanza* ou lac *Albert* ou *Luta-Nzighé*, à l'ouest du
précédent, et qui se déverse dans le Nil blanc ;

Le lac *Tanganyika*, au sud des deux précédents, d'où sort le
Loukougou, affluent du Loualaba, lui-même affluent présumé
du Zaïre :

Les lacs *Bangouélo*, *Moero*, *Komolondo*, *Iki* ou *Lincoln*, *San-
korra*, à l'ouest du précédent ;

Le lac *Nyassy*, au sud-est de l'Afrique, qui se déverse dans
le Chiré, affluent de la rive gauche du Zambèze ;

Le lac *N'gami*, au sud du Zambèze ;

Le lac *Dilolo*, à la source du Liba, affluent du Zambèze ;

Le lac *Tchad*, au centre de la Nigritie ;

Les *Chott-el-Chergui* et *Merghigh*, au sud de l'Algérie ;

Le *Chott-el-Kébir*, au sud de la Tunisie.

Exercices. Le maître trace sur le tableau la configuration de l'Afrique :
il indique la situation des mers, des golfes, des détroits, des caps, des
îles, etc., que nous venons d'indiquer. Les élèves copient et mettent
au net.

CHAPITRE XXII.

Versants et Bassins de l'Afrique. — Versant septentrional. — Versant occidental. — Versant oriental. — Plateau du Sahara. — Grand plateau central et austral. — Aspect général de l'Afrique. Climat.

Versants et Bassins de l'Afrique.

359. Versants et Bassins. — L'intérieur de l'Afrique est encore peu connu, quoique cette grande presqu'île soit très-rapprochée de l'Europe. Les chaleurs excessives qui règnent dans cette partie du monde, les immenses déserts qu'elle renferme et les hommes barbares qui l'habitent en ont fait un pays que les nations civilisées n'ont pu aborder que d'une manière imparfaite. Chacun des trois grands versants et des deux plateaux qu'on lui assigne se divise en autant de bassins qu'il y a de fleuves importants qui les parcourent.

Versant septentrional, tributaire de la mer Méditerranée.

360. Ceinture du versant septentrional. — Le *versant septentrional de l'Afrique,* tributaire de la mer Méditerranée, a pour ceinture : 1° les petites dunes qui forment l'isthme de Suez ; 2° les faibles collines qui longent les côtes de la mer Rouge ; 3° les montagnes de l'Abyssinie ; 4° la partie orientale des monts de la Lune et des montagnes Bleues ; 5° le désert de Harroudjé ; 6° la chaîne de l'Atlas, qui se prolonge jusqu'au détroit de Gibraltar. La partie sud de la ceinture n'est pas parfaitement déterminée.

361. Bassin du versant septentrional. — Le *Nil* est le seul fleuve remarquable de ce versant.

Le *Nil,* sous le nom de *Bahr-el-Abiad* ou *fleuve Blanc,* sort des grands lacs Victoria et Albert, situés au pied des monts de la Lune ; il coule d'abord de l'E. à l'O., puis il tourne vers le N. et traverse la Nubie, où il reçoit à Khartoum le *Bahr-el-Azrak* ou *fleuve Bleu,* qui sort du lac Dembéa, situé au centre du plateau de l'Abyssinie, et s'est grossi du *Tacazzé.* Il arrose ensuite Chendy et Dongolah, franchit la sixième cataracte près des îles de Philœ,

14.

entre dans l'Égypte à Assouan, où commencent ses inondations.
De là le Nil baigne Louqsor, Carnak et Gournah, villages bâtis
sur les ruines de Thèbes; Myt-Rahineh, hameau situé sur les
ruines de Memphis; Gyzeh, où sont les pyramides; Le Caire,
capitale de l'Égypte. Au-dessous de cette ville, il se partage en
plusieurs branches, entre lesquelles s'étend la contrée connue
sous le nom général de *Delta*, et dont les deux plus considérables sont celle de *Rosette*, à l'O., et celle de *Damiette*, à l'E.
Les principales lagunes où les branches du Nil se terminent sont
les lacs *Mariout*, *Madyeh*, d'*Edkou*, de *Bourlos*, et celui de
Menzaleh, le plus grand de tous.

Versant occidental, tributaire de l'océan Atlantique.

362. Ceinture du versant occidental. — Le *versant occidental de l'Afrique*, tributaire de l'océan Atlantique, est moins
connu que le versant septentrional. Il paraît déterminé par les
monts de Kong et une série de chaînes de montagnes sur lesquelles on ne possède que des notions incertaines.

363. Bassins du versant occidental. — Six bassins, dont
la configuration n'est pas encore complétement connue, se partagent le versant occidental de l'Afrique : 1° le *Sénégal*; 2° la
Gambie; 3° le *Niger*; 4° l'*Ogoway*; 5° le *Zaïre*; 6° l'*Orange*.

1° Le *Sénégal* prend sa source dans les monts de Kong, coule
de l'E. à l'O., reçoit à droite la *Falémé*, passe à *Bakel*, à
Podor, et se jette dans l'océan Atlantique, un peu au-dessous de
Saint-Louis, après un cours d'environ 1,500 kilomètres.

2° La *Gambie* (1,000 kilom.) naît aussi dans les monts de
Kong, suit la même direction que le Sénégal jusqu'à l'océan
Atlantique et arrose les deux villes d'Albréda et de Sainte-
Marie-de-Bathurst.

3° Le *Niger* a également sa source dans les monts de Kong,
coule du S. O. au N. E. en passant à Ségo et à Tombouctou,
s'incline ensuite vers le S. pour franchir ces mêmes montagnes
et arrive par plusieurs branches dans le golfe de Guinée, après
un cours d'environ 3,700 kilomètres. Son principal affluent est,
à gauche et dans son cours inférieur, le *Tchadda* ou *Binué*, qui
prendrait sa source au S. E. dans le grand plateau central.

4° L'*Ogoway*, situé presque à l'équateur, a un estuaire très-large, qui seul a pu être exploré; mais son cours, sauf pendant une courte distance, et sa source sont encore inconnus.

5° Le *Congo* ou *Zaïre* coule du S. au N., franchit une petite chaîne de montagnes pour prendre la direction de l'O. et arrive dans l'océan Atlantique par un grand nombre de branches. Il paraîtrait recevoir d'assez nombreux affluents, et parmi eux le *Zaïre*, venant du N., qui lui donne un de ses noms, ensuite le *Loualaba*, venant du sud-est et grossi lui-même, à droite, du *Loukougou*, qui sort du lac Tanganyika.

6° L'*Orange* ou *Gariep* vient du pays des Hottentots, coule de l'E. à l'O. et se dessèche dans la saison brûlante avant d'arriver à l'océan Atlantique; son cours serait de 1,600 kilomètres. Il reçoit à droite le *Gariep*, qui lui donne un de ses noms, le *Molopo* et le *Nussop*.

Versant oriental, tributaire de l'océan Indien.

364. Ceinture du versant oriental. — Le *versant oriental de l'Afrique*, tributaire de l'océan Indien, est encore moins connu que les deux premiers; il est parcouru du sud au nord par les monts Lupata, qui semblent se rattacher aux montagnes de la Lune.

365. Bassin du versant oriental. — Un seul bassin, celui du *Zambèze*, est à citer sur le versant oriental de l'Afrique.

Le *Zambèze*, qui vient du plateau central de l'Afrique, coule d'abord du S. O. au N. E., forme la célèbre *chute Victoria*, franchit la chaîne des monts Lupata par de belles cataractes et se dirige ensuite vers le sud-est, pour finir dans l'océan Indien par cinq grandes embouchures. Il reçoit à droite le *Liba* et à gauche le *Chiré*.

Plateau du Sahara.

366. Ceinture du plateau. — Le *plateau du Sahara*, borné au nord par l'Atlas, comprend tout le pays entre l'Égypte, à l'est, et l'océan Atlantique, à l'ouest. Il est peu élevé au-dessus de la mer. Les oasis sont arrosées par quelques filets d'eau sans importance. Il n'y a donc sur toute cette vaste étendue aucun bassin qu'on puisse citer.

Grand Plateau central et austral.

367. Ceinture du plateau. — Le *grand plateau central et austral*, qui est encore peu connu, occupe la partie septentrionale du Soudan, la région du lac Tchad et celle des grands lacs ; il reçoit les eaux des pays qui sont placés entre les bassins du Nil et du Niger. Les deux principaux cours d'eau qui alimentent la partie septentrionale forment deux bassins : 1° l'*Yeou*, qui passe à Kano, traverse l'État de Bornou et entre dans le lac Tchad par l'ouest ; 2° le *Chary*, qui coule du S. au N. et se jette dans le même lac.

368. Aspect général de l'Afrique. Climat.—La plus grande partie de l'immense superficie de l'Afrique est occupée par des plaines marécageuses ou par de vastes déserts sablonneux, au milieu desquels on trouve quelques rares *oasis* ou morceaux de terres fertiles entourées par ces océans de sable.

Le climat de l'Afrique est généralement chaud et sec. D'avril à septembre au nord de l'équateur, d'octobre à mars au sud, ce sont des pluies torrentielles qui inondent des contrées entières ; les six autres mois sont d'une affreuse sécheresse. Il faut en excepter le versant septentrional. L'Afrique centrale, traversée par l'équateur, est brûlée par les rayons du soleil, qui y tombent perpendiculairement. Des contrées connues, les unes sont d'une fertilité prodigieuse, comme sur les côtes de la Méditerranée ; les autres, d'immenses déserts sablonneux, comme le Sahara ; d'autres, des contrées marécageuses et malsaines : telle est la région des lacs. Par suite de sa situation et de son climat l'Afrique a moins de cours d'eau que les autres parties du monde.

Exercices. Le maître fait le tracé des versants et bassins dont il vient d'être parlé. Les élèves copient et mettent au net.

CHAPITRE XXIII.

Afrique politique et économique.

Notions générales. Découverte de l'époque contemporaine. — Grandes Divisions. — Populations, Races, Langues, Religions. — Productions agricoles et minérales. Industrie et Commerce.

369. Notions générales.— L'Afrique, qui forme la troisième partie de l'ancien continent, est la moins connue des cinq parties du monde, à cause des grands déserts qui occupent plus des trois quarts de sa surface, et des peuplades hostiles chez lesquelles les voyageurs rencontrent bien des obstacles à leur but et trouvent souvent la mort.

La partie méridionale de l'Afrique et le passage aux Indes en doublant le cap de Bonne-Espérance ne furent ouverts aux Européens qu'au quinzième siècle, après la découverte du cap par Barthélemy Diaz en 1486 et le premier voyage de Vasco de Gama en 1497. Jusqu'en ces derniers temps, on ne connaissait de l'Afrique orientale que les côtes où les Anglais et les Portugais avaient des colonies. Dans ces dernières années, d'intrépides voyageurs, Caillié, Barth, Vogel, Burton, Speke, Grant, Baker, Livingstone, Nachtigal, Schweinfurth, Cameron, etc., ont parcouru les contrées inexplorées de l'intérieur et ont découvert de grands lacs où ils affirment que le fleuve Blanc, la principale branche du Nil, prend sa source. Les plus importants de ces lacs seraient le lac Albert et le lac Victoria, tous deux sources présumées du Nil, et au sud de ces deux lacs ceux de Tanganyika et de Nyassy ; mais les renseignements obtenus sur les peuplades comme sur les cours d'eau et les montagnes de la partie centrale et australe sont encore très-incomplets et souvent incertains, malgré le courage et le mérite des explorateurs.

370. Grandes Divisions. — On peut diviser l'Afrique, sous le rapport politique, en dix-huit parties principales, savoir :

Région du Nord-Est. . . . . { 1° L'*Égypte.*
2° La *Nubie.*
3° L'*Abyssinie.*

Région du Nord-Ouest . . . .
- 4° La *régence de Tripoli.*
- 5° La *régence de Tunis.*
- 6° L'*Algérie.*
- 7° L'*empire de Maroc.*

Région centrale. . . . .
- 8° Le *Sahara.*
- 9° Le *Soudan.*

Côte occidentale. . . . .
- 10° La *Sénégambie.*
- 11° La *Guinée septentrionale.*
- 12° La *Guinée méridionale.*

Région du Sud . . . .
- 13° La *Hottentotie.*
- 14° La *colonie du Cap.*
- 15° La *Cafrerie.*

Côte orientale. . . . .
- 16° Le *Mozambique.*
- 17° Le *Zanguebar.*
- 18° Le *Somâl.*

A ces pays il faut ajouter, à cause de leur importance, la grande île de *Madagascar*, l'île *Maurice* et l'île de *la Réunion*.

371. Populations, Races, Langues, Religions. — La population de l'Afrique est évaluée à 100 millions d'habitants. La race blanche, plus ou moins mélangée, y domine au nord et à l'est; le reste de la population appartient à la race noire. Les Arabes, en se mêlant avec les Maures, les Berbers et les Coptes, habitants primitifs des contrées du nord, y ont apporté la religion mahométane. La plupart des nègres professent le fétichisme avec ses superstitions grossières. Les Coptes, les Abyssins et les nègres convertis par leurs anciens maîtres sont les seules populations chrétiennes. Les colonies européennes, répandues le long des côtes et dans les îles, renferment aussi un certain nombre de chrétiens. Les langues arabe, turque et éthiopienne sont les plus répandues. L'Égypte et le Maroc sont seuls soumis à un gouvernement régulier et despotique. Les possessions européennes, qui sont assez importantes, sont régies par leur métropole, dont elles ont également en partie la langue et la religion.

372. Productions agricoles et minérales, Industrie et Commerce. — L'Afrique a toutes les productions équatoriales : la canne à sucre, le caféier, le dattier, le figuier, le riz, le palmier, le cocotier, le bananier, l'ébène, le bois de santal. Au nord du Sénégal, de vastes forêts d'acacias fournissent la gomme arabique. Les bords de la Méditerranée ont l'oranger, le citronnier et la vigne, qu'on cultive aussi dans la partie méridionale extrême. On sait que l'Égypte et toute la côte méditerranéenne étaient les greniers de l'ancienne Rome; mais l'agriculture a beaucoup perdu, même dans ces contrées, et partout ailleurs elle est peu développée. On tire de l'Afrique occidentale une grande quantité d'or en poudre. Le cuivre et le fer abondent dans la partie méridionale. On trouve des émeraudes au sud-est de l'Égypte et des diamants au nord du cap de Bonne-Espérance, dans la vallée du fleuve Orange.

Dans toutes les contrées de l'Afrique on rencontre le lion, la panthère, le chacal, l'éléphant, le rhinocéros, la girafe, le singe, et surtout le chameau ou dromadaire, dont on se sert pour traverser les déserts. L'autruche, le plus gros des oiseaux connus, est répandue dans le désert de Sahara. De nombreuses variétés de perroquets se rencontrent dans la partie méridionales. Le boa et autres serpents énormes habitent les forêts. On trouve dans les fleuves le crocodile, l'hippopotame, etc.

L'industrie est peu florissante; cependant le commerce est très-actif, à l'intérieur par les caravanes, à l'extérieur par la marine européenne. Le canal de Suez, percé à travers l'isthme de ce nom, augmente les relations commerciales entre les côtes septentrionales et orientales. En dehors de l'Égypte, qui a eu longtemps le monopole du commerce de transit entre l'Europe et l'Afrique, les autres parties de l'Afrique échangent, contre les produits des manufactures et des usines de l'Europe, les produits de leur sol, les céréales, dattes, gommes, cotons, matières tinctoriales, bois de toute espèce, huile de palme, et ceux de leur industrie, tapis de Maroc, peaux, maroquins, ivoires, etc.

Depuis la découverte du Nouveau-Monde, l'Afrique a fourni pendant de longues années des esclaves nègres à l'Amérique; cette traite des noirs a cessé à peu près depuis que l'affranchissement des nègres est entré dans le droit international.

CHAPITRE XXIV.

Région du Nord-Est. — Égypte. — Nubie. — Abyssinie. — Région
du Nord-Ouest. — États barbaresques : Tripoli, Tunis, Algérie,
Maroc.

Égypte.

373. Notions générales. — L'*Égypte*, qui s'étend dans la
partie inférieure du bassin du Nil, est bornée au N. par la
Méditerranée ; à l'E., par l'isthme de Suez et la mer
Rouge ; au S., par la Nubie ; à l'O., par le désert de Libye
et la régence de Tripoli. C'est la contrée de l'Afrique la
mieux connue, la plus civilisée et la plus intéressante, à
cause des nombreux monuments de l'antiquité qu'on y
rencontre à chaque pas et au nombre desquels on distingue
les pyramides, qui se trouvent près du Caire et qui re-
monteraient à près de six mille ans. Elle a une étendue de
600,000 kilomètres carrés ; mais les déserts qui l'entourent
à l'O. et à l'E. la réduisent à l'étroite vallée du Nil, fertilisée par les inondations périodiques du fleuve. Ces inondations suppléent à l'absence des pluies, presque inconnues en
Égypte, ce qui y rend les étés très-chauds et sans aucune
fraîcheur.

374. Divisions, villes principales. — L'Égypte est divisée
en trois parties : au N., la *Basse Égypte*, comprenant le Delta ;
au centre, la *Moyenne Égypte* ; au S., la *Haute Égypte*. Elle
est subdivisée en moudirliks ou intendances et en départements.
— Les villes principales sont : 1° *Le Caire*, capitale de l'Égypte,
sur la rive droite et à un kilomètre du Nil, et près de l'endroit où
commence le Delta, grand centre de commerce : 350,000 habit. ;
— 2° *Alexandrie*, ville fortifiée et située sur une langue de terre
sablonneuse formée par la Méditerranée et le lac Mariout, avec
deux ports : 220,000 habit. ; — 3° *Damiette*, située à l'embouchure de la principale branche orientale du Nil : 30,000 habit. ;
— 4° *Rosette*, située à l'embouchure de la branche occidentale
du Nil et à l'est d'Alexandrie : 15,000 habit. ; — 5° *Aboukir*
sur la Méditerranée, entre Rosette et Alexandrie, célèbre par

les souvenirs de l'expédition d'Égypte ; — 6° *Gyzeh*, près des pyramides, sur la rive gauche du Nil, dans la Moyenne Égypte ; — 7° *Syout*, sur la rive gauche du Nil, dans la Haute Égypte ;— 8° *Louqsor*, bâtie sur les ruines de Thèbes ; — 9° *Port-Saïd*, sur la Méditerranée, à l'entrée du canal maritime de l'isthme de Suez ; — 10° *Ismaïlia*, vers le milieu de l'isthme, sur le lac Timsah ; — 11° *Suez*, port sur la mer Rouge, à la sortie du canal maritime de l'isthme : 16,000 habit. ; — 12° *Kosséir*, port sur la mer Rouge.

L'Égypte possède deux autres ports sur la mer Rouge dans la Nubie et l'Abyssinie : 1° *Souakim*, sur la côte de Nubie ; — 2° *Massouah*, sur la côte d'Abyssinie.

375. Population, Gouvernement. — La population s'élève à 6,000,000 d'habitants, appartenant à différentes races : les Coptes, ou anciens Égyptiens, qui professent la religion chrétienne ; les Arabes, dont les tribus nomades errent dans les déserts ; les Turcs, qui habitent les villes, et les Mamelouks, qui ont longtemps dominé ce pays : ces trois dernières races professent la religion de Mahomet et parlent la langue turque. L'Égypte forme une vice-royauté placée sous la suzeraineté de la Turquie ; mais le pacha qui la gouverne sous le titre de vice-roi ou *khédive* en a obtenu la possession héréditaire et est à peu près indépendant. Le gouvernement est une monarchie absolue.

376. Agriculture, Mines, Industrie, Commerce. — Les principales cultures de l'Égypte sont les céréales, la canne à sucre, le café, le safran, le tabac, le coton, etc. Les produits minéraux sont du granite, du porphyre, de l'albâtre, des émeraudes, etc.

Malgré les efforts de ses souverains, l'industrie y a fait jusqu'à présent peu de progrès. Le commerce consiste dans l'échange des produits du sol avec les productions des contrées voisines ; mais ce qui fait le grand mouvement commercial de l'Égypte, c'est le transit de toutes les marchandises de l'Europe, de l'Asie méridionale et de l'Afrique orientale et centrale. Le transit avec l'Afrique centrale se fait par des caravanes ; celui de l'Afrique orientale et celui de l'Asie méridionale, par un chemin de fer qui met en communication les ports de Suez et d'Alexandrie en passant par le Caire, ou par le canal maritime de Suez, creusé à travers l'isthme de Port-Saïd à Suez, sur une longueur de 170 kilomètres, qui unit la Méditerranée à la mer Rouge par le lac Timsah.

Nubie.

377. Notions générales. — La *Nubie* occupe la partie centrale du bassin du Nil. Elle a pour limites : au N., l'Égypte ; à l'E., la mer Rouge ; au S.. l'Abyssinie ; à l'O., le désert de Libye et le Soudan. Sa superficie est d'un million de kilomètres carrés, et sa population de 2,500,000 habitants, la plupart mahométans.

La partie septentrionale est fertilisée par les inondations du Nil ; la partie méridionale, par les pluies. Le climat et les productions sont ceux de l'Égypte. L'industrie est nulle ; le commerce n'est qu'un transit.

378. Divisions, villes principales. — La Nubie se divise en plusieurs États : tous reconnaissent l'autorité du vice-roi d'Égypte, qui les a réunis en quatre gouvernements : le *Dongolah*, le *Khartoum*, le *Kordofan* et le *Sennaar*. — Les principales villes sont : *Dongolah* et *Chendy*, baignées par le Nil ; *Khartoum*, près du confluent du fleuve Bleu et du fleuve Blanc, résidence du gouverneur : 50,000 habit. ; *Ipsamboul*, près de la seconde cataracte, qui possède un temple magnifique ; *Sennaar*, sur le fleuve Bleu ; *El-Obéid*, dans le Kordofan.

Abyssinie.

379. Notions générales. — L'*Abyssinie* ou *Éthiopie* s'étend sur le plateau qui renferme le lac Dembéa et les sources du fleuve Bleu et du Tacazzé, son principal affluent. Elle a pour limites : au N., la Nubie ; à l'E., la mer Rouge ; au S., le Somâl ; à l'O., la Nubie et le Soudan. Sa superficie est de 500,000 kilomètres carrés, et sa population de 4 millions d'habitants, qui sont en grande majorité chrétiens ; on y compte aussi des mahométans.

Les plaines de l'Abyssinie ont toutes les productions de la

zone torride ; le café de ce pays est d'une grande supériorité.
De vastes pâturages nourrissent de nombreux troupeaux. L'industrie y est peu développée.

380. Divisions, villes principales. — L'Abyssinie formait
autrefois un royaume dont le souverain s'appelait *Négus*. Elle
fut ensuite divisée en plusieurs États gouvernés par des princes
de la race des Gallas : les plus importants étaient le *Tigré*,
l'*Amhara* et le *Choa*. De récentes conquêtes les ont réunis
sous la domination du roi d'Amhara ; et si récemment l'Angleterre a vaincu le roi Théodoros, il ne paraît pas qu'elle ait
brisé l'autorité de ses successeurs sur toute la contrée. — Les
villes les plus remarquables sont : *Gondar*, capitale de
l'Abyssinie, dans l'Amhara ; *Adoueh*, ville commerçante du
Tigré ; *Ankober*, principal centre de commerce du Choa.

États barbaresques.

381. Notions générales. — La *Barbarie* ou *Maghreb* s'étend
sur le littoral de la Méditerranée, depuis l'Égypte jusqu'à
l'océan Atlantique. Elle comprend quatre États : 1° la régence
de *Tripoli* ; 2° la régence de *Tunis* ; 3° l'*Algérie* ; 4° l'empire de
Maroc.

L'étendue des États barbaresques est d'environ 2,170,000
kilomètres carrés, et la population de 14 millions et demi d'habi-
tans, professant presque tous le mahométisme. Il y a des chrétiens et des juifs dans l'Algérie. Le despotisme le plus absolu est
exercé par les divers souverains de la Barbarie, excepté dans
l'Algérie, qui appartient à la France. Les peuples sont issus de
trois familles principales : les Arabes ou Bédouins, les Berbers
ou Kabyles et les Maures. La chaîne de l'Atlas, qui traverse la
Barbarie de l'O. à l'E., partage ce pays en deux contrées qui
jouissent d'un climat différent : celle du nord, garantie des
vents brûlants du sud par les montagnes, offre partout où elle
est bien arrosée une admirable fertilité ; celle du sud participe
de la nature aride du désert.

Régence de Tripoli.

382. Notions générales. — La *régence de Tripoli* est située sur les côtes de la mer Méditerranée, entre l'Égypte, à l'E., et la régence de Tunis, à l'O. Sa superficie est de 800,000 kilomètres carrés, dont la moitié est occupée par des sables, et sa population n'est que de 1,150,000 habitants. Elle forme aujourd'hui une province immédiate de l'empire Ottoman.

Cet État comprend le *Barkah* à l'E., la *Tripolitaine* à l'O. et le *Fezzan* au S. — Les villes principales sont : 1° *Tripoli*, au N. O., port sur la Méditerranée, 28,000 habit. ; 2° *Benghazy*, ville maritime, à l'E., capitale du Barkah ; 3° *Mourzouk*, au S., capital du Fezzan et le rendez-vous des caravanes du Soudan ; 4° *Ghadamès*, à l'O., dans l'oasis du même nom.

Régence de Tunis.

383. Notions générales. — La *régence de Tunis*, appelée aussi *Tunisie,* s'étend le long de la mer Méditerranée au N. O. de la régence de Tripoli et à l'E. de l'Algérie. Sa superficie est de 120,000 kilomètres carrés, et sa population d'environ 2,000,000 d'habitants, mahométans. Elle est gouvernée par un bey héréditaire, vassal de l'empire Ottoman.

Les villes principales sont : 1° *Tunis*, capitale, avec un port sur un lac qui communique à la Méditerranée par le canal de la Goulette, près des ruines de Carthage.: 125,000 habitants, dont 30,000 juifs ; — 2° *La Goulette*, port important par ses chantiers de constructions navales, situé sur le canal maritime du même nom ; — 3° *Cabès*, port au sud de Tunis ; — 4° *Bizerte*, port au nord-ouest ; — 5° *Kaïrouan*, dans l'intérieur, grande ville commerçante, autrefois la capitale de l'empire arabe dans ces contrées : 30,000 habitants.

Algérie,

384. Notions générales. — L'*Algérie* est une grande colonie française qui occupe sur la Méditerranée tout le nord de l'Afrique, depuis la régence de Tunis, à l'E., jusqu'à l'empire de Maroc, à l'O. La chaîne de l'Atlas la parcourt de l'O. à l'E. et la sépare en deux parties : le *Tell*, au N., et le *Sahara algérien*, au S.

Sa superficie est de 550,000 kilomètres carrés, un peu plus grande que celle de la France, et sa population de 2,415,000 habitants, mahométans, catholiques et juifs; les indigènes arabes ou kabyles, tous mahométans, en forment la presque totalité.

L'Algérie est divisée en trois provinces militaires, qui forment trois départements : 1° la province d'*Alger*, au centre; 2° la province de *Constantine*, à l'E.; 3° la province d'*Oran*, à l'O. — Les villes principales sont : 1° *Alger*, capitale, port situé au fond d'une vaste baie sur la Méditerranée : 60,000 habit. ;— 2° *Blidah*, au pied de l'Atlas, dans la plaine fertile de la Métidja; — 3° *Oran*, bâtie au pied du mont Ramgra, près de la Méditerranée : 20,000 habit. ; — 4° *Mers-el-Kébir*, située sur la Méditerranée et servant de port à Oran ; — 5° *Constantine*, bâtie sur un rocher que contourne le Rummel, place forte : 30,000 habit.; — 6° *Bône*, port à l'E. sur la Méditerranée.

La France, maîtresse de l'Algérie, y a développé toutes les cultures dont le pays est susceptible : les céréales, l'orange, la vigne, le dattier, le coton, l'alfa, le chêne-liége, etc. Le commerce des échanges est considérable.

Empire de Maroc.

385. Notions générales. — L'*empire de Maroc* occupe la partie occidentale des États barbaresques et est sillonné par les chaînes de l'Atlas; il a pour limites : au N., le détroit de Gibraltar et la Méditerranée; à l'E., l'Algérie; au S., le Sahara; à l'O., l'océan Atlantique. Sa superficie est de 700,000 kilomètres carrés, et sa population d'environ 9 millions d'habitants, mahométans ou juifs. Le gouvernement est absolu, sous l'autorité d'un empereur ou sultan.

Cet empire se divise en deux parties : le *Fezzan*, au N., et le *Maroc*, au S. — Les villes principales sont : 1° *Fez*, située au nord et dans l'intérieur : 90,000 habit. ; — 2° *Méquinez*, résidence ordinaire de l'empereur, au S. O. de Fez : 80,000 habit ; — 3° *Maroc*, grande ville impériale, au S. O. des précédentes :

50,000 habit. ; — 4° *Mogador*, port de mer sur l'océan Atlantique, à l'O. de Maroc : 20,000 habit. ; — 5° *Tanger*, port sur le détroit de Gibraltar ; — 6° *Tafilet*, dans l'intérieur, au S. de l'Atlas, centre d'un commerce important.

Le sol, en général fertile, produit toutes les céréales, le dattier, l'amandier, la vigne, l'oranger, l'olivier, le cotonnier, l'alfa, etc. Son industrie consiste dans la fabrication de lainages, de tapis et de maroquins. Les chevaux, les mulets et les dromadaires sont une des richesses du pays et l'objet d'un grand commerce.

L'Espagne possède dans ce pays sur les côtes de la Méditerranée des places fortes, dont les plus importantes sont *Ceuta*, port militaire, situé au N. E. de Tanger et en face de Gibraltar, *Tétouan* et *Mélilla*.

Exercices. Le maître fait le tracé de la partie de l'Afrique qui comprend la région du Nord-Est et celle du Nord-Ouest. Les élèves copient et mettent au net.

CHAPITRE XXV.

Région centrale. — Sahara. — Soudan. — Côte occidentale. — Sénégambie. — Guinée septentrionale. — Guinée méridionale. — Région du Sud. — Hottentotie. — Colonie du Cap. — Cafrerie. — Côte orientale. — Mozambique. — Zanguebar. — Somàl. — Iles de l'Afrique. — État des possessions européennes.

Sahara ou Grand-Désert.

386. Notions générales. — Le *Sahara* ou *Grand Désert* comprend toute la partie de l'Afrique qui s'étend entre les États barbaresques au N., l'Égypte et la Nubie à l'E., le Soudan et la Sénégambie au S., l'océan Atlantique à l'O. Sa superficie est estimée à 6 millions de kilomètres carrés. L'intérieur est mal connu, ainsi que la population, que l'on porte à 300,000 habitants, d'origine maure ou berbère, professant le mahométisme et obéissant à des chefs indépendants. Quelques rares cours d'eau arrosent de fertiles oasis. C'est dans ces oasis que sont bâtis les villes ou villages des peuplades du Sahara. On donne le nom de désert de *Libye* à la partie orientale de cette vaste plaine de sable.

Les peuplades les plus importantes sont celles des *Tibbous* au S. E., des *Touaregs* au centre et au S. et des *Maures* à l'O. — Les centres de population les plus remarquables sont : 1o *El-Goléa*, première étape des caravanes de l'Algérie ; 2o *Aghadès*, qui sert de résidence au plus puissant des chefs des Touaregs et qui est l'entrepôt général du commerce des caravanes ; 3o *Agably*, capitale des Touâts.

Dans cette région de sables, la culture la plus riche est celle du palmier-dattier, arbre qui a fait donner à la partie du nord le nom de Beled-el-Djirid ou pays des dattes. Le commerce d'échanges se fait par des caravanes de chameaux qui se rendent à Mourzouk et à Ghadamès (Tripoli), à Fez et à Tafilet (Maroc).

La France a étendu sa domination sur la partie septentrionale du Sahara, au sud de l'Atlas.

Soudan ou Nigritie.

387. Notions générales. — Le *Soudan* ou *Nigritie*, appelé *Takrour* par les indigènes, occupe le bassin du lac Tchad, la plus grande partie de celui du Niger ou Djoliba et la partie supérieure du bassin du Nil ; il a pour limites : au N., le Sahara ; à l'E., la Nubie et l'Abyssinie ; au S., la Cafrerie ; à l'O., la Guinée septentrionale et la Sénégambie. Sa superficie est d'environ 1,200,000 kilomètres carrés ; sa population est estimée à 25 millions d'habitants, mahométans ou idolâtres.

Cette vaste contrée forme un grand nombre d'États ; les plus connus sont ceux de *Tombouctou*, de *Bornou*, de *Darfour*, d'*Ouaday*, de *Bambara* et de *Haoussa*. — Les villes principales sont : 1o *Tombouctou*, capitale de l'État de ce nom, située dans une grande plaine, au nord et près du Niger : 20,000 habit. ; 2o *Kouka*, capitale du Bornou, près de la rive sud-ouest du lac Tchad ; 3o *Tendelti*, capitale du Darfour, située à l'extrémité orientale du Soudan ; 4o *Ouarah*, dans l'Ouaday, à l'E. du lac Tchad ; 5o *Ségo*, capitale du Bambara, sur le Niger : 30,000 habit. ; 6o *Kano*, dans l'Haoussa, ville ou plutôt campement qui est le point central du commerce dans cette contrée : 30,000 habit.

Le sol, détrempé par les pluies tropicales, donne en abondance, quoique mal cultivé, toute espèce de céréales. La nombreuse population du Soudan vit de l'échange qu'elle fait de ses fruits tropicaux, de ses gommes, des dents d'éléphant et des plumes d'autruche. La girafe habite les plaines arides ; l'éléphant et l'hippopotame, les bords du lac Tchad.

Sénégambie.

388. Notions générales. — La *Sénégambie* occupe les bassins du Sénégal, de la Gambie et du Rio-Grande. Elle a pour bornes : au N., le Sahara ; à l'E., le Soudan ; au S., la Guinée septentrionale ; à l'O., l'océan Atlantique. Son étendue est de 100,000 kilomètres carrés. La population en est peu connue ; on pense qu'elle peut s'élever à 3 millions d'habitants, appartenant à deux races différentes : ceux du nord sont des Maures venus des côtes de la Méditerranée et professent le mahométisme ; ceux du sud sont des nègres, plongés dans l'idolâtrie.

Les principaux États ou royaumes sont ceux de *Cayor*, de *Bambouk*, de *Ghiolof* et de *Fouta*.

Les nations européennes ont d'importantes possessions dans ce pays : 1° la colonie française du *Sénégal*, 215,000 hab., chef-lieu : *Saint-Louis*, située dans une île du Sénégal, près de l'embouchure de ce fleuve ; lieu remarquable : *Gorée*, dans l'île de ce nom ; comptoirs ou lieux d'échange : *Podor*, sur le Sénégal, *Portendic*, sur la côte, et *Dakar*, près du cap Vert, où relâchent les paquebots français du Brésil ; — 2° la colonie anglaise de la *Gambie*, chef-lieu : *Sainte-Marie-de-Bathurst*, à l'embouchure de la Gambie ; — 3° les établissements portugais, dont les plus importants sont le comptoir de *Cacheo*, situé au S. de Bathurst, et les îles *Bissagos*.

La Sénégambie appartient à la zone torride : aussi la chaleur y est excessive et l'air insalubre. Le commerce se fait par les comptoirs étrangers de la côte. Les principaux objets d'échange sont l'or, l'ivoire, l'huile de palme, les gommes et les épices.

Guinée septentrionale.

389. Notions générales. — La *Guinée septentrionale* ou *supérieure* occupe le versant méridional des monts de Kong et le bassin du Niger. Ses limites sont : au N., la Sénégambie et le Soudan ; à l'E., la Guinée méridionale ; au S., le golfe de Guinée ; à l'O., l'océan Atlantique. Elle occupe une superficie de 200,000 kilomètres carrés et renferme une population d'environ 5 millions d'habitants, nègres ou idolâtres. La côte de Guinée a reçu de ses divers produits les noms de côte des *Graines* ou du *Poivre*, côte d'*Ivoire* ou des *Dents*, côte d'*Or*, côte des *Esclaves*.

Les principaux États ou royaumes de ce pays sont : 1° l'empire d'*Achanti*, sur la côte d'Or, capitale : *Koumassie*; — 2° le royaume de *Dahomey*, sur la côte des Esclaves, capitale *Abomey*; — 3° le royaume de *Bénin*, près de l'embouchure du Niger, capitale : *Bénin*; — 4° le royaume de *Biafra*, dans le bassin du Camérones, capitale : *Biafra*; — 5° le royaume de *Yarriba*, dans l'intérieur, capitale : *Abbéokuta*; — 6° la république de *Libéria*, capitale : *Monrovia*, fondée par les États-Unis pour les nègres émancipés de l'Amérique.

Les établissements européens sont : 1° aux Français : les comptoirs de *Grand-Bussam* et d'*Assinie*, sur la côte d'Ivoire ; le territoire du *Gabon*, sur l'estuaire du même nom; — 2° aux Anglais : la colonie de *Sierra-Léone*, sur la côte du même nom : chef-lieu : *Freetown;* sur la côte d'Or: les comptoirs de *Cape-Coast* et de *Lagos*, et celui, de *Saint-George de la Mine*, ancienne possession hollandaise. Les possessions anglaises dans l'Afrique occidentale renferment 633,000 habitants.

Le commerce se fait par les comptoirs étrangers de la côte, où les produits, qui sont les mêmes que ceux de la Sénégambie , sont apportés de l'intérieur du pays.

Guinée méridionale.

390. Notions générales. — La *Guinée méridionale* ou *inférieure*, appelée aussi *Congo*, est située dans le bassin du Congo ou Zaïre ; elle a pour bornes : au N. O., la Guinée septentrionale ; au N., le Soudan ; à l'E., la Cafrerie ; au S., la Hottentotie ; à l'O., l'océan Atlantique. Elle occupe une étendue de 80,000 kilomètres carrés et a plus de 2 millions d'habitants, nègres et idolâtres.

Les États ou royaumes les plus importants de cette contrée sont : 1° le *Loango*, capitale : *Bouali*; — 2° le *Cacongo*, capi-

tale : *Malemba;* — 3° l'*En-Goyo,* capitale : *Cabinde ;* — 4° le
Congo, capitale : *San-Salvador.*

Les Portugais sont en grande partie possesseurs des pays
plus méridionaux d'*Angola* et de *Benguéla,* qui ont pour chefs-
lieux les ports de *Saint-Paul de Loanda* et de *Saint-Philippe
de Benguéla,* d'où ils exportent, surtout au Brésil, les produits
de l'intérieur. La population de ces pays est de 2 millions d'habitants.

Hottentotie.

391. **Notions générales.** — La *Hottentotie* s'étend dans le
bassin du fleuve Orange. Ses limites sont : au N., la Guinée
méridionale et la Cafrerie ; à l'E., la Cafrerie ; au S., la colonie
du Cap ; à l'O., l'océan Atlantique. Les habitants, au nombre
d'environ 60,000, forment, dans la partie méridionale, les tribus
nomades des *Namaquas,* des *Bosschmans,* des *Griquas* et des
Koronas, tous soumis à la domination anglaise.

Le nord de la Hottentotie est occupé par la *Cimbébasie* et par
l'*Ovampie,* contrées arides et désertes qui s'étendent le long de
l'océan Atlantique depuis le cap Négro. Les plus importantes
peuplades qui l'habitent sont les *Ovampos,* les *Damaras,* les
Cimbébas et les *Marcasses.*

Colonie du Cap.

392. Notions générales. — La *colonie du Cap,* ainsi appelée
du *cap de Bonne-Espérance,* comprend la pointe méridionale du
continent africain ; elle est située en partie dans le bassin du
fleuve Orange. Sa superficie est de 500,000 kilomètres carrés,
et sa population, de 1,000,000 d'habitants, chrétiens ou mahométans.

La colonie du Cap se divise en deux provinces : 1° la province
occidentale, capitale : *Le Cap* ou *Cape-town,* bâtie au fond de
la baie de la Table, au pied de la montagne du même nom,
place forte, port militaire et de commerce, important point
de relâche : 30,000 habit.; le village de *Constance,* situé au
S. E. du Cap, est renommé pour son vin ; — 2° la province
orientale : cap. *Port-Élisabeth,* sur l'océan Indien.

Du gouvernement du Cap dépendent : 1° la *Cafrerie anglaise* au nord-est, sur l'océan Indien : cap. *East-London*, ville maritime et commerçante ; — **2°** la colonie de *Port-Natal*, au nord de la précédente, dont *Durban* est la ville la plus importante.

Le sol de la colonie est favorable à toutes les cultures de l'Europe et aux produits méridionaux. Il s'y fait un grand commerce de vins et de laines ; récemment on y a découvert des mines de diamants. C'est un lieu de relâche pour les navires qui se rendent aux Indes ; mais l'ouverture du canal de Suez, qui abrége la route de moitié, diminue aujourd'hui son importance.

La colonie du Cap fut primitivement fondée par les Hollandais, qui y forment encore la masse de la population ; elle appartient aujourd'hui aux Anglais, qui s'en sont emparés pendant les guerres du premier Empire.

Cafrerie.

393. Notions générales. — La *Cafrerie* est une vaste contrée située dans les bassins de l'Orange et du Zambèze ; elle a pour limites : au N., la partie méridionale et peu connue du Soudan ; à l'O., la Guinée méridionale et la Hottentotie ; au S., la colonie du Cap ; à l'E., le Mozambique et l'océan Indien. La population est évaluée à 100,000 habitants.

Ce pays compte un certain nombre de peuplades indépendantes, dont les plus importantes sont celles des *Koussas, Zoulous, Bassoutos, Betchuanas* et *Makololos*.

Les anciens colons hollandais du Cap, désignés sous le nom de *Boers*, ont fondé dans le bassin de l'Orange supérieur deux républiques : celle du *Fleuve-Orange* et celle de *Transvaal*. La république du Fleuve-Orange renferme environ 250,000 habitants et a pour capitale *Bloemfontein*. La république Transvaalique renferme environ 300,000 habitants et a pour capitale *Potchefstroom*. Les empiétements des colons au sud et à l'est tendent à repousser de plus en plus dans l'intérieur les peuplades indigènes.

Mozambique.

394. Notions générales. — La capitainerie générale de *Mozambique* est une contrée qui s'étend à l'O. du canal formé par l'océan Indien, entre l'Afrique et l'île Madagascar.

Ce pays, occupé par des populations nègres et cafres, est presque entièrement sous la domination portugaise et a pour capitale : *Mozambique*, sur une petite île, près de la côte ; et pour villes principales : *Sofala*, vers le sud, et *Quilimane*, port de commerce, près de l'embouchure du Zambèze. La population est de 300,000 habitants. La peuplade indépendante la plus considérable est celle des *Makouas*. Il se fait dans cette contrée un commerce assez important d'ivoire, d'écaille et de poudre d'or.

Zanguebar.

395. Notions générales. — Le *Zanguebar* s'étend au N. du Mozambique, le long de l'océan Indien. — La capitale est *Zanzibar*, dans une île de même nom, près de la côte : 25,000 habit.; et la ville principale, *Quiloa*, port, au S. de Zanzibar.

Ce pays est sous l'autorité du sultan arabe de Zanzibar. Les Arabes y exercent tout le commerce avec l'Arabie et les Indes; ils en exportent de l'ivoire, de la gomme et des épices. La vente des esclaves s'y fait encore, mais d'une manière dissimulée. C'est de Zanzibar que partent les caravanes qui exploitent la région des grands lacs Victoria, Albert, Tanganyika, Nyassy, contrée récemment découverte et encore peu connue.

Somâl.

396. Notions générales. — On désigne sous le nom de *Somâl* la continuation de la côte de Zanguebar jusqu'au détroit de Bab-el-Mandeb.

Ce pays peu connu, placé sous la dépendance des Arabes, comprend la côte d'*Ajan* au S., celle d'*Adel* au N. et le royaume d'*Harar* au N. O. — Les villes les plus remarquables sont : 1° *Zéilah*, sur la côte d'Adel ; 2° *Brava*, entrepôt de commerce ; 3 *Kéram*, port sur le golfe d'Aden ; 4° *Adar*, capitale du royaume d'*Harar*, centre de commerce important. Le pays exporte de la gomme arabique, de l'encens, de l'ivoire et de l'or.

Iles de l'Afrique.

397. Iles de l'Afrique. — Plusieurs îles importantes se rencontrent le long des côtes de l'Afrique. Ces îles produisent en abondance des fruits savoureux, et souvent ceux des zones tempérées à côté de ceux des zones équatoriales. Les principales cultures sont : le café, la canne à sucre, la vigne et le coton. Madagascar est riche en mines, Maurice en indigo, Bourbon en café, Socotora en aloès et en dattes.

398. Iles de l'océan Indien. — Les plus grandes îles sont situées dans l'océan Indien ; ce sont : *Madagascar*, les îles *Comores*, les îles *Mascareignes, Socotora*.

399. Madagascar. — L'île de *Madagascar* ou *Malgache*, la plus grande île de l'Afrique, s'étend dans l'océan Indien et est séparée du continent par le canal de Mozambique. Elle a 1,700 kilomètres de longueur et 400 kilomètres dans sa moyenne largeur. Sa population est d'environ 5 millions d'habitants, divisés en plusieurs tribus. La principale est celle des Hovas ; elle a pour capitale *Tananarive*, située au centre de l'île. Le port le plus fréquenté est *Tamatave*, sur la côte orientale.

400. Iles Mascareignes. — A l'est de Madagascar se trouve l'archipel des *Mascareignes*, dont les deux îles principales sont l'île *Bourbon* ou de *la Réunion*, qui appartient à la France, et l'île *Maurice* ou de *France*, ancienne colonie française, aujourd'hui à l'Angleterre.

L'île de *la Réunion* est de formation volcanique. Elle compte 85,000 colons de race blanche et catholiques, 44,000 travailleurs malgaches ou chinois et 65,000 nègres, en tout 194,000 habitants. La capitale est *Saint-Denis*, au nord ; les villes principales, *Saint-Pierre* et *Saint-Paul*, à l'ouest.

L'île *Maurice*, au nord-est de la précédente, est, comme elle, de formation volcanique et compte 320,000 habitants, colons, nègres, coulies indiens ou chinois. La capitale est *Port-Louis*, au nord-ouest ; la ville principale, *Grand-Port*, sur la côte sud-est.

401. Iles Comores. —Ces îles sont sous un beau climat, dans le nord du canal de Mozambique. Les plus importantes sont : *Angazija* ou la *Grande Comore*, qui dépend d'un prince indigène, et *Mayotte*, qui appartient à la France.

402. Socotora. — La grande île de *Socotora*, à l'est du cap Guardafui et à l'entrée du golfe d'Aden, montagneuse et aride, excepté dans ses rares vallées, est habitée par des Arabes. On en attribue la souveraineté à l'iman de Mascate, dont l'autorité est loin d'être incontestée.

403. Iles de l'océan Atlantique. — Les îles les plus importantes de l'océan Atlantique sont : les *Açores, Madère* et les îles du *Cap-Vert,* aux Portugais ; les *Canaries,* aux Espagnols ; *Sainte-Hélène,* aux Anglais.

L'archipel des *Açores,* le plus septentrional, est peuplé de 260,000 habitants. Les îles principales sont : *Terceire,* capitale *Angra,* et *Saint-Michel,* capitale *Ponte-Delgado,* à l'est du groupe.

Madère, située au sud-est des Açores et formée de rochers basaltiques , est célèbre par ses vignobles. Elle compte 119,000 habitants. La capitale est *Funchal,* sur la côte méridionale, avec 25,000 habitants.

L'archipel des *Canaries,* au sud de Madère, également de formation volcanique, compte 284,000 habitants, parmi lesquels un petit nombre de Guanches, qui descendent des anciens indigènes. Les principales îles sont : *Ténérife,* capitale *Santa-Cruz ;* la *Grande Canarie,* capitale *Las Palmas ; Fortaventure, Lancerote* et l'*île de Fer.*

L'archipel du *Cap-Vert,* situé près des côtes de la Sénégambie, comprend plusieurs petites îles qui renferment en tout 76,000 habitants. La principale est *Santiago,* capitale *Porto-Praya.*

Les îles du *Prince* et de *Saint-Thomas,* dans le golfe de Guinée, appartiennent aux Portugais et renferment 24,000 habitants. — Les îles de *Fernando-Po* et d'*Annobon,* dans le même golfe, appartiennent aux Espagnols et renferment 35,000 habitants.

Sainte-Hélène, à 1,600 kilomètres de la Guinée méridionale, capitale *James-Town,* est célèbre par la captivité et la mort de

Napoléon I à Longwood. Elle appartient aux Anglais, qui possèdent également l'*Ascension* au nord de Sainte-Hélène.

État des possessions européennes.

404. Possessions turques. — La Turquie a sous sa suzeraineté : 1° l'*Égypte*, 2° la régence de *Tunis*, 3° celle de *Tripoli*. — La population de ces États s'élève à 10 millions d'habitants.

405. Possessions françaises. — Les Français possèdent en Afrique : 1° sur la côte septentrionale, l'*Algérie ;* — 2° sur l'océan Atlantique, la colonie du *Sénégal*, avec l'île de *Gorée ;* des comptoirs sur les côtes d'Ivoire et du Gabon, dans la *Guinée septentrionale ;* — 3° dans l'océan Indien, l'île de *la Réunion* ou *Bourbon*, faisant partie de l'archipel des Mascareignes ; les îles de *Sainte-Marie, Nossi-bé* et *Mayotte*, sur les côtes de Madagascar. — Ces possessions comptent 2,852,000 habitants.

406. Possessions anglaises. — Les Anglais possèdent : 1° sur la côte occidentale, la colonie de *Gambie*, avec *Sainte-Marie-de-Bathurst ;* des comptoirs sur les côtes d'Or et de Sierra-Léone, dans la *Guinée septentrionale ;* — 2° dans l'océan Atlantique, les îles de l'*Ascension* et de *Sainte-Hélène ;* — 3° au sud de l'Afrique, les colonies du *Cap de Bonne-Espérance* et de *Natal* et la *Cafrerie anglaise ;* — 4° dans l'océan Indien, les îles *Maurice* ou *de France* et l'île *Rodrigue*, dépendantes de l'archipel des Mascareignes ; les îles *Seychelles*, au nord de l'île Maurice. — La population de ces colonies est de 2,000,000 d'habitants.

407. Possessions portugaises. — Les possessions portugaises sont : 1° dans l'océan Atlantique, les îles *Açores*, les îles *Madère*, les îles du *Cap-Vert* et les îles *Bissagos ;* — 2° des établissements dans la *Sénégambie*, dans le golfe de Guinée, les îles du *Prince* et *Saint-Thomas ;* — 3° la plus grande partie de la *Guinée méridionale* ou *Congo ;* — 4° sur la côte orientale, *Mozambique*. — La population de ces colonies est portée à 2,780,000 habitants.

408. Possessions espagnoles. — Les possessions espagnoles sont : 1° dans le Maroc, *Ceuta*, les *Présides* et *Tétouan ;* —

2° dans l'océan Atlantique, les îles *Canaries;* — 3° dans le golfe de Guinée, les îles *Fernando-Po* et *Annobon.* — On y compte environ 350,000 habitants.]

Exercices. Le maître trace la carte physique des parties de l'Afrique dont il vient d'être parlé ; il indique les États et les lieux remarquables. Les élèves copient et mettent au net.

CHAPITRE XXVI.

Amérique physique.

Situation, configuration, limites, dimensions. — Mers. — Côtes. — Golfes. — Détroits. — Iles et Archipels. — Presqu'îles. — Isthmes. — Caps. — Orographie, relief du sol, systèmes de montagnes. — Chaines de montagnes. — Monts et Pics. — Volcans.

409. Situation, configuration, limites, dimensions. — Le nouveau continent ou nouveau monde, appelé *Amérique,* est compris entre le 83° degré de latitude nord et le 56° de latitude sud, entre le 20° et le 170° de longitude occidentale. Il se compose de deux grandes presqu'îles triangulaires : l'une au nord, qu'on appelle *Amérique du Nord,* et l'autre au sud, qu'on nomme *Amérique du Sud.* Ces deux presqu'îles, réunies par l'isthme de Panama, s'étendent du nord-ouest au sud-est, entre l'océan Atlantique et l'océan Pacifique.

L'Amérique est bornée au N. par l'océan Glacial arctique; à l'E., par l'océan Atlantique ; au S., par l'océan Glacial antarctique ; à l'O., par l'océan Pacifique ou Grand Océan.

La superficie de l'Amérique est de 40,000,000 de kilomètres carrés : c'est le quadruple de l'Europe et la même superficie que l'Asie. Du nord au sud, l'Amérique a plus de 15,000 kilomètres ; de l'ouest à l'est, la largeur est variable : elle est de 4,000 kilomètres aux États-Unis, dans le nord, et de 5,000 kilomètres dans le Brésil, au sud.

410. Mers. — Les mers qui baignent l'Amérique sont :

1° L'océan *Glacial arctique,* au nord, qui forme :

La *mer de Baffin*, à l'ouest du Groënland ;

La *mer de Kane*, au nord du Groënland ;

2° L'océan *Atlantique*, à l'est des deux Amériques, qui forme :

La *mer d'Hudson*, au nord-est de l'Amérique du Nord ;

La *mer* ou *golfe du Mexique*, entre les deux Amériques ;

La *mer des Antilles*, au sud de la précédente ;

3° L'océan *Pacifique* ou *Grand Océan*, à l'ouest du continent, qui forme :

La *mer de Behring*, au nord-ouest de l'Amérique du Nord ;

La *mer de Cortez* ou *mer Vermeille* ou *golfe de Californie*, au sud.

411. Côtes. — Les côtes de l'Amérique dans l'océan Glacial arctique, dans l'océan Atlantique jusqu'au fleuve Saint-Laurent et dans l'océan Pacifique jusqu'au cap Flattery, sont très-irrégulières, semées d'îles nombreuses et profondément découpées. A partir du cap Flattery, les côtes de l'océan Pacifique sont plus régulières, ne projettent que la presqu'île de Californie, ne creusent que quelques golfes peu profonds, si l'on en excepte le golfe de Panama, et n'offrent que des rivages resserrés à peu de distance par la longue chaîne des Cordillères. Dans l'océan Atlantique, les côtes sont régulières, depuis le Saint-Laurent jusqu'au cap Agi, ne projetant que la presqu'île de la Nouvelle-Écosse et le cap Cod ; puis elles se creusent profondément dans les deux mers du Mexique et des Antilles, semées d'îles nombreuses plus ou moins grandes ; elles redeviennent régulières dans toute l'Amérique du Sud, sauf les deux grands estuaires de l'Amazone et de la Plata. Tout à fait au sud, après les golfes de San-Matias et de Saint-Georges sur l'Atlantique, on retrouve des îles nombreuses et des découpures profondes qui se continuent sur l'océan Pacifique jusqu'à la grande île de Chiloé.

412. Golfes. — Les mers qui forment des golfes en Amérique sont :

1° L'océan *Glacial arctique*, qui creuse :

Le golfe de *Kotzebue*, près du détroit de Behring ;

2° L'océan *Atlantique*, qui creuse :

Le golfe de *Saint-Laurent*, au nord-est de l'Amérique du Nord ;

La baie *Chesapeake*, à l'est ;

La baie de *Tous-les-Saints*, au nord-est de l'Amérique du Sud ;

La baie de *Rio-Janeiro*, à l'est ;

Le golfe de *San-Matias*, au sud-est ;

Le golfe de *Saint-Georges*, également au sud-est ;

3° La *mer du Mexique*, qui creuse :
Le golfe de *Campéche*, au sud de l'Amérique du Nord ;

4° La *mer des Antilles*, qui creuse :
Le golfe de *Honduras*, au sud de l'Amérique du Nord ;
La baie des *Mosquitos*, au sud-est ;
Le golfe de *Darien*, au nord de l'Amérique du Sud ;
Le golfe de *Maracaïbo*, également au nord ;

5° L'*océan Pacifique*, qui creuse :
Le golfe de *Téhuantépec*, au sud-ouest de l'Amérique du Nord ;
Le golfe de *Panama*, sur l'isthme de ce nom, au nord-ouest de l'Amérique du Sud ;
Le golfe de *Guayaquil*, également au nord-ouest ;

6° La *mer de Behring*, qui creuse :
Le golfe de *Norton*, au nord-ouest de l'Amérique du Nord ;
Le golfe de *Bristol*, également au nord-ouest.

413. Détroits. — Les principaux détroits de l'Amérique sont :

1° Dans l'Amérique du Nord :
Le détroit de *Behring*, entre l'Asie et l'Amérique du Nord ;
Le détroit de *Mac-Clure*, à l'ouest, dans l'océan Glacial arctique ;
Le détroit de *Barrow-et-Lancastre*, à l'est, dans la mer de Baffin ;
Le détroit de *Kennedy*, entre la mer de Baffin et la mer de Kane ;
Le détroit de *Davis*, entre la mer de Baffin et l'océan Atlantique ;
Le détroit d'*Hudson*, entre l'océan Atlantique et la mer d'Hudson ;

Le détroit de *Belle-Ile*, entre l'île de Terre-Neuve et la presqu'île du Labrador ;

Le canal de *Floride*, entre les îles Lucayes et la presqu'île de Floride ;

Le·canal du *Yucatan*, entre la mer du Mexique et la mer des Antilles ; .

2° Dans l'Amérique du Sud :

Le détroit de *Magellan*, entre la Patagonie et la Terre de Feu.

Le détroit de *Lemaire*, entre la Terre de Feu et l'île des États ;

Le détroit de *Falkland*, dans l'archipel des Malouines.

414. Iles et Archipels. — L'océan Glacial arctique forme dans l'Amérique du Nord une foule d'îles ou terres assez grandes, mais non peuplées, entrecoupées par de nombreux détroits. Les principales sont : l'île *Melville* et l'île *Baring*, à l'ouest ; l'île du *Prince-de-Galles* et celle du *Roi-Guillaume*, au centre ; les îles de *Nouvelle-Ayr* et de *Fox*, à l'est ; celle de *Southampton*, dans la mer d'Hudson.

Les îles et archipels de l'Amérique dans l'océan Atlantique sont :

1° Le *Groënland*, au nord-est de l'Amérique du Nord ;

2° *Terre-Neuve*, à l'est ;

3° Les îles *Bermudes*, également à l'est ;

4° Les îles *Lucayes* ou de *Bahama*, au sud-est ;

5° Les *Grandes Antilles*, à l'entrée de la mer du Mexique ;

6° Les *Petites Antilles*, à l'est, dans la mer des Antilles ;

7° Les îles *Malouines* ou *Falkland*, au sud-est de l'Amérique du Sud ;

8° La *Terre de Feu* et l'île des *États*, à la pointe méridionale.

Les îles et archipels de l'Amérique dans l'océan Pacifique sont :

1° Les îles *Aléoutiennes*, au nord-ouest de l'Amérique du Nord ;

2° L'archipel du *Roi-Georges*, également au nord-ouest ;

3° L'île *Quadra-et-Vancouver*, également au nord-ouest ;

4° L'archipel, *Revillagiyedo*, au sud-est ;

5° L'archipel des *Gallapagos*, à l'ouest de l'Amérique du Sud ;
6° L'île *Chiloé*, au sud-ouest de l'Amérique du Sud ;
7° L'archipel de *la Mère de Dieu*, également au sud-ouest.

415. Presqu'îles. — Les presqu'îles les plus importantes de l'Amérique, toutes situées dans l'Amérique du Nord, sont :

1° La presqu'île du *Labrador*, entre la mer d'Hudson et l'océan Atlantique ;

2° La presqu'île de la *Nouvelle-Écosse*, à l'est ;

3° La presqu'île de *Floride*, au sud-est ;

4° La presqu'île du *Yucatan*, entre la mer du Mexique et la mer des Antilles ;

5° La presqu'île de *Californie*, à l'ouest ;

6° La presqu'île d'*Alaska*, au nord-ouest, le long de l'océan Pacifique ;

7° La presqu'île de *Paraguana*, sur la mer des Antilles, au nord de l'Amérique du Sud.

416. Isthmes. — L'Amérique n'offre que deux isthmes remarquables : celui de *Téhuantépec*, entre l'océan Pacifique et la mer du Mexique, et celui de *Panama*, entre le même océan et la mer des Antilles, par lequel sont réunies les deux Amériques.

417. Caps. — Les principaux caps de l'Amérique sont :

1° Dans l'Amérique du Nord :
Le cap *Corrientes*, sur l'océan Pacifique, à l'ouest du Mexique ;
Le cap *San-Lucas*, à l'extrémité de la presqu'île de Californie ;
Le cap *Flattery*, dans l'Orégon ;
Le cap du *Prince-de-Galles*, sur le détroit de Behring ;
Le cap *Farewell*, au sud du Groënland ;
Le cap *Breton*, dans l'île de même nom ;
Le cap *Cod*, à l'est des États-Unis ;
Le cap *Agi*, au sud de la Floride ;
Le cap *Catoche*, à l'extrémité de la presqu'île du Yucatan ;

2° Dans l'Amérique du Sud :
Le cap *Gallinas*, sur la mer des Antilles ;
Le cap *Saint-Roch*, sur l'océan Atlantique, à l'est du Brésil ;
Le cap *Saint-Thomas*, à l'est du Brésil ;

Le cap *Frio*, à l'est du même État ;

Le cap *Corrientes*, à l'est de la Plata ;

Le cap *Blanc*, à l'est de la Patagonie ;

Le cap *San-Francisco*, sur l'océan Pacifique, au nord de l'Équateur ;

Le cap *Mariato*, à l'extrémité du golfe de Panama ;

Le cap *Froward*, à l'extrémité du continent ;

Le cap *Horn*, le plus méridional de l'Amérique, au sud de la Terre de Feu.

418. Orographie, relief du sol, système de montagnes. — L'orographie de l'Amérique est loin d'être exactement déterminée. On la ramène généralement à quatre systèmes : 1° deux dans l'Amérique du Nord : les *monts Rocheux*, le long de la côte occidentale, depuis le détroit de Behring jusqu'à l'isthme de Panama, et les *monts Alléghany*, le long de la côte orientale ; 2° deux dans l'Amérique du Sud : les *Andes*, le long de la côte occidentale, depuis l'isthme de Panama jusqu'au cap Froward, et à l'est, de l'Orénoque à l'embouchure du Maragnon, et les *monts du Brésil*, le long de la côte orientale jusqu'à la Plata.

419. Chaînes de montagnes. — Les principales chaînes de montagnes sont :

1° Dans l'Amérique du Nord :

Les *monts Rocheux*, qui se divisent en deux branches : l'une occidentale et près des côtes, depuis la presqu'île d'Alaska jusqu'au cap San-Lucas, en Californie, dont les principales parties sont la chaîne des *Cascades* et la *Sierra Nevada* ; l'autre, depuis le détroit de Behring jusqu'à la source du Rio Colorado ;

La *Sierra Madre*, la *Sierra Verde*, la *Cordillère du Mexique* et la *Cordillère du Guatemala*, qui se suivent en continuant vers le sud les monts Rocheux ;

La double chaîne des *Alléghany* ou *Apalaches*, au nord, et des *Cumberland*, au sud, qui court parallèlement le long de l'océan Atlantique ;

2° Dans l'Amérique du Sud :

La *Cordillère des Andes*, de l'isthme de Panama au cap

Froward, qui comprend les Andes de la *Colombie*, de l'*Équateur*, du *Pérou*, de la *Bolivie* et du *Chili* ;

La chaîne des *monts de Parima*, le long de l'océan Atlantique, entre l'Orénoque et le Maragnon ;

La chaîne des *monts du Brésil*, qui côtoie l'océan Atlantique et se dédouble en *serra do Espinhaço* et *serra de Piauhy* ;

La *serra dos Vertentes*, qui se détache des Andes de la Bolivie et ferme au sud le bassin du Maragnon.

420. Monts et Pics. — Les principaux monts et pics de ces chaînes de montagnes sont :

1° Dans l'Amérique du Nord :
Le mont *Brown* (4,900 m.), dans les monts Rocheux ;
Le mont *Hooker* (4,000 m.), dans la même chaîne ;
Le mont *Murchison* (4,800 m.), dans la même chaîne ;
Le pic de *Frémont* (4,100 m.), dans la même chaîne ;
Le mont *Fairweather* (5,000 m.), dans la même chaîne ;
Le *Coffre de Perote* (4,000 m.), dans la Cordillère du Mexique ;.

2° Dans l'Amérique du Sud :
Le *Tolima* (5,600 m.), dans les Andes de la Colombie ;
Le *Chimboraço* (6,500 m.), dans les Andes de l'Équateur ;
Le *Pichincha* (4,900 m.), dans la même chaîne ;
Le *Sahama* (6,800 m.), dans les Andes de la Bolivie ;
Le *pic de Sorata* (6,500 m.), dans la même chaîne ;
Le *pic d'Illimani* (6,500 m.), dans la même chaîne ;
Le *Cerro de Potosi* (4,000 m.), dans la même chaîne ;
L'*Aconcagua* (7,300 m.), dans les Andes du Chili.

421. Volcans. — Les volcans importants sont :

1° Dans l'Amérique du Nord :
Le *Saint-Élie* (5,100 m.), dans les monts Rocheux ;
Le *Popocatepetl* (5,400 m.), dans la Cordillère du Mexique ;
L'*Orizaba* (5,400 m.), dans la même chaîne ;
Le *Toluca* (4,600 m.), dans la même chaîne ;
Le *Jorullo* (1,300 m.), dans la même chaîne ;
Le *Fuego* (4,200 m.), dans l'Amérique centrale ;

2° Dans l'Amérique du Sud :
Le *Cayambé* (5,900 m.), dans les Andes de l'Équateur ;

L'*Antisana* (5,800 m.), dans la même chaîne ;

Le *Cotopaxi* (5,700 m.), dans la même chaîne ;

L'*Aréquipa* (5,400 m.), dans les Andes du Pérou ;

Le *Gualatieri* (6,700 m.), dans la même chaîne.

Exercices. Le maître fait un tracé de l'Amérique et indique la situation des mers, golfes, détroits, etc., dont il vient d'être parlé. Les élèves copient et mettent au net.

CHAPITRE XXVII.

Hydrographie de l'Amérique. — Ligne de partage des eaux. Versants
  et Bassins. — Fleuves. — Lacs.
Versants et Bassins de l'Amérique du Nord. — Versant septentrional.
  — Versant oriental. — Versant occidental.
Versants et Bassins de l'Amérique du Sud. — Versant oriental. —
  Versant occidental.

422. Hydrographie, ligne de partage des eaux. — L'Amérique du Nord possède d'importants fleuves et d'immenses lacs. Sa ligne de partage des eaux est accentuée par la chaîne des monts Rocheux, qui court du N. au S. depuis le cap du Prince-de-Galles, sur le détroit de Behring, jusqu'à l'isthme de Panama, et qui la divise en deux grands versants : celui de l'océan Pacifique à l'ouest et celui de l'océan Glacial arctique et de l'océan Atlantique au nord et à l'est. Cette ligne de partage des eaux se continue dans l'Amérique du Sud par la chaîne des Cordillères des Andes, depuis l'isthme de Panama au N. jusqu'au cap Froward au S., et y forme également les deux versants de l'ouest et de l'est. L'Amérique du Sud a plusieurs grands fleuves, mais ne renferme aucun lac important.

423. Versants et Bassins. — Les deux Amériques sont divisées en deux grands versants : celui de l'ouest, ou de l'océan Pacifique, et celui du nord et de l'est, qui se subdivise en versants de l'océan Glacial arctique, de l'océan Atlantique, de la mer ou golfe du Mexique et de la mer des Antilles. Les fleuves qui appartiennent à chacun de ces versants forment autant de bassins distincts.

424. Fleuves.—Les principaux fleuves du versant de l'océan
Glacial arctique sont :

Le *Mackensie*, qui se jette à l'est du détroit de Behring;

Le *Nelson*, qui se perd dans la mer d'Hudson.

Les principaux fleuves du versant de l'océan Atlantique sont :

1° Dans l'Amérique du Nord :

Le *Saint-Laurent*, qui a son embouchure en face de l'île de
Terre-Neuve ;

L'*Hudson*, qui se rend dans la rade de New-York ;

La *Delaware*, qui se jette dans la baie de ce nom ;

Le *Susquehannah*, qui arrive dans la baie Chesapeake ;

Le *Potomac*, qui se rend dans la même baie;

2° Dans l'Amérique du Sud :

L'*Orénoque*, au nord, dont les bouches sont nombreuses ;

Le *Maragnon* ou *fleuve des Amazones,* au nord-est, qui reçoit
comme affluents : à gauche le *Vieux-Maragnon* et le *Rio-Négro*,
à droite la *Madeira,* le *Topajos*, le *Xingu* et le *Tocantins;*

Le *Paranahyba*, au nord du cap Saint-Roch ;

Le *San Francisco*, au sud du même cap ;

Le *Rio de la Plata*, formé de la réunion de l'*Uruguay* avec le
Parana, grossi du *Paraguay* et du *Salado,* qui finit à Montévidéo ;

Le *Colorado*, qui se jette dans l'Océan au sud du cap
Corrientès ;

Le *Rio-Négro*, au nord du golfe de San-Matias.

Le versant de la mer ou golfe du Mexique reçoit de l'Amérique du Nord :

Le *Mississipi*, au nord, grossi à droite du *Missouri*, de l'*Arkansas* et de la *Rivière Rouge;* à gauche, de l'*Illinois* et de
l'*Ohio ;*

Le *Rio-Grande del Norte* , à l'ouest , sur les confins du
Mexique ;

Le *Moctezuma*, qui finit à Tampico ;

Le *Tabasco*, au sud du précédent.

Le versant de la mer des Antilles reçoit de l'Amérique du
Sud :

La *Madeleine*, au nord-est de l'isthme de Panama.

Le versant de l'océan Pacifique ne renferme aucun fleuve important dans l'Amérique du Sud ; ceux de l'Amérique du Nord sont :

Le *Rio-Colorado*, qui se jette dans le golfe de Californie ;

Le *San-Francisco*, formé du *Sacramento* et du *San-Joaquin*, au nord du précédent ;

La *Colombia* ou *Orégon*, qui se jette dans la mer au sud de l'île Quadra-et-Vancouver.

425. Lacs. — Les principaux lacs sont :

1º Dans l'Amérique du Nord :

Les lacs du *Grand-Ours*, de l'*Esclave*, *Athabaska* et *Ouinipeg*, les trois premiers s'écoulant dans l'océan Glacial par le Mackensie ;

Les cinq grands lacs *Supérieur*, *Michigan*, *Huron*, *Érié* et *Ontario*, qui donnent tous l'un dans l'autre et forment le fleuve Saint-Laurent : la cataracte du Niagara, la plus grande du globe, se trouve entre les lacs Érié et Ontario ;

Le grand lac *Salé*, au nord-ouest des États-Unis ;

Le lac *Nicaragua*, entre la presqu'île du Yucatan et l'isthme de Panama ;

2º Dans l'Amérique du Sud :

Le lac de *Maracaïbo*, au nord-ouest du Vénézuéla ;

Le lac *Titicaca*, sur la limite du Pérou et de la Bolivie ;

Le lac de *los Patos*, près de la côte méridionale du Brésil.

Versants et Bassins de l'Amérique du Nord.

426. Versants de l'Amérique du Nord. — L'Amérique du Nord renferme trois versants :

1º Le *versant septentrional*, tributaire de l'océan Glacial arctique ;

2º Le *versant oriental*, tributaire de l'océan Atlantique et de la mer ou golfe du Mexique ;

3º Le *versant occidental*, tributaire de l'océan Pacifique.

Versant septentrional, tributaire de l'océan Glacial.

427. Ceinture du versant septentrional. — Le *versant septentrional de l'Amérique du Nord*, tributaire de l'océan

16.

Glacial arctique, est formé : 1º par les pentes orientales des monts Rocheux ; 2º par les pentes septentrionales d'une série de collines qui se détachent des monts Rocheux pour courir à l'E. jusqu'au détroit de Davis.

428. Bassins du versant septentrional. — Deux bassins principaux se partagent le versant de l'océan Glacial arctique : celui du *Mackensie,* au N., et celui du *Nelson,* au S.

1º Le *Mackensie* prend sa source dans les monts Rocheux, se dirige au N., reçoit les eaux du lac Athabaska, forme le lac de l'Esclave, reçoit encore les eaux du lac du Grand-Ours et finit dans l'océan Glacial ;

2º Le *Nelson* descend des monts Rocheux sous le nom de *Saskatchavan,* coule de l'O. à l'E., traverse les eaux du lac 'Ouinipeg et débouche dans la mer d'Hudson.

Versant oriental, tributaire de l'océan Atlantique.

429. Ceinture du versant oriental. — Le versant oriental de l'Amérique du Nord se subdivise en deux parties : 1º le *versant de l'océan Atlantique ;* 2º le *versant de la mer ou golfe du Mexique.*

Le *versant de l'océan Atlantique* a pour ceinture : 1° les monts Alléghany ; 2° un dos de terrain qui s'étend de l'E. à l'O. depuis les monts Alléghany jusqu'aux monts Rocheux ; 3º les collines confuses dont nous avons parlé dans le versant de l'océan Glacial arctique.

Le *versant de la mer ou golfe du Mexique* a pour ceinture : 1º la Cordillère du Guatémala ; 2° la Cordillère du Mexique ; 3º la Sierra-Verde ; 4º la partie méridionale des monts Rocheux ; 5º les collines confuses qui encaissent le Saint-Laurent ; 6º la chaîne des Alléghany.

430. Versant et Bassins de l'océan Atlantique. — Le versant de l'océan Atlantique compte cinq bassins principaux : 1º le *Saint-Laurent ;* 2º l'*Hudson ;* 3º la *Delaware ;* 4º le *Susquehannah ;* 5º le *Potomac.*

1º Le *Saint-Laurent* sort, sous le nom de rivière Saint-Louis, du plateau où naît le Mississipi, coule du N. O. au S. E., entre dans le lac Supérieur, qui verse son trop-plein dans le lac

Huron ; celui-ci reçoit les eaux du lac Michigan, et s'écoule par le petit lac Saint-Clair dans le lac Érié. Le Niagara sort du lac Érié, forme une magnifique cataracte de 1,280 mètres de largeur et de 50 mètres de hauteur, pour entrer dans le lac Ontario. C'est en sortant du lac Ontario que commence réellement le fleuve Saint-Laurent, qui coule du S. O. au N. E. pour arroser Montréal et Québec, anciennes capitales du Canada, et pour finir dans l'océan Atlantique par une large embouchure de 200 kilomètres devant l'île de Terre-Neuve. La longueur de ce fleuve, depuis le lac Ontario, est de 880 kilomètres.

2° L'*Hudson* naît dans les hauteurs qui forment la ceinture du lac Champlain, coule du N. au S., arrose Albany, où commence un canal qui le joint au lac Érié, et finit à New-York, la ville la plus importante des États-Unis.

3° La *Delaware* coule du N. au S., arrose Philadelphie et finit dans la baie de la Delaware.

4° Le *Susquehannah* se forme de deux rivières qui descendent des Alléghany, arrose Harrisburgh et finit au fond de la baie Chesapeake. Ce fleuve s'unit à l'Ohio par un important système de canaux.

5° Le *Potomac* descend des Alléghany, coule du S. O. au N. E., tourne ensuite au S. E., arrose Washington, capitale des États-Unis, et finit dans la baie Chesapeake. Navigable pour les plus grands vaisseaux jusqu'à Washington, le Potomac se joint à l'Ohio par un long canal.

431. Versant et Bassins de la mer ou golfe du Mexique. — Le versant de la mer ou golfe du Mexique contient le vaste bassin du *Mississipi* et plusieurs bassins côtiers.

432. Bassin du Mississipi. — Le bassin du *Mississipi* a pour ceinture : 1° les monts Alléghany ; 2° les hauteurs entre le Saint-Laurent et le Mississipi ; 3° les monts Rocheux ; 4° la Sierra-Verde ; 5° les hauteurs situées entre le Mississipi et le Rio-Grande del Norte. Le *Mississipi* sort d'un plateau marécageux situé à l'ouest du lac Supérieur, coule vers le S., arrose Saint-Louis et la Nouvelle-Orléans, et se divise en plusieurs branches qui se jettent dans la mer ou golfe du Mexique, après un cours de 2,400 kilomètres.

Affluents de droite. — 1° Le *Missouri* sort des monts Rocheux, coule généralement du N. O. au S. E., arrose Jefferson et joint le Mississipi, près de Saint-Louis, après un cours de 2,600 kilomètres.; il se grossit d'un nombré considérable d'affluents, parmi lesquels il faut citer : la *Pierre-Jaune*, qui a 880 kilomètres de cours ; la *Plate*, qui a 1,080 kilomètres, et le *Kansas*, qui en a 640. — 2° L'*Arkansas* descend de la Sierra-Verde, coule du N. O. au S. E., arrose le pays des Osages et a son confluent au-dessous de Little-Rock, après un cours de 1,640 kilomètres. — 3° La *Rivière Rouge* traverse des pays déserts, forme plusieurs lacs et joint le fleuve entre Natchez et Bâton-Rouge.

Affluents de gauche. — 1° L'*Illinois* sort des collines qui forment la ceinture du lac Michigan, coule du N. E. au S. O. et a son confluent près de celui du Missouri. — 2° L'*Ohio* se forme de deux rivières, la *Monongahéla* et l'*Alléghany*, qui se réunissent à Pittsburgh ; de là il coule du N. E. au S. O. et arrose Portsmouth ; enfin il passe à Cincinnati et finit après un cours de 1,040 kilom. Il se grossit à droite du *Scioto*, qui arrose Columbus pour finir à Portsmouth, et du *Wabash*, grossi de la *Rivière Blanche* ; à gauche, du *Kentucky*, qui arrose Francfort, du *Cumberland*, qui a un cours de 880 kilomètres, et du *Tennessée*, qui longe les monts Alléghany et dont le cours est de 1,050 kilomètres.

433. Bassins côtiers. — 1° Le *Rio-Grande del Norte* prend source dans la Sierra-Verde, se dirige du N. O. au S. E., passe près de Santa-Fé, arrose Laredo et finit dans la mer ou golfe du Mexique, après un cours de 1,200 kilomètres.

2° Le *Moctezuma* prend sa source dans le plateau du Mexique, l'un des plus remarquables du monde, et traverse cinq lacs : celui du milieu, qui prend le nom de lac Tezcuco, a sur sa rive occidentale Mexico, capitale du Mexique ; ce fleuve se dirige ensuite du S. O. au N. E. et finit à Tampico dans la mer ou golfe du Mexique.

3° Le *Tabasco* coule du S. E. au N. O., passe à Chiapa, se dirige de là vers le N. E. et finit près de Tabasco dans la mer ou golfe du Mexique.

Versant occidental, tributaire de l'océan Pacifique.

434. Ceinture du versant occidental. — Le *versant occidental de l'Amérique du Nord*, tributaire de l'océan Pacifique, se forme : 1° de la pente occidentale de la Cordillère du Guatémala et de celle du Mexique ; et 2° des mêmes pentes de la Sierra-Verde et des monts Rocheux.

435. Bassins du versant occidental. — Les montagnes qui déterminent la ceinture du versant occidental ne forment dans la partie méridionale que des pentes courtes et rapides. Du côté du nord elles s'enfoncent dans le continent et donnent lieu à quelques cours d'eau importants : 1° le *Rio-Colorado*, qui se jette au fond du golfe de Californie ; — 2° le *San-Francisco*, formé du *Sacramento* et du *San-Joaquin*, au nord du précédent ; — 3° la *Colombia* ou *Orégon*, qui descend des monts Rocheux pour se diriger du N. E. au S. O. et finir au fort Astoria, dans l'océan Pacifique.

Versants et Bassins de l'Amérique du Sud.

436. Versants de l'Amérique du Sud. — L'Amérique du Sud se divise en deux versants :

1° Le *versant oriental*, tributaire de l'océan Atlantique et de la mer des Antilles ;

2° Le *versant occidental*, tributaire de l'océan Pacifique.

Versant oriental, tributaire de l'océan Atlantique.

437. Ceinture du versant oriental. — Le versant oriental de l'Amérique du Sud se subdivise en deux parties : 1° le *versant de l'océan Atlantique* ; 2° le *versant de la mer des Antilles*.

Le *versant oriental de l'Amérique du Sud*, tributaire de l'océan Atlantique et de la mer des Antilles, se forme de toutes les pentes orientales de la Cordillère des Andes depuis l'isthme de Panama jusqu'au détroit de Magellan.

438. Bassins du versant oriental. — Le versant oriental de l'Amérique du Sud forme deux grands bassins : 1° le *Mara-*

gnon ou *fleuve des Amazones ;* 2° le *Rio de la Plata,* et plusieurs bassins côtiers.

439. Bassin du Maragnon. — Le bassin du *Maragnon* a pour ceinture : 1° les Andes de la Colombie, de l'Équateur et du Pérou ; 2° les chaînes de hauteurs qui se détachent des Andes pour courir à l'est jusqu'à l'océan Atlantique.

L'immense *Maragnon* ou *fleuve des Amazones* prend naissance sur le versant oriental des Andes. Il est formé par la réunion du *Tunguragua* à gauche au nord-ouest, du *Maragnon* au centre à l'ouest, du *Huallaga* à droite au sud-ouest et de l'*Ucayalé* grossi de l'*Apurimac* plus à droite encore au sud-est. Il traverse des plaines immenses et presque inconnues, donne des dérivations qui forment avec le *Tocantins* l'île de Marajo et finit par une embouchure large de 200 kilomètres dans l'océan Atlantique, après un cours de 7,500 kilomètres.

Affluents de droite. — 1° La *Madeira* sépare en partie la Bolivie du Brésil et finit au-dessous de Barra, après un cours de 1,780 kilomètres. — 2° Le *Topajos* et 3° le *Xingu* coulent du S. O. au N. E., à travers un pays presque désert, et finissent, le premier au-dessus de Santarem, après un cours de 1,000 kilomètres, et le deuxième au-dessus de Gurupu, après un cours de 2,280 kilomètres.

Affluents de gauche. — 1° Le *Napo ;* — 2° L'*Yapura ;* — 3° le *Rio-Negro* prend source dans la Colombie, arrose un pays habité par des sauvages et reçoit par la gauche le *Cassiquiare,* canal naturel qui le réunit à l'Orénoque.

440. Bassins côtiers. — Les cours d'eau les plus importants situés au N. du Maragnon sont : 1° la *Madeleine ;* 2° l'*Orénoque.*

1° La *Madeleine* sort du plateau d'Almaguer, coule du S. au N., arrose Mompox et finit entre Sainte-Marthe et Carthagène, dans la mer des Antilles, après un cours de 1,200 kilomètres.

2° L'*Orénoque* sort des monts de Parima, coule d'abord du S. E. au N. O., se joint par une dérivation (le Cassiquiare) au Rio-Négro, tourne ensuite du S. O. au N. E., traverse des pays déserts, arrive à Caicara, où il se dirige de l'O. à l'E., passe à Nueva-Guayana, et finit dans l'océan Atlantique par plusieurs branches, après un cours de 2,400 kilomètres ; il est navigable pendant 2,000 kilomètres, et ses eaux rapides se font sentir à 100 kilomètres des côtes.

Les cours d'eau situés au S. du Maragnon sont : 1° le *Tocantins* ; 2° le *Paranahyba*.

1° Le *Tocantins* sort de la Serra Pyreneos (plateaux du Brésil), coule du S. au N., traverse d'immenses déserts, se grossit, par la gauche, de la grande rivière d'*Araguay*, puis se partage en deux branches à Villa-Viçoza et arrose Para, en se jetant dans l'océan Atlantique.

2° Le *Paranahyba* coule du S. O. au N. E. et finit dans l'océan Atlantique, près de Saint-Louis de Paranahyba.

441. Bassin du Rio de la Plata. — Le bassin du *Rio de la Plata* a pour ceinture : 1° la pente orientale de la Cordillère des Andes ; 2° la pente méridionale des serras et des plateaux qui séparent la Plata du Maragnon.

Le *Rio de la Plata*, formé par la réunion du Parana et de l'Uruguay, a sa source, sous le nom de *Parana*, dans la Serra de Villa-Boa, au Brésil, coule du N. E. au S. O., arrose Corrientes, reçoit le *Paraguay*, passe près de Santa-Fé, tourne au S. E., joint ensuite l'*Uruguay* à la pointe Obligado, pour prendre le nom de *Rio de la Plata*, et finit après un cours de 2,800 kilomètres dans l'océan Atlantique, entre Buénos-Ayres à droite et Montévidéo à gauche, par une embouchure de 250 kilomètres de largeur.

Affluents de droite. — 1° Le *Paraguay* coule du N. au S., arrose l'Assomption et se jette dans le *Parana* après un cours de 1,600 kilomètres ; il se grossit d'un grand nombre d'affluents, parmi lesquels il faut citer le *Pilcomayo*, à droite ; — 2° le *Salado* passe près de Salta et finit près de Santa-Fé, après un cours de 1,000 kilomètres.

442. Bassins côtiers. — Les cours d'eau situés au N. E. du Rio de la Plata sont sans importance ; il faut cependant en excepter le *San-Francisco*, qui coule du S. O. au N. E., dans un bassin étroit que talutent les monts maritimes du Brésil, et qui finit dans l'océan Atlantique, après un cours de 1,700 kilomètres.

Les cours d'eau situés au S. du Rio de la Plata sont : 1° le *Colorado* ; 2° le *Rio-Négro*.

1° Le *Colorado* sort des Andes du Chili, coule du N. O. au S. E., se joint par une dérivation au *Rio-Négro*, traverse des

pays sauvages et finit dans l'océan Atlantique, après un cours
de 1,440 kilomètres.

2° Le *Rio-Négro* prend source dans les Andes du Chili, coule
d'abord du S. O. au N. E., puis au S. E., et finit au nord du
golfe de San-Matias, après un cours de 1,000 kilomètres.

Versant occidental, tributaire de l'océan Pacifique.

443. Ceinture du versant occidental. — Le *versant occidental de l'Amérique du Sud*, tributaire de l'océan Pacifique,
n'est formé que par une bande de terre qui s'étend, du nord au
sud, depuis l'isthme de Panama jusqu'au cap Froward, entre
la mer et la chaîne des Andes. Il n'envoie dans l'Océan que des
torrents sans importance.

Exercices. Le maître trace les versants, les bassins, les fleuves et
les rivières des deux Amériques, dont il vient d'être question. Les
élèves copient et mettent au net.

———o———

CHAPITRE XXVIII.

Amérique politique et économique.

Notions générales. — Grandes divisions. — Populations, Races, Langues, Religions. — Gouvernements. — Productions du sol, de l'agriculture et de l'industrie. — Aspect général de l'Amérique, climat.

444. Notions générales. — L'*Amérique* est, après l'Europe,
la partie du monde la plus civilisée ; elle est la moins peuplée,
comparativement à son étendue. Placée entre les deux grandes
mers du globe, elle possède sur ces mers d'excellents ports,
qui lui permettent d'entretenir d'importantes relations commerciales avec les diverses nations du monde pour le placement de
ses précieux produits naturels.

L'histoire de l'Amérique ne date, d'une manière précise, que
de l'époque de la découverte de ce continent par Christophe
Colomb, qui en prit possession au nom de l'Espagne, en 1492.
Aux siècles suivants, les Anglais, les Français et les Portugais
continuèrent la découverte de ce vaste continent et y formèrent

des établissements. Christophe Colomb avait découvert les Antilles en 1492 et 1497 ; Améric Vespuce aborda la côte septentrionale de l'Amérique du Sud en 1499 : le récit qu'il publia de cette découverte fit donner son nom au nouveau continent. Pinto découvrit le Yucatan en 1507 ; Ponce de Léon, la Floride, en 1512 ; Perez, le Pérou, en 1515 ; Fernand Cortez, le Mexique, en 1518. Ces divers pays devinrent des possessions espagnoles. En 1497, l'Anglais Jean Cabot abordait le Labrador et le littoral des États-Unis ; en 1500, le Portugais Cabral découvrait le Brésil ; en 1534, le Français Jacques Cartier abordait le Canada ; en 1682, le Français Cavelier de Salles, la Louisiane : il s'y formait des colonies anglaises, portugaises et françaises.

445. Grandes Divisions. — Le nouveau continent est divisé naturellement en deux grandes parties [1] :

1° L'*Amérique du Nord*,

2° L'*Amérique du Sud*,

qui sont réunies par l'isthme de Panama.

446. Populations, Races, Langues, Religions. — La population de l'Amérique est évaluée à 90 millions d'habitants, dont la majeure partie sont d'origine européenne et de race blanche et parlent les langues des peuples de l'Europe qui ont conquis et colonisé l'Amérique : le français est parlé dans le sud des États-Unis et au Canada ; l'anglais, aux États-Unis et dans la Nouvelle-Bretagne ; l'espagnol, au Mexique et dans une partie de l'Amérique méridionale ; le portugais, au Brésil. Le christianisme est la religion de la grande majorité. Le protestantisme, dans ses diverses sectes, domine aux États-Unis, où l'on compte toutefois plusieurs millions de catholiques, surtout dans les anciennes colonies françaises du sud. Dans la Nouvelle-Bretagne, les habitants d'origine française sont catholiques et ceux d'origine anglaise protestants. Les peuples de l'Amérique centrale et méridionale sont tous catholiques. Les anciens indigènes ou Indiens, à peau rouge ou cuivrée, se rencontrent encore dans l'Amérique du Nord, mais tendent chaque jour à disparaître. Dans l'Amérique du Sud, les descendants des races indigènes se sont mêlés aux races européennes et continuent de former le

1. Nous commencerons, selon l'usage, par l'Amérique du Nord.

fond de la population. Les nègres, transportés d'Afrique comme esclaves et actuellement émancipés, constituent une partie importante de la population aux États-Unis et au Brésil. L'émigration européenne tend chaque année à augmenter le chiffre général des habitants.

447. Gouvernements. — La plupart des États de l'Amérique, qui étaient, depuis sa découverte, des possessions européennes, se sont successivement émancipés et séparés de leur métropole. Leur long assujettissement ayant fait perdre tout souvenir des anciennes dynasties, ces États ont tous adopté la forme républicaine. Le Brésil, ancienne colonie portugaise, fait cependant exception; il forme un empire par suite de l'émigration d'un membre de la dynastie royale de Portugal, qui devint empereur de cette vaste contrée.

448. Productions du sol, de l'agriculture et de l'industrie. — A cause de son étendue, l'Amérique renferme tous les climats et toutes les productions des autres parties du monde.

On cultive dans l'Amérique du Nord le coton, la canne à sucre, le riz et le tabac. Dans les Antilles et les régions méridionales, on cultive également la canne à sucre, le caféier, le cacaoyer, le riz et le tabac. Le versant de l'océan Glacial arctique produit des sapins et des mousses. Les bassins du Saint-Laurent, du Mississipi et du Maragnon ou fleuve des Amazones sont couverts d'immenses forêts.

Le renard, le castor, la loutre, la martre, le renne et l'ours habitent les bords des grands lacs de l'Amérique du Nord. On trouve dans le bassin du Mississipi des serpents à sonnettes et beaucoup d'animaux domestiques; un grand nombre de chevaux et de bêtes à cornes vivent librement dans les pampas, vastes plaines désertes de l'Amérique du Sud. Des jaguars ou tigres d'Amérique, des caïmans ou crocodiles, des singes et des perroquets habitent les plaines de l'Orénoque et du Maragnon. On rencontre dans les Andes le lama et le condor. Des baleines et des veaux marins se trouvent en grand nombre dans les mers qui baignent le nord de l'Amérique. Le banc de Terre-Neuve fournit une quantité prodigieuse de morues. On pêche d'énormes tortues dans la mer des Antilles.

Le territoire de l'Amérique renferme des mines fort importantes; celles du Pérou, du Mexique et de la Californie ont

fourni à l'Europe des quantités considérables d'or et d'argent.
Les monts du Brésil, du Mexique et de la Californie contiennent
des diamants et autres pierres précieuses et divers métaux. Les
montagnes qui forment la ceinture orientale du Mississipi fournissent du fer et de la houille.

L'industrie est peu développée, excepté aux États-Unis. Elle
consiste surtout dans l'exploitation et la préparation des produits
naturels, qui sont l'objet d'une exportation très-importante. Des
services réguliers de paquebots établis sur les deux Océans
mettent l'Amérique en rapport avec toutes les parties du monde.

449. Aspect général, climat.—L'Amérique est bordée le long
de ses côtes par des chaînes de montagnes, plus élevées à l'ouest,
ce qui la protége contre les vents, plus basses à l'est, ce qui rend
le climat plus froid que celui de l'Europe, à latitude égale, à
cause des vents de l'Atlantique. Le nord de l'Amérique septentrionale est une région froide et aride, découpée dans la zone
glaciale par de nombreuses îles et presqu'îles, couvertes au sud
du cercle polaire par de grands lacs qui reçoivent plusieurs
cours d'eau, et dans laquelle s'enfonce profondément la mer
d'Hudson. Le centre est occupé à l'ouest par de vastes prairies
ou savanes, asile des tribus indiennes, sur une longueur de
3,000 kilomètres et une largeur de 1,000 ; à l'est, sur une longueur de 1,500 kilomètres et une largeur moyenne de 1,300,
par d'immenses forêts que défrichent les colons européens.
Dans l'Amérique méridionale on trouve au nord la région des
llanos, plaines désertes desséchées l'été et couvertes dans la
saison des pluies d'une végétation luxuriante ; au centre, les
forêts vierges du bassin de l'Amazone, que les plantes grim-
pantes rendent impénétrables, et les pampas, autres plaines désertes, souvent marécageuses, couvertes ici de palmiers, là de
graminées, formant d'excellents pâturages ; au sud enfin, les
steppes arides de la Patagonie. La côte occidentale de l'Amérique du Sud, sur l'océan Pacifique, est sujette à de graves
tremblements de terre, particulièrement sur les côtes de l'Amérique centrale.

CHAPITRE XXIX.

Amérique du Nord.

Région septentrionale. — Terres polaires. – Confédération du Canada.
— Région centrale. — République des États-Unis. — Mexique. —
Région méridionale. — Républiques de l'Amérique centrale. — Iles
de l'Amérique du Nord. — État des possessions européennes.

450. Notions générales. — L'*Amérique du Nord*, la plus importante et la plus civilisée des deux Amériques, circonscrite entre l'océan Pacifique, l'océan Glacial arctique, l'océan Atlantique et la mer ou golfe du Mexique, a une superficie double de l'Europe et compte 58 millions d'habitants.

451. Divisions. — L'Amérique du Nord comprend cinq parties principales :

Région septentrionale. . . .	{ 1º Les *Terres polaires*.
	2º La *Confédération du Canada*.
Région centrale.	3º Les *États-Unis*.
	4º Le *Mexique*.
Région méridionale.	5º Les *républiques de l'Amérique centrale*.

Ces divers États, qui étaient autrefois des possessions anglaises, espagnoles et françaises, sont actuellement indépendants des anciennes métropoles, à l'exception de la Confédération du Canada, qui relève de la couronne d'Angleterre.

A cette contrée il faut joindre les *Antilles* et les *îles* de la partie septentrionale des deux Océans.

Terres polaires.

452. Notions générales. — Par *Terres arctiques* ou *Terres polaires du Nord* on désigne les terres, presque inconnues et inhabitées, qui s'étendent au N. de l'Amérique septentrionale et dont les principales sont : les Terres de *Cumberland*, du *Prince Guillaume*, du *Prince de Galles*, du *Prince Albert*, de *Banks*, l'archipel *Parry*, l'île *Melville*, la terre *Grimmell, etc..* Au N. E.

sont le *Groënland* et le *Spitzberg*, pays incultes qui ne sont habités que sur les côtes. Au N. O. est le *Passage Nord-Ouest*, qui ouvrirait une communication rapide entre l'Europe et l'Asie par le nord-ouest de l'Amérique, du détroit de Davis à celui de Behring, si ce passage n'était presque constamment obstrué par les glaces.

Le *Groënland* est compris entre la mer de Baffin et le détroit de Davis, au S. O., et l'océan Atlantique, au S. E.; ses limites au N. sont inconnues. Ce pays est couvert de glaciers et de neiges perpétuelles. Les Danois ont formé dans ces parages plusieurs établissements pour la pêche de la baleine; *Uperna-vick*, au N., et *Julianeshaab*, au S., sont les plus importants [1].

Le *Spitzberg*, situé au N. E. du Groënland, est composé de plusieurs îles couvertes de glaçons, dans l'une desquelles les Russes ont formé un établissement pour la pêche de la baleine.

Les habitants de ces tristes régions paraissent appartenir à la même race que les Lapons de l'Europe; on leur donne le nom d'*Esquimaux*. Ils sont au nombre de 10,000; ils passent l'hiver dans des tanières qu'ils se creusent dans la terre. Ils ne vivent que de leur pêche et de leur chasse. Les côtes sont peuplées de morues, raies, phoques, baleines, etc. Une secte de la religion protestante, les frères Moraves, les a convertis au christianisme.

Confédération du Canada et possessions anglaises du Nord de l'Amérique.

453. Notions générales. — Les possessions anglaises du Nord de l'Amérique, autrefois désignées sous le nom de *Nouvelle-Bretagne,* sont limitées au N. par l'océan Glacial arctique; à l'E., par la mer de Baffin, le détroit de Davis et l'océan Atlantique; au S., par les États-Unis; à l'O., par l'océan Pacifique et le territoire d'Alaska. La côte est profondément découpée au sud-est par le golfe du Saint-Laurent; à l'est, par le détroit d'Hudson et par la mer d'Hudson, véritable mer intérieure qui s'enfonce dans les terres; au nord, par de nombreux détroits, formant des îles et des presqu'îles, par lesquels l'océan Atlantique communique avec l'océan Glacial arctique. La surface de ces possessions est estimée à 8,000,000 de kilomètres carrés

1. Au sud-est du Groënland est l'île volcanique d'*Islande*, qui est considérée comme faisant partie de l'Europe.

et leur population à 3,719,000 habitants, les uns d'origine coloniale anglaise ou française, les autres indigènes, Esquimaux ou autres. Ceux-ci sont païens; mais la population coloniale, qui parle anglais ou français, selon son origine, est moitié catholique et moitié protestante.

La partie méridionale fut découverte au quinzième siècle, colonisée par les Français, qui lui donnèrent les noms de Canada et d'Acadie ou Nouvelle-Écosse; celle-ci fut cédée à l'Angleterre en 1713, et le Canada en 1763. Le nord fut successivement découvert par les Anglais, qui cherchaient un passage de l'océan Atlantique dans l'océan Glacial arctique et dans l'océan Pacifique. Les contrées du nord et de l'ouest sont stériles et peu habitées; elles sont parcourues par des tribus indiennes qui vivent de leur chasse et de leur pêche. Les contrées du sud-est sont d'une grande fertilité et entrecoupées par de spacieux lacs, auxquels le fleuve Saint-Laurent sert d'écoulement. Le pays est coupé du nord au sud par la chaîne des monts Rocheux, qui le partagent en deux versants, de l'est et de l'ouest.

454. Divisions. — Ces possessions sont actuellement divisées en deux parties : 1° la *confédération du Canada* (Dominion of Canada), formant un État qui se gouverne par ses propres lois, sous un gouverneur ou vice-roi nommé par l'Angleterre ; 2° le *territoire de la Baie d'Hudson*, placé sous l'autorité de la Compagnie de la Baie d'Hudson.

455. Confédération du Canada, villes principales. — La confédération ou vice-royauté du Canada comprend sept provinces : le *Bas-Canada*, le *Haut-Canada*, le *Nouveau-Brunswick* la *Nouvelle-Écosse*, le *Labrador*, la province de *Manitobah* et la *Colombie britannique*.

1° Le *Bas-Canada* est situé dans le bassin inférieur du fleuve Saint-Laurent. — Les principales villes sont : *Québec,* sur la rive gauche du Saint-Laurent, avec un port magnifique, chef-lieu du Bas-Canada : 65,000 habit.; *Montréal,* sur le Saint-Laurent et sur la côte méridionale de l'île de ce nom, service régulier de paquebots avec Liverpool : 125,000 habit.

2° Le *Haut-Canada*, à l'ouest du précédent, est séparé des États-Unis par les lacs Supérieur, Huron, Érié et Ontario. — Les villes principales sont : *Ottawa,* sur la rivière de ce nom, siége du gouvernement colonial : 20,000 habit. ; *Toronto,* sur le lac Ontario, principale ville du Haut-Canada : 50,000 habit.; *Kingston*, sur le Saint-Laurent ; *Port-William*, sur la côte septentrionale du lac Supérieur.

3° Le *Nouveau-Brunswick*, démembrement du Canada, s'étend sur la rive droite et sur le golfe du Saint-Laurent. — La principale ville est *Fredericktown*, chef-lieu, sur le Saint-John.

4° La *Nouvelle-Écosse* forme une presqu'île entre le golfe du Saint-Laurent et la baie de Fundy. — Le chef-lieu est *Halifax*, sur l'océan Atlantique, avec un des plus beaux ports de l'Amérique : 25,000 habit. — A cette province se rattachent les îles du *Cap-Breton* et du *Prince-Édouard*.

5° Le *Labrador* à l'est, peuplé en grande partie d'Esquimaux indigènes, forme avec l'île de Terre-Neuve une province qui compte 150,000 habitants. — Le chef-lieu est *Saint-Jean*, bon port à l'extrémité orientale de l'île.

6° La province de *Manitobah*, récemment formée du bassin de la rivière Rouge et des alentours des deux lacs Ouinipeg, se peuple de colons en grande partie Écossais et ne compte encore que 14,000 habitants.

7° La *Colombie britannique*, à l'ouest, comprend la partie sud du territoire entre les monts Rocheux et l'océan Pacifique ; elle a été récemment agrégée au Canada. — Le chef-lieu est *New-Westminster*, au nord du Fraser ; la ville principale, *Victoria*, port sur l'océan Pacifique, station des paquebots du Pacifique. — De cette province dépendent les îles de la *Reine-Charlotte* et de *Quadra-et-Vancouver*.

A la confédération du Canada se rattachent les îles *Bermudes*, situées dans l'océan Atlantique, à l'E. des États-Unis.

456. Territoire de la Baie d'Hudson. — Le territoire de la Baie d'Hudson, qui occupe tout le nord de la Nouvelle-Bretagne jusqu'aux monts Rocheux, est un pays aride et mal peuplé, arrosé par de nombreux cours d'eau et parsemé de grands lacs, habité par des nations indiennes, dont le nombre décroît chaque année, et où l'on trouve à de grandes distances quelques établissements anglais. Le chef-lieu est *Fort-York*, au centre de la côte occidentale de la mer d'Hudson.

457. Agriculture, Mines, Industrie, Commerce. — Le nord de la Nouvelle-Bretagne ne produit que des pelleteries ; le sud des céréales, nourrit de nombreux troupeaux et est en partie couverte de forêts qu'on exploite. Les côtes de Terre-Neuve abondent en saumons, harengs et morues. On trouve dans le pays des mines assez riches de fer, de plomb, d'antimoine, de cuivre et de pétrole. Les principales industries sont les scieries de bois et la construction des navires. Les communications commerciales sont rendues faciles par le Saint-Laurent et les lacs.

République des États-Unis.

458. Notions générales. — Les *États-Unis* sont bornés au N. par la Confédération du Canada et par l'océan Glacial arctique; à l'E., par l'océan Atlantique; au S., par la mer ou golfe du Mexique et le Mexique; à l'O., par l'océan Pacifique. Ils ont une superficie de 9,300,000 kilomètres carrés.

459. Divisions. — Les États-Unis comprennent aujourd'hui un district fédéral, qui renferme le siége du gouvernement, 38 États et 9 territoires, dont les populations ne sont pas assez importantes pour former des États.

460. District fédéral. — Le district *fédéral* ou de *Colombia* qui comprend la capitale de l'Union, *Washington* : 110,000 hab., est dans la région de l'Est et resserré entre les États de Maryland et de la Virginie orientale.

461. États de l'Est. — Les États de l'Est qui se développent presque tous le long des côtes de l'océan Atlantique, sont : 1° le *Maine*, chef-lieu, *Augusta* : 8,000 habit. ; *Portland*, l'un des meilleurs ports de la côte du Maine : 30,000 habit. ; — 2° le *New-Hampshire*, chef-lieu, *Concord*, sur le Merrimack : 12,000 habit. ; *Portsmouth*, avec un beau port, à 3 kilom. de la mer : 10,000 habit. ; — 3° le *Vermont*, chef-lieu, *Montpellier*, sur l'Onion : 5,000 habit. ; — 4° le *Massachusetts*, chef-lieu, *Boston*, au fond de la baie de son nom, avec un beau port : 251,000 habit. ; *Lowell*, sur le Merrimack : 41,000 habit. ; *Plymouth*, port ; — 5° le *Rhode-Island*, chef-lieu, *Providence*, sur la rivière du même nom : 70,000 habit. ; *Newport*, port de mer, à l'embouchure de la rivière de Providence : 12,000 habit. ; — 6° le *Connecticut*, chef-lieu, *Hartford*, sur le Connecticut, avec un beau port : 38,000 habit. ; *New-Haven*, la ville la plus commerçante de l'État, avec un port : 50,000 habit. ; — 7° le *New-York*, chef-lieu, *Albany*, près de la rive droite de l'Hudson : 76,000 habit. ; *New-York*, grande et belle ville située à l'embouchure de l'Hudson dans l'océan Atlantique, avec l'un des ports les plus sûrs du monde, service régulier de paquebots avec Liverpool, le Havre et Hambourg : 940,000 habit. ; *Brooklyn*, vis-à-vis de New-York, dans Long-Island : 396,000 hab.; *Buffalo*, sur le lac Érié, au nord-est : 118,000 habit. ; — 8° le *New-Jersey*, chef-lieu, *Trenton*, entrepôt du commerce intérieur entre New-York et Philadelphie : 23,000 habit. ; *Newark*, 105,000 habit. ; — 9° la *Pensylvanie*, chef-lieu, *Harrisburgh*, sur le Susquehannah : 23,000 habit. ; *Philadelphie*, située sur les rivières de Delaware et de Schuylkill, avec un port vaste et sûr : 675,000 habit. ; *Pittsburgh*, située au point où la Monongahéla et l'Alléghany forment l'Ohio : 86,000 habit. ; — 10° le *Delaware*, chef-lieu, *Dover*, sur le Jones-Creek : 4,000 habit. ; — 11° le *Maryland*, chef-lieu, *Annapolis*, sur la côte occidentale de la baie Chesapeake : 4,000 habit.; *Baltimore*, sur la même baie, près de l'embouchure du Patasco : 270,000 habit.; — 12° la *Virginie orientale*, chef-lieu, *Richmond*, sur la rive gauche du James : 51,000 habit. ; — 13° la *Caroline du Nord*, chef-lieu *Raleigh*, sur la Neuse : 10,000 habit. ; — 14° la *Caroline du Sud*, chef-lieu, *Columbia*, sur la rive gauche du Congaree : 6,000 habit. ; *Charleston*, au confluent des rivières Ashley et Cooper, avec un beau port : 49,000 habitants.

462. États du Sud. — Les États du Sud, situés presque tous dans le bassin du Mississipi, sont : 1° la *Géorgie*, chef-lieu, *Milledgeville*, sur la rive droite de l'Oconee : 5,000 habit. ; *Savannah*, sur la Savannah, à 24 kilom. de son embouchure, avec un port : 28,000 habit. ; — 2° la *Floride*, chef-lieu, *Tallahassee; Pensacola*, port sur le golfe du Mexique ; — 3° l'*Alabama*, chef-lieu, *Montgomery*, sur l'Alabama : 36,000 habit. ; *Mobile*, port sur la rive gauche de la rivière de ce nom, près du golfe du Mexique : 32,000 habit. ; — 4° le *Mississipi*, chef-lieu, *Jackson*, sur le Pearl : 8,000 habit. ; *Natchez*, sur la rive gauche du Mississipi : 5,000 habit. ; — 5° la *Louisiane*, chef-lieu, *Bâton-Rouge*, sur le Mississipi : 4,000 habit. ; *la Nouvelle-Orléans*, port sur la rive gauche du Mississipi : 192,000 habit. ; — 6° le *Texas*,

17.

chef-lieu, *Austin*, sur le Colorado : 4,000 habit.; *Galveston*,
port : 15,000 habitants.

463. États du Centre.—Les États du Centre, dans le bassin
du Mississipi, sont : 1° l'*Arkansas*, chef-lieu, *Little-Rock*, sur
l'Arkansas : 12,000 habit. ; —2° le *Tennessee*, chef-lieu, *Nash-
ville*, sur la rive gauche du Cumberland : 25,000 habit. ; — 3° la
Virginie occidentale, chef-lieu, *Parkersburgh*, sur la rive gauche
de l'Ohio ; — 4° le *Kentucky*, chef-lieu, *Francfort*, sur la rive
droite du Kentucky : 5,000 habit.; *Louisville*, sur la rive gauche
de l'Ohio : 101,000 habit. ; — 5° le *Missouri*, chef-lieu, *Jefferson*, sur la rive droite du Missouri : 5,000 habit. ; *Saint-Louis*,
située au centre de la navigation intérieure des États-Unis :
311,000 habit. ;— 6° le *Kansas*, chef-lieu, *Leavenworth*, sur le
Missouri : 18,000 habitants.

464. États du Nord. — Les États du Nord, dans le bassin
du Mississipi, sont : 1° le *Nébraska*, chef-lieu, *Omaha*, sur le
Missouri : 16,000 habit. ; — 2° le *Minnesota*, chef-lieu, *Saint-
Paul*, sur le Mississipi : 20,000 habit. ; — 3° le *Wisconsin*,
chef-lieu, *Madison* : 12,000 habit. ; *Milwaukee*, port sur le lac
Michigan : 72,000 habit.; — 4° l'*Iowa*, chef-lieu, *Fort-des-
Moines*, sur la rivière des Moines : 12,000 habit. ; — 5° l'*Illinois*, chef-lieu, *Springfield* : 15,000 habit.; *Chicago*, port sur le
lac Michigan : 300,000 habit. ; — 6° l'*Indiana*, chef-lieu, *In-
dianopolis*, sur le White-River : 48,000 habit.; — 7° le *Michigan*, chef-lieu, *Lansing* : 4,000 habit.; *Détroit* : 80,000 habit. ;
— 8° l'*Ohio*, chef-lieu, *Columbus*, sur la rive gauche du Scioto :
31,000 habit. ; *Cincinnati*, sur la rive droite de l'Ohio :
216,000 habit.; *Cleveland*, près du lac Érié : 92,000 habitants.

465. États de l'Ouest. — Les États de l'Ouest sont : 1° le
Colorado, chef-lieu, *Denver ;* — 2° le *Névada*, dans le bassin du
Colorado, chef-lieu, *Carson ;* — 3° la *Californie*, chef-lieu, *Sacramento*, sur la rivière du même nom : 16,000 habit. ; *San-Francisco*, l'un des meilleurs ports de l'Amérique, situé à l'embouchure du Sacramento dans l'océan Pacifique : 150,000 habit. ;
— 4° l'*Orégon*, dans le bassin du même nom, chef-lieu, *Salem ;*
Portland, ville importante.

466. Territoires. — Les territoires sont : 1° le *Nouveau-Mexique*, dans le bassin du Rio-Grande, chef-lieu *Santa-Fé* : 8,000 habit. ; — 2° l'*Utah*, dans le bassin du Colorado, chef-lieu, la *Ville du Grand-Lac-Salé*, principale résidence des Mormons : 50,000 habit. ; — 3° l'*Arizona*, à l'est de la Californie, chef-lieu, *Tuckson* ; — 4° le *Washington*, chef-lieu, *Olympia*, sur l'océan Pacifique, au nord du même État ; — 5° le *Wyoming*, entre les États du Centre et de l'Ouest, habité par les indigènes sauvages ; — 6° le *Montana*, au nord du Wyoming, chef-lieu, *Virginia* ; — 7° le *Dakotah*, à l'est du précédent, chef-lieu, *Yankton* ; — 8° l'*Idaho*, à l'ouest du Montana, chef-lieu, *Boise-City* ; — 9° l'*Alaska*, ancienne Russie américaine, à l'extrémité nord-ouest de l'Amérique, séparé du reste des États-Unis par la Colombie anglaise chef-lieu, *la Nouvelle-Arkhangel*, située dans l'île de Sitka, dépendant de l'archipel du Roi-Georges ; à l'O. sont les îles *Aléoutiennes* et l'archipel du *Prince-de-Galles*, qui se rattachent à ce territoire.

467. Population, Races, Langues, Religions. — Les États-Unis comptent environ 40 millions d'habitants, parmi lesquels près de 4 millions de noirs et 300,000 Indiens ; les autres habitants appartiennent aux familles anglaise, allemande, française, et surtout à la race anglo-américaine. La population augmente chaque année par suite de l'émigration européenne. La langue anglaise est le plus généralement parlée. Dans la Louisiane, nos anciens colons se servent de la langue française. La population des États-Unis en grande majorité appartient à la religion chrétienne. Le protestantisme dans ses diverses sectes y est dominant ; cependant on y compte un nombre important de catholiques, surtout dans les anciennes colonies de la France et de l'Espagne.

468. Gouvernement. — Les États-Unis comprenaient, dans l'origine, treize colonies anglaises qui se sont déclarées indépendantes à Philadelphie, le 4 juillet 1776. Le nombre des États s'est augmenté par l'annexion d'anciennes colonies françaises ou espagnoles, par le développement de la population à l'intérieur, et quelquefois par acquisition de territoire. Le gouvernement est aujourd'hui une république fédérative, qui comprend trente-neuf États, indépendants pour leurs affaires intérieures, mais soumis pour les relations extérieures à un gouvernement central composé d'un président élu pour quatre ans et de deux chambres. Les territoires, qui n'ont encore qu'une rare population indienne, sont soumis au gouvernement central. Dès qu'il s'est formé une agglomération de 60,000 habitants, elle a le droit de demander à former un nouvel État.

469. Agriculture, Mines, Industrie, Commerce. — Au triple point de vue de l'agriculture, de l'industrie et du commerce, les États-Unis sont un des pays du monde les plus riches et les plus favorisés. Le sol, naturellement fertile et intelligemment travaillé, produit en abondance le coton, le sucre, le tabac, le maïs, le riz, le mûrier, etc. Les prairies nourrissent d'immenses troupeaux de chevaux, de mulets et de bœufs à l'état sauvage. De vastes forêts vierges contiennent des arbres de toutes les essences. On trouve dans ce pays d'abondantes mines de fer, de houille et de pétrole. Les mines d'or de la Californie sont célèbres par leurs produits. L'industrie, favorisée par le gouvernement, prend chaque année plus de développements. Partout s'élèvent de vastes usines, de grandes manufactures de laine, de coton, de soie, de verre, de papier, etc. De nombreux canaux et un système presque complet de chemins de fer relient entre eux les différents États et même l'océan Atlantique à l'océan Pacifique, de New-York à San-Francisco. Des services réguliers de paquebots existent sur les deux océans et mettent les grands ports en communication avec l'Europe, l'Océanie et l'Asie.

Mexique.

470. Notions générales. — La république du *Mexique* est bornée au N. par les États-Unis ; à l'E., par la mer ou golfe du Mexique et la mer des Antilles ; au sud, par le Guatémala et l'océan Pacifique ; à l'O., par l'océan Pacifique. Sa surface est de 2,000,000 de kilomètres carrés, et sa population de 9,276,000 habitants, en majorité catholiques. C'est une ancienne colonie de l'Espagne, détachée de la métropole en 1821 ; on y parle espagnol.

471. Divisions, villes principales. — Le Mexique est aujourd'hui une république fédérative, qui se divise en un district fédéral et 27 États. — Les villes principales sont : 1° *Mexico*, capitale du district fédéral, bâtie sur la rive occidentale du lac Tezcuco : 230,000 habit. ; — 2° *la Puébla*, la seconde ville du Mexique, située près de la Tlascala : 68,000 habit. ; — 3° *Guanaxuato*, grande ville sur un plateau élevé de 2,000 mètres : 63,000 habit. ; — 4° *Guadalaxara*, près du Rio Santiago, entre le lac Chapala et les cataractes : 70,000 hab. ; — 5° *Quérétaro*, située dans le bassin supérieur du Rio-Grande : 48,000 habit. ; — 6° *Saint-Louis de Potosi*, connue par ses mines d'argent, située dans le bassin du Silao : 34,000 habit. ; — 7° *la Véra-Cruz*, principal port sur le golfe du Mexique, avec le fort de Saint-Jean d'Ulloa, station des paquebots transatlantiques : 15,000 habit. ; — 8° *Tampico*, port sur le même golfe ; — 9° *Campéche*, port du même golfe, sur la baie de son nom, dans la presqu'île de Yucatan : 16,000 habit. ; — 10° *Acapulco*, port sur l'océan Pacifique.

472. Agriculture, Mines. Industrie, Commerce. — L'agriculture, l'industrie et le commerce sont peu développés au Mexique. Le sol, qui est très-fertile, produit la canne à sucre, le cotonnier, le café, le cacao, le tabac, l'indigo, la vanille, le jalap et le cactus à cochenille. Les mines d'or et d'argent sont presque épuisées ; mais il reste celles de fer, de cuivre, d'étain, etc. Un service régulier de paquebots unit la Véra-Cruz à Saint-Nazaire et à Southampton.

Républiques de l'Amérique centrale.

473. Notions générales. — L'*Amérique centrale*, composée de cinq républiques, qui tendent à se réunir en une seule république fédérale, a pour bornes : au N., le Mexique ; à l'O. et au S., l'océan Pacifique ; à l'E., l'isthme de Panama et la mer des Antilles. Sa population est de 2,577,000 habitants catholiques, dont un quart est d'origine européenne ; le reste est composé d'indigènes et de nègres. A l'exception des indigènes du Guatémala, la population parle espagnol. Ce pays est sujet à des tremblements de terre, produits par les volcans des Andes.

474. Divisions, villes principales. — Les cinq républiques de l'Amérique centrale sont : 1° l'État de *Guatémala*, le plus grand des cinq ; capitale, *Nueva-Guatémala*, au milieu d'une plaine fertile : 45,000 habit. ; *Antigua-Guatémala*, ancienne capitale détruite plusieurs fois par des tremblements de terre ; — 2° l'État de *Honduras*, capitale *Comayagua* : 8,000 habit. ; *Truxillo*, port sur le golfe du Mexique ; — 3° l'État de *Nicaragua*, capitale, *Managua*, sur le lac de son nom : 10,000 habit. ; *Léon*, située près du lac de Managua : 35,000 habit. ; *Nicaragua*, près du lac de ce nom ; — 4° l'État de *San-Salvador*, capitale, *San-Salvador*, près la côte de l'océan Pacifique, récemment détruite en partie par un tremblement de terre : 20,000 hab. ; — 5° l'État de *Costa-Rica*, capitale, *San-José de Costa-Rica* : 25,000 habit.

Toute la côte, depuis Costa-Rica jusqu'au Honduras, est habitée par les *Mosquitos*, peuplade à peu près indépendante, composée d'indigènes et de nègres, qui a pour capitale *Blewfields*, pauvre amas de quelques huttes. — Dans la presqu'île de Yucatan et à l'E. du Guatémala se trouve la colonie anglaise de *Balize*, avec port sur la mer des Antilles.

475. Agriculture, Mines, Industrie, Commerce. — Les principales cultures de l'Amérique centrale sont le sucre, le café, le coton, l'indigo, le tabac. On y trouve des mines d'or, d'argent, de fer, de mercure, de marbre. Une grande partie du pays est couverte de vastes forêts.

Iles de l'Amérique du Nord.

476. Notions générales. — On peut diviser les îles qui dépendent de l'Amérique du Nord en quatre parties, savoir : 1° les îles qui sont baignées par l'océan Glacial arctique ; — 2° les îles situées dans l'océan Pacifique ; — 3° les îles situées dans l'océan Atlantique ; — 4° les îles de la mer des Antilles.

477. Iles de l'océan Glacial arctique. — Dans l'océan Glacial arctique et dans la mer d'Hudson se trouvent une multitude d'îles stériles et presque inhabitées à cause du froid, telles que l'île *Southampton*, la *terre de Fox*, l'île du *Prince de Galles*, l'île *Baring*, l'île *Melville*, etc.

478. Iles de l'océan Pacifique. — Les îles de l'océan Pacifique sont : 1° les *Aléoutiennes*, au N. O., qui forment une espèce de chaîne qui semble lier l'Amérique à l'Asie et qui appartiennent aux États-Unis ;— 2° l'archipel du *Roi-Georges*, aux États-Unis ;— 3° l'archipel du *Prince-de-Galles*, au S. de celui du Roi-Georges, également aux États-Unis ; — 4° les îles de la *Reine-Charlotte* et de *Quadra-et-Vancouver*, à l'Angleterre.

479. Iles de l'océan Atlantique. — Les îles de l'océan Atlantique sont : 1° *Terre-Neuve* séparée du continent par le golfe du Saint-Laurent et le détroit de Belle-Ile ; — 2° l'île du *Cap-Breton*, au N. E. de la Nouvelle-Écosse ; — 3° l'île du *Prince-Édouard*, ancienne île Saint-Jean, dans le golfe du Saint-Laurent ; — 4° l'île d'*Anticosti*, à l'embouchure du Saint-Laurent, toutes à l'Angleterre ; — 5° *Saint-Pierre* et *Miquelon*, au S. de Terre-Neuve, à la France ; — 6° les *Bermudes*, à 95 myriamètres de la côte est des États-Unis, à l'Angleterre.

480. Iles de la mer des Antilles. — Les *Antilles*, nommées aussi *Indes Occidentales*, sont situées entre les deux Amériques, au N., à l'E. et au S. E., dans la mer des Antilles, et se divisent en trois groupes : 1° les *Lucayes* ou îles *Bahama*, au N. ;—2° les *Grandes Antilles*, au centre ; —3° les *Petites Antilles*, au S. E.

Ces diverses îles, qui appartiennent en presque totalité aux nations européennes, ont une population d'environ 2,800,000 habitants, catholiques et protestants, et appartenant à trois races : les blancs, d'origine européenne ; les noirs, transportés d'Afrique, et les gens de couleur, nés du mélange des blancs et des noirs. La religion et la langue sont celles du peuple qui a colonisé chacune d'elles. Les plus riches productions couvrent le sol de ces îles, qui jouissent pendant six mois de l'année du ciel le plus serein. Les principales cultures sont la canne à sucre, le café, le cacao, le tabac, les épices, le coton, que l'on exporte en quantité considérable.

481. Iles Lucayes. — Les îles *Lucayes* ou *Bahama* (à l'Angleterre) sont au nombre de cinq cents et n'ont que 40,000 hab. ; la plupart sont désertes. *San-Salvador* est la plus remarquable de ces îles ; Christophe Colomb y aborda le 12 octobre 1492. Le gouverneur anglais réside à *Nassau*.

482. Grandes Antilles.— Les *Grandes Antilles* sont au nombre de quatre :

1° *Cuba* (à l'Espagne), au N. O., la plus grande et la plus florissante des Antilles, a 1,400,000 habit. — Les villes remarquables sont : *la Havane,* sur la côte septentrionale de l'île, capitale, port militaire et arsenal : 200,000 habit.|; — *Santiago de Cuba,* une des plus anciennes villes de l'Amérique, avec un port excellent, sur la côte sud-est : 25,000 habit.;—*Puerto-Principe,* ville située dans l'intérieur : 30,000 hab.;—*Matanzas,* dans un site pittoresque, port de commerce, à l'E. de la Havane : 45,000 habit.

2° La *Jamaïque* (à l'Angleterre), au S. de Cuba, compte une population de 506,000 habitants. — Les villes remarquables sont : *Spanish-Town,* capitale : 6,000 habit.; — *Kingston,* port sur la côte méridionale de l'île : 30,000 habit.; — *Port-Royal,* ancien chef-lieu, port militaire.

3° *Haïti* ou *Saint-Domingue,* au S. E. de Cuba et la plus grande après Cuba, possède environ 1 million d'habitants et forme deux petites républiques indépendantes : 1° la république d'*Haïti,* ancienne colonie française, située à l'O. : capitale : *le Port-au-Prince* ou *le Port-Républicain,* sur le golfe de Gonaïve : 30,000 habit.; villes principales : *le Cap-Haïtien,* port sur la côte septentrionale ; *les Cayes,* sur la côte méridionale ; — 2° la république *Dominicaine,* ancienne colonie espagnole, située à l'E. et comptant 200,000 habitants ; capitale : *Saint-Domingue,* près de l'embouchure de l'Ozama, qui y forme un beau port : 10,000 habit.

4° *Porto-Rico* (à l'Espagne), la plus orientale des Grandes Antilles, compte 625,000 habitants.— Son chef-lieu est *Saint-Jean de Porto-Rico,* sur une presqu'île de la côte septentrionale, au milieu d'une vaste baie, avec un port spacieux et sûr : 30,000 habit.

483. Petites Antilles.— Les *Petites Antilles* se divisent en *îles du Vent,* situées au S. E. des Grandes Antilles, et *îles sous le Vent,* situées le long du continent de l'Amérique du Sud. Les îles *Vierges* forment un groupe à part à l'E. des Grandes Antilles.

1° La *Guadeloupe* (à la France), située au centre des îles du Vent et composée de deux parties séparées par un canal appelé la *Rivière salée*, compte, avec ses dépendances, 164,000 hab. La partie du S. O. porte le nom de *Guadeloupe*, et la partie du N. E. s'appelle *Grande-Terre*. — Les villes remarquables sont : *la Basse-Terre*, capitale, située sur la côte occidentale de la Guadeloupe propre : 7,000 habit.; *la Pointe-à-Pitre*, située à l'extrémité méridionale de la Rivière salée, avec un port sûr et commode : 18,000 hab.; *Marie-Galante*, au S. E., 14,000 hab., chef-lieu : *le Grand-Bourg;* le groupe des *Saintes*, au S., 1,200 hab.; la *Désirade*, à l'E., 1,700 habit., et la partie septentrionale de *Saint-Martin*, sont des dépendances du gouvernement de la Guadeloupe.

2° La *Martinique* (à la France), située à 110 kilomètres et au S. de la Guadeloupe, possède une population de 154,000 habit. L'île est divisée en deux arrondissements, celui du *Fort-de-France* et celui de *Saint-Pierre*. — Les villes remarquables sont : *le Fort-de-France*, capitale, située au fond d'une baie, où elle a un port excellent, sur la côte sud-ouest : 11,000 hab.; *Saint-Pierre*, ville maritime située sur une anse de la côte occidentale défendue par plusieurs forts : 20,000 habitants.

3° La *Barbade* (à l'Angleterre), la plus orientale des Antilles, a 162,000 habit.; chef-lieu : *Bridgetown*, bon port, siége du gouvernement général : 20,000 habit. — Les îles suivantes dépendent du gouvernement de cette île : *Tabago*, d'où fut exporté le tabac en 1560, compte 18,000 habit.; — la *Trinité*, la plus méridionale des Petites Antilles : 110,000 hab., a pour chef-lieu : *Port-d'Espagne;* — la *Grenade*, 25,000 hab.; chef-lieu : *Saint-Georges;* — *Saint-Vincent*, 36,000 habit.; chef-lieu: *Kingstown;* — *Sainte-Lucie*, 32,000 habit.; chef-lieu : *le Carénage;* — *Antigoa*, 36,000 hab.; chef-lieu : *Saint-John;* — la *Dominique*, 27,000 hab.; chef-lieu : *le Roseau*.

4° *Curaçao* (à la Hollande), dans les îles sous le Vent : 20,000 habit., a pour chef-lieu : *Wilhemstad*, ville maritime, résidence du gouverneur. — De ce gouvernement dépendent l'île *Saint-Eustache*, au nord-ouest des îles du Vent : 2,000 hab.; et la partie méridionale de l'île *Saint-Martin*, avec 3,200 hab.; chef-lieu : *Philipsbourg* ou *la Grande-Baie*.

5° L'île *Sainte-Croix* (au Danemark), 24,000 habit.; l'île *Saint-Thomas*, 14,000 habit., et l'île *Saint-Jean*, 2,000 habit., font partie du groupe des îles Vierges, au N.

6° L'île *Saint-Barthélemy* (à la Suède), située au S. E. de Saint-Martin, a une population de 3,000 habitants.

État des possessions européennes.

484. Possessions anglaises. — Les Anglais possèdent dans l'Amérique du Nord : la Confédération du Canada et les îles dépendantes, — la colonie de *Balize*, dans la presqu'île de Yucatan, —les îles *Bermudes*,— les îles *Lucayes*,—la *Jamaïque*, dans les Grandes Antilles ; — le groupe de la *Barbade* et dépendances, dans les Petites Antilles. — La population de ces possessions est d'environ 5,000,000 d'habitants.

485. Possessions françaises. — Les colonies françaises sont : *Saint-Pierre* et *Miquelon*, près du banc de Terre-Neuve ; — la *Guadeloupe* et la *Martinique*, avec les îles dépendantes, et la partie septentrionale de l'île *Saint-Martin*, dans les Petites Antilles. — La population est d'environ 300,000 habitants.

486. Possessions espagnoles. — Les Espagnols ont conservé *Cuba* et *Porto-Rico*, dans les Grandes Antilles. — La population est d'environ 2,000,000 d'habitants.

487. Possessions hollandaises. — Les possessions hollandaises comprennent *Curaçao*, *Saint-Eustache* et la partie méridionale de l'île *Saint-Martin*, dans les Petites Antilles. — La population s'élève à près de 25,000 d'habitants.

488. Possessions danoises et suédoises. — Les Danois ont le *Groënland*, au nord-est; *Sainte-Croix*, *Saint-Thomas* et *Saint-Jean*, dans les Petites Antilles, avec une population de 50,000 habitants environ. — Les Suédois ne possèdent que l'île *Saint-Barthélemy* (3000 habitants).

Exercices. Le maître trace la carte physique de l'Amérique du Nord et indique ensuite la situation des capitales et des lieux remarquables. Les élèves font comme aux leçons précédentes.

CHAPITRE XXX.

Amérique du Sud.

Région du Nord-Est. — Vénézuéla. — Guyane. — Brésil. — Côtes de l'océan Pacifique. — Colombie. — Équateur. — Pérou.—Bolivie. — Chili. — Région du Sud-Est. — Paraguay. — Uruguay. — La Plata. — Patagonie. — Iles de l'Amérique du Sud. — État des possessions européennes.

489. Notions générales. — L'Amérique du Sud forme un vaste triangle compris entre la mer des Antilles au nord, l'océan Atlantique à l'est et l'océan Pacifique à l'ouest. La population est estimée à 22,000,000 d'habitants. Les divers États , qui étaient autrefois des possessions espagnoles ou portugaises, sont aujourd'hui tous indépendants, à l'exception de la Guyane, occupée par des colonies française, anglaise et hollandaise.

490. Divisions. — L'Amérique du Sud se divise en douze parties principales, savoir :

Région du Nord-Est . . . . .
- 1° Le *Vénézuéla.*
- 2° La *Guyane.*
- 3° Le *Brésil.*

Côtes de l'océan Pacifique. .
- 4° Les *États-Unis de Colombie.*
- 5° L'*Équateur.*
- 6° Le *Pérou.*
- 7° La *Bolivie.*
- 8° Le *Chili.*

Région du Sud-Est.. . . . . .
- 9° Le *Paraguay.*
- 10° L'*Uruguay.*
- 11° La *Plata.*
- 12° La *Patagonie.*

A ces États il faut ajouter les *îles* et *archipels* de la partie méridionale des deux océans.

Les *Terres polaires du Sud* se rattachent géographiquement à l'Océanie.

Vénézuéla.

491. Notions générales. — La *république de Vénézuéla* est
située dans le bassin de l'Orénoque et est limitée au N. par la
mer des Antilles ; à l'E., par l'océan Atlantique et la Guyane ;
au S., par le Brésil ; à l'O., par la Colombie. La population est
d'environ 1,784,000 habitants, catholiques.

Cette république est divisée en 20 États, le district fédéral
et trois territoires. — Les villes principales sont : 1° *Caracas*,
capitale, dans une vallée délicieuse arrosée par le Guayra, à
920 mètres au-dessus du niveau de la mer des Antilles, près
de laquelle elle est située : 49,000 habit. ; — 2° *la Guayra*, sur
la mer des Antilles, petite ville qui sert de port à Caracas :
6,700 habitants. ; — 3° *Valencia*, dans une vallée fertile, sur le
lac de son nom : 29,000 habit. ; — 4° *Puerto-Cabello*, port dans
une île rattachée au continent par un pont ; — 5° *Maracaïbo*,
sur le golfe du même nom : 22,000 habit. ; — 6° *Cumana*,
port sur la mer des Antilles, 9,400 habit. ; — 7° *Bolivar*, ville
maritime sur l'Orénoque, 8,500 habit.

Le sol du Vénézuéla est très-fertile. On en exporte surtout
du sucre, du cacao, du café, du coton, de l'indigo et du tabac.

Guyane.

492. Notions générales.—La *Guyane* est bornée au N. et à
l'E. par l'océan Atlantique; au S. par le Brésil ; à l'O. par le Vénézuéla. Elle appartient à trois États européens, l'Angleterre, la
Hollande, la France. Sa population est estimée à 292,000 habit.,
catholiques et protestants, dont un tiers d'indigènes. — Elle est
divisée en trois parties, savoir : 1° la *Guyane anglaise*, au N. O.,
215,000 hab. ; chef-lieu : *George-Town* ou *Stabrock*, près de
l'embouchure du Démérari : 25,000 habit. ; — 2° la *Guyane hollandaise*, au centre, 52,000 habit. ; chef-lieu : *Paramaribo*,
bon port sur la rivière de Surinam : 20,000 habit. ; — 3° la
Guyane française, au S. E., la plus grande des trois, mais la
moins peuplée : 25,000 habit. ; chef-lieu : *Cayenne*, située dans
une île qui porte son nom, près de la côte : 5,000 habit.

Les chaleurs tropicales de la Guyane et des pluies fréquentes
rendent le climat peu salubre. Le sol est d'une fertilité luxu-

riante, mais peu défriché et peu cultivé. On exporte cependant du sucre, du café, des épices et du coton.

Empire du Brésil.

493. Notions générales.—L'*empire du Brésil,* situé dans les bassins du Maragnon et du San-Francisco, est borné au N. par la Colombie, le Vénézuéla et la Guyane; à l'E. et au S., par l'océan Atlantique et l'Uruguay; à l'O., par les Provinces-Unies de la Plata, le Paraguay, la Bolivie, le Pérou et la république de l'Équateur. Sa superficie est de 8,000,000 de kilomètres carrés, près de la moitié de toute l'Amérique du Sud.

494. Divisions, villes principales.—Le Brésil est divisé en 20 provinces, dont plusieurs ont plus d'étendue que certains royaumes d'Europe. L'intérieur a été jusqu'à présent peu exploré et n'est, pour ainsi dire, habité que par des tribus indigènes.

Les villes principales sont : 1° *Rio-Janeiro*, capitale, bâtie sur une vaste baie qui forme un des meilleurs ports de l'Amérique : 275,000 habit.; —2° *Pernambuco* ou *Récife*, port vaste et sûr sur l'océan Atlantique : 117,000 habit.; — 3° *Bahia* ou *San-Salvador*, située dans la baie de Tous les Saints : 129,000 habit.; —4° *Para* ou *Belem*, sur le Para, une des branches du Maragnon : 35,000 habit.; — 5° *Saint-Louis de Maranhâo*, dans l'île de Maranhâo : 31,600 habit.; — 6° *Saint-Paul*, ville industrielle : 25,000 habit.; — 7° *Desterro*, dans l'île Sainte-Catherine; — 8° *Diamantina*, district des diamants, résidence de l'intendant général des mines.

495. Population, Races, Langues, Gouvernement. — On évalue la population du Brésil à 10,100,000 habitants, dont un tiers de race blanche, un million et demi d'esclaves nègres devenus libres, et le reste de métis, de mulâtres ou d'indigènes. La grande majorité est catholique. Le portugais est la langue parlée. Le Brésil, ancienne colonie portugaise, forme aujourd'hui un empire constitutionnel sous un prince de la maison de Bragance de Portugal.

496. Agriculture, Mines, Industrie, Commerce. — L'intérieur est couvert de vastes forêts que l'on exploite pour l'ébénisterie, la teinture, les résines, etc., et de pampas ou grandes plaines dans lesquelles paissent librement des troupeaux immenses de bœufs. Les côtes, mieux cultivées et d'une fertilité admirable, donnent le coton, le tabac, l'indigo, le sucre, le café, le girofle, le tapioca, le riz, le maïs et autres céréales. Dans ses forêts voltigent les perroquets et les colibris aux plus brillantes couleurs. Le Brésil abonde en mines d'argent, d'or, de diamants, de topazes et autres pierres précieuses. L'industrie est peu développée. Le commerce manque de routes à l'intérieur ; au dehors, il se fait surtout avec la France par Bordeaux, avec l'Angleterre par Southampton, avec les États-Unis par New-York.

États-Unis de Colombie.

497. Notions générales. — Les *États-Unis de Colombie*, qui formaient autrefois la *république de la Nouvelle-Grenade*, sont situés sur l'isthme de Panama et limités au N. par la mer des Antilles, à l'E. par le Vénézuéla et le Brésil, au S. par la république de l'Équateur, à l'O. par l'océan Pacifique et l'Amérique centrale. Cet État compte environ 2,910,000 habitants, catholiques, qui parlent espagnol.

498. Divisions, villes principales. — Les États-Unis de la Colombie se composent de neuf États et d'un district fédéral. — Les villes principales sont : 1° *Santa-Fé de Bogota*, capitale, située sur la Bogota : 50,000 habit. ; — 2° *Carthagène*, avec un port excellent sur une baie vaste et commode que creuse la mer des Antilles : 8,000 habit. ; — 3° *Colon* ou *Aspinwall*, port sur la mer des Antilles et sur la côte orientale de l'isthme ; — 4° *Panama*, port sur l'océan Pacifique et sur la côte occidentale de l'isthme, 18,400 habit.

499. Agriculture, Mines, Industrie, Commerce. — Il se fait une grande exportation de café, de cacao, de bois de teinture, de plantes médicinales, qui représentent la production du pays. On y rencontre quelques mines de houille, et un certain nombre de cours d'eau y roulent des paillettes d'or. L'industrie y est presque nulle. Le principal commerce consiste dans le transit entre les deux océans. Il existe d'Aspinwall à

Panama un chemin de fer de 79 kilomètres qui rend les communications faciles avec les États de la côte du Pacifique. De ces deux ports partent des paquebots américains, anglais et français pour l'Europe, l'Océanie ou l'Asie.

Équateur.

500. Notions générales. — La *république de l'Équateur* est bornée au N. par la Colombie ; à l'E., par le Brésil ; au S., par le Pérou ; à l'O., par l'océan Pacifique. La population est d'environ 1,100,000 habitants, catholiques.

501. Divisions, villes principales. — L'Équateur se divise en trois départements. — Les villes principales sont : 1° *Quito*, capitale, située sur un plateau entre la Cordillère orientale et la Cordillère occidentale, à 3,000 mètres de hauteur, dans un climat délicieux : 76,000 habitants ; — 2° *Guayaquil*, au S. O. de Quito, port sur l'océan Pacifique : 25,000 habit. ;—3° *Cuença*, au S. E. de Guayaquil, dans les Andes : 25,000 habit. — A cet État appartiennent les îles *Gallapagos*, situées au N. O., dans l'océan Pacifique.

Cette contrée produit le sucre, le cacao, le café, le quinquina et autres plantes médicinales. Elle est en partie couverte de forêts et de llanos ou plaines, tantôt sablonneuses, tantôt herbacées.

Pérou.

502. Notions générales. — La *république du Pérou* est bornée au N. par celle de l'Équateur ; à l'E., par le Brésil et la Bolivie ; au S., par ce dernier État ; à l'O., par l'océan Pacifique. La population est de 2,720,000 habitants, blancs, métis ou nègres, presque tous catholiques, qui parlent espagnol.

503. Divisions, villes principales. — Le Pérou est divisé en 13 départements.—Les villes remarquables sont : 1° *Lima*, capitale, près de l'embouchure du Rimac : 100,000 habit. ; — 2° *Le Callao*, sur l'océan Pacifique, servant de port à Lima : 6,000 habit. ; — 3° *Trujillo*, avec un port sur l'océan Pacifique ; — 4° *Aréquipa*, près du volcan du même nom, sujette à des tremblements de terre : 35,000 habit. ; — 5° *Ayacho*, belle ville ; — 6° *Cuzco*, au N. O. du lac Titicaca, sur un immense plateau, ancienne capitale de l'empire des Incas : 40,000 habit. — Près des côtes du Pérou sont situées les îles *Chinchas*, couvertes d'une quantité considérable de guano, provenant de la fiente des oiseaux et employé comme engrais pour l'agriculture.

Un des principaux produits de ce pays est le quinquina. Les mines d'or et d'argent du Pérou ont été longtemps célèbres et productives.

Bolivie.

504. Notions générales. — La *république de Bolivie* est bornée au N. par le Brésil ; à l'E., par le Brésil et le Paraguay ; au S., par la Plata et le Chili ; à l'O., par l'océan Pacifique et le Pérou. Sa superficie est de 1,300,000 kilomètres carrés, et sa population de 2,000,000 d'habitants, catholiques, qui parlent espagnol.

505. Divisions, villes principales. — La Bolivie est divisée en 10 départements. — Les villes remarquables sont : 1° *Chuquisaca, la Plata* ou *Sucre*, capitale, sur un plateau élevé : 24,000 habit. ; — 2° *Cobija*, port sur l'océan Pacifique ; — 3° *La Paz*, au S. E. du lac Titicaca : 76,300 habit. ; — 4° *Potosi*, au S. O. de Chuquisaca : 22,500 habit. ; — 5° *Cochabamba*, entre La Paz et Chuquisaca : 40,600 habitants.

Ce pays est doué d'une admirable végétation. Les mines d'or de La Paz et les mines d'argent de Potosi ont aujourd'hui perdu de leur importance.

Chili.

506. Notions générales. — La *république du Chili* est une longue bande de terre resserrée entre l'océan et les Andes ; elle est bornée au N. par la Bolivie ; à l'E., par la Plata ; au S., par la Patagonie ; à l'O., par l'océan Pacifique. La population est de 2,070,000 habitants, catholiques, sans compter les tribus insoumises des Araucans ; la superficie, de 500,000 kilomètres carrés environ. L'espagnol est la langue parlée.

507. Divisions, villes principales. — Le Chili est divisé en 14 provinces. — Les villes principales sont : 1° *Santiago*, capitale, située sur la rive gauche du Mapochu, dans un climat délicieux : 148,000 habit. ; — 2° *Valparaiso*, important port de commerce sur l'océan Pacifique : 98,000 habit. ; — 3° *la Conception* ou *la Mocha*, à l'embouchure du Biobio : 18,300 habit. ; 4° *La Serena*, riche par ses mines : 12,000 hab. ; — 5° *Coquimbo*, port desservant La Serena.

Au Chili appartiennent les îles *Chiloé*, situées au S., dans l'océan Pacifique, et l'archipel de la *Mère de Dieu*, situé à l'O. de la Patagonie.

508. Agriculture, Mines, Industrie, Commerce. — Le Chili est bien arrosé et très-fertile. L'agriculture y est très-développée. Le pays nourrit une grande quantité de moutons. Ses mines de cuivre sont les plus riches du monde. Les mines d'argent de Caracoles sont importantes. On y trouve de nombreuses fabriques qui prospèrent. Sa situation rapprochée du cap Horn lui donne une grande importance commerciale, et les paquebots d'Europe viennent dans l'océan Pacifique jusqu'à Valparaiso.

Paraguay.

509. Notions générales. — La *république du Paraguay*, située dans le bassin du Rio de la Plata, a pour limites au N. et à l'E. le Brésil ; au S., les Provinces-Unies de la Plata ; à l'O., ce dernier État et la Bolivie. La population est de 221,000 habitants, catholiques. — La capitale est *l'Assomption*, sur le Paraguay : 20,000 habitants. — Le pays a de grandes forêts, d'excellents pâturages, et produit particulièrement le maté ou thé du Paraguay, dont on fait une boisson très-aromatique.

Uruguay.

510. Notions générales. — La *république de l'Uruguay* ou *république Orientale* est limitée au N. par le Brésil ; à l'E., par le Brésil et l'océan Atlantique ; au S., par le Rio de la Plata ; à l'O. par la rivière Uruguay. La population est de 350,000 habitants, catholiques. — La capitale est *Montévidéo*, port remarquable sur la rive gauche du Rio de la Plata : 105,000 habit. —

18.

— Les principales richesses du pays consistent dans les troupeaux de bœufs et de moutons, les marbres, les agates, les produits de certaines mines et le commerce de Montévidéo, le meilleur port de ces contrées.

La Plata.

511. Notions générales. — Les *Provinces-Unies de la Plata*, nommées aussi *Confédération Argentine*, sont bornées au N. par la Bolivie ; à l'E., par le Paraguay, le Brésil et l'Uruguay ; au S. E., par l'océan Atlantique ; au S., par la Patagonie ; à l'O., par le Chili. La superficie est de 3,000,000 de kilomètres carrés et la population de 1,878,000 habitants, catholiques.

512. Divisions, villes principales. — La Confédération Argentine se compose de 14 provinces. — Les villes remarquables sont : *Buénos-Ayres*, port sur la rive droite du Rio de la Plata : 178,000 habitants ; — 2° *Santa-Fé*, sur le Parana : 10,600 habit. ; — 3° *Parana*, sur la rive gauche du fleuve de ce nom : 15,000 habit. ; — 4° *Corrientès*, port près du confluent du Parana et du Paraguay : 11,300 habit. ; — 5° *Cordova*, dans l'intérieur : 28,500 habit.

513. Agriculture, Mines, Industrie, Commerce. — Ce pays a un sol fertile qui produit tous les fruits des tropiques et de l'Europe. Dans ses vastes pampas vivent d'immenses troupeaux de bœufs, de moutons et de chevaux, dont on exporte les viandes sèches et les peaux brutes. Il y a peu d'industrie. A défaut de bonnes routes, le Rio de la Plata et ses affluents transportent les marchandises dans toutes ses parties. On a commencé à y établir des chemins de fer, qui pénètrent jusqu'à Tucuman, à quelque distance des Andes.

Patagonie.

514. Notions générales. — La *Patagonie* comprend toutes les terres situées au S. des Provinces-Unies de la Plata, jusqu'au détroit de Magellan, ainsi nommé du nom du navigateur célèbre qui l'a découvert. Elle est habitée par des peuplades

indépendantes et peu connues, renommées pour leur grande
taille. Sa population est estimée à 120,000 habitants.

A ce pays se rattache la *Terre de Feu*, qui en est séparée par
le détroit de Magellan. Elle se compose d'un groupe d'iles mon-
tagneuses, froides et stériles. Aucun accident géographique ne
motive le nom donné à ce pays par Magellan, lorsqu'il le découvrit.

Iles de l'Amérique du Sud.

515. Iles de l'océan Pacifique.—Les iles les plus importantes
de l'Amérique du Sud dans l'océan Pacifique sont : les îles
Galapagos, au N. O., à la république de l'Équateur ; — les îles
Chinchas, au Pérou ; — l'archipel de *Chiloé* et celui de la *Mère
de Dieu*, appartenant au Chili, au S. O.

516. Iles de l'océan Atlantique. — Les principales îles de
l'Amérique du Sud dans l'océan Atlantique sont : la *Terre de
Feu*, située au S. de la Patagonie, dont elle dépend ; — l'île
des *États*, séparée de la Terre de Feu par le détroit de Lemaire ;
— les îles *Malouines* ou *Falkland*, à l'E. du détroit de Magellan ; ces deux dernières à l'Angleterre.

État des possessions européennes.

517. Possessions européennes.—Toute l'Amérique du Sud
est aujourd'hui indépendante. Les Européens n'y possèdent
que la *Guyane*, partagée entre l'Angleterre, la Hollande et la
France. Les Anglais ont encore l'île des *États* et les îles *Malouines* ou *Falkland*.

Exercices. Le maître trace une carte physique de l'Amérique du
Sud ; il explique la géographie politique. Les élèves font comme aux
leçons précédentes.

CHAPITRE XXXI.

Océanie.

Malaisie.— Mélanésie.— Polynésie.— Micronésie. — États indigènes.
— Établissements étrangers. — Terres australes.

Océanie physique.

518. Notions générales. — L'*Océanie* comprend le continent
de l'Australie et les nombreuses îles disséminées dans l'océan
Pacifique, entre l'Asie et l'Amérique. Elle est située dans
l'océan Pacifique, entre l'Amérique du Nord et l'Amérique du
Sud à l'E., l'océan Indien et l'Asie à l'O., et comprise entre
le 93e degré de longitude orientale et le 108e de longitude occidentale, le 30e de latitude boréale et le 55e de latitude australe. Sa superficie est estimée à environ 10,000,000 de kilomètres carrés.

519. Mers, golfes, détroits. — Les diverses îles dont se
compose l'Océanie sont répandues dans l'océan Pacifique ou
Grand Océan, qui y forme les mers de *Java*, de *Célèbes*, de
Mindoro, des *Moluques*, de *Corail* et de *Lanchidol*. — Les
golfes les plus remarquables formés par ces mers sont : les
golfes de *Carpentarie*, au nord, et de *Spencer*, au sud, dans
l'Australie. — Les détroits les plus connus dans ces mers sont :
les détroits de *Banca*, entre l'île de ce nom et Sumatra ; de la
Sonde, entre Sumatra et Java ; de *Macassar*, entre Bornéo et
Célèbes ; de *Torrès*, entre la Nouvelle-Guinée et l'Australie ; de
Cook, entre les deux îles de la Nouvelle-Zélande ; de *Bass*, entre
l'Australie et la Tasmanie.

520. Montagnes, lacs, fleuves.—Le continent de l'Australie
offre surtout des accidents géographiques remarquables. Les
montagnes Bleues, dont les *Alpes australiennes* sont la plus
haute chaîne, le parcourent du nord au sud. Les lacs les plus
considérables y sont : les lacs *Torrens*, *Gairdner*, *Eyre*, *Frome*,
Grégory, *Austin*, *Moore*, *Barlee*, *Amédée*. Les principaux fleuves
sont : 1° au sud-est, la *Paramatta* ; 2° au sud, le *Yarra-Yarra* ;

3° le *Murray*, grossi à droite, d'abord du *Murrumbidgee*, augmenté lui-même à droite du *Lachlan*, et ensuite du *Darling*, qui reçoit à gauche la *Macquarie* et à droite le *Barwan* et le *Warrego*; 4° à l'ouest, le *Swan-River*. L'île de Sumatra est traversée par la chaîne des monts *Ophir*. L'île Hawaï, dans l'archipel des îles Sandwich, renferme le volcan de *Maouna-Loa*. L'île Bornéo est arrosée par les fleuves *Kapouas* et *Banjermassing*.

521. Aspect général, climat.—Une des principales chaînes volcaniques du globe traverse l'Océanie et particulièrement l'archipel Malais. On compte dans la Malaisie plus de vingt volcans, principalement à Java, Sumatra et Sumbava. Entre les deux tropiques, surtout au sud de l'équateur, il existe une multitude de petites îles, qui sont le produit d'éruptions volcaniques. Beaucoup d'entre elles sont entourées de coraux et de madrépores qui ont servi en partie à les former et qui en rendent l'accès souvent dangereux.

Le climat de l'Océanie est en général très-chaud, le sol fertile, la végétation riche et variée. Cette végétation luxuriante, surtout dans les îles de la Malaisie, donne en abondance les produits alimentaires exotiques les plus recherchés. Les forêts contiennent les animaux sauvages les plus redoutables et les reptiles les plus grands, à côté des variétés d'oiseaux les plus remarquables par leurs couleurs éclatantes. On rencontre aussi dans ces îles des mines d'or, de diamants et de pierres précieuses.

Océanie politique et économique.

522. Notions générales. — Les îles de la Malaisie étaient depuis longtemps connues; elles faisaient partie de l'Asie. Quand les Portugais y abordèrent au commencement du seizième siècle, ils y trouvèrent des mahométans. Presque toutes les terres et les principaux archipels furent découverts dans ce même siècle ou dans le siècle suivant: les Moluques et la Nouvelle-Guinée (1511), les Philippines et les Mariannes (1521), les Marquises (1595), les îles Taïti (1606), par les Portugais; l'Australie (1606), la Tasmanie et la Nouvelle-Zélande (1642), par les Hollandais. Les voyages de Dampier, de Cook, de Bougainville, etc., à la fin du siècle dernier, et ceux de Duperrey, de Dumont d'Urville, etc., au commencement de ce siècle, complétèrent la connaissance du monde maritime. Les Portugais, et après eux les Hollandais, s'établirent les premiers à Java, à Sumatra et aux Moluques ; les Espagnols, aux Philippines. La colonisation de l'Australie par les Anglais ne remonte qu'à la fin du siècle dernier ; celle de la Tasmanie et de la Nouvelle-Zélande date des commencements de ce siècle. L'établissement des Français aux îles Marquises et à Taïti date de 1844 et à la Nouvelle-Calédonie de 1853.

523. Grandes divisions. — L'Océanie se divise en deux grandes régions, subdivisées en quatre parties[1] :

Région occidentale . . . . . { 1° La *Malaisie.*
{ 2° La *Mélanésie.*

Région orientale . . . . . . { 3° La *Polynésie.*
{ 4° La *Micronésie.*

Une grande partie de l'Océanie est possédée par les Européens, les Américains ou les Japonais ; le reste de ces îles obéit à des chefs indigènes

524. Population, Race, Langues, Religions. — La population de l'Océanie est d'environ 40 millions d'habitants, tant indigènes qu'Européens. Les indigènes appartiennent généralement à la race malaise au teint cuivré et à la race noire. La religion chrétienne est répandue dans les parties colonisées par les Européens. Le catholicisme y compte plusieurs millions d'adhérents dans les colonies espagnoles, portugaises et françaises. Les diverses sectes du protestantisme se rencontrent dans les colonies anglaises et hollandaises. L'islamisme domine dans presque toute la Malaisie. Les habitants de la Mélanésie sont peu nombreux et sont presque tous idolâtres.

525. Productions du sol, de l'agriculture et de l'industrie. — L'Australie fournit des bois de construction, d'ébénisterie et de teinture, des gommes et de belles laines. On y a

---

1. Nous donnons ici la division la plus généralement adoptée par les géographes. Quelques auteurs n'admettent que trois grandes parties et désignent sous le nom d'Australasie la Micronésie et la Mélanésie réunies.

trouvé des animaux d'une forme toute particulière, tels que l'ornithorhynque, quadrupède à bec de canard, le kangourou, etc., des plantes auparavant inconnues, telles que le rufflésia de Java, dont la feuille a un mètre de diamètre, et des mines abondantes de houille, de fer, de plomb et de cuivre. Dans ces derniers temps, la découverte de nouvelles mines d'or a donné lieu à une importante exploitation. Les animaux et les plantes des autres parties du monde y prospèrent. Les moutons et les bœufs qu'on y a introduits se sont multipliés, surtout en Australie, et leur laine, d'une qualité supérieure, est devenue l'objet d'un grand commerce. L'île Sumatra donne du camphre, du poivre, du riz, du café, de l'ivoire, et de l'or. Dans l'île Banca existent de riches mines d'étain et de cuivre. L'île de Java donne du café, du riz et du coton. On trouve de l'or et des diamants dans l'île Bornéo, des épices, des clous de girofle et de la noix muscade dans les îles Moluques. Les îles Philippines produisent la canne à sucre, d'excellent tabac, de l'indigo et du coton. Les mines d'or de l'Australie sont importantes.

Malaisie.

526. Notions générales.— La *Malaisie*, appelée aussi *archipel Malais* [1], tient son nom de la race des Malais, qui y est dominante. Elle est située au N. O. et est séparée de l'Asie par le détroit de Malacca et la mer de Chine. — Elle comprend les îles de la *Sonde*,— *Bornéo*, — *Célèbes*,— les *Moluques*, — l'archipel des îles *Philippines*, etc. — Sa population est d'environ 30,000,000 d'habitants.

Les îles de l'archipel de la *Sonde* forment une longue chaîne partant du S. O. de la presqu'île de Malacca ; les plus importantes sont : *Sumatra* et *Java*. — L'île *Sumatra* est une grande île située au S. O. de la presqu'île de Malacca, dont elle est séparée par le détroit du même nom. — L'île *Java* est une autre grande île située au S. E. de Sumatra et séparée de cette dernière par le détroit de la Sonde. — Aux îles de la Sonde se rattachent les îles *Rio, Madura, Banca, Sumbava* et *Timor*.

[1]. L'archipel Malais est placé en Asie par des géographes étrangers. Nous le maintenons en Océanie, ainsi que l'indiquent nos programmes d'enseignement.

Bornéo, la plus grande île du globe après l'Australie, est située à l'E. de Sumatra et au N. de Java. — Au N. E. sont les îles *Soulou.*

Célèbes, située à l'E. de Bornéo, est composée de quatre grandes presqu'îles qui lui donnent une forme bizarre. — A cette île se rattache *Gilolo,* île située au N. E. et découpée en quatre presqu'îles, comme Célèbes.

L'archipel des *Moluques* ou *îles aux Épices,* situé à l'E. S. E. de Célèbes, renferme un grand nombre d'îles, dont les principales sont : *Amboine, Ternate* et *Banda.*

L'archipel des *Philippines,* situé au N. de Célèbes, se compose de plusieurs îles, dont les plus remarquables sont *Luçon* et *Mindanao.*

Mélanésie.

527. Notions générales. — La *Mélanésie,* dont le nom veut dire *îles des Noirs,* est située au S. O. — Elle comprend l'*Australie,* — la *Tasmanie,* — la *Nouvelle-Calédonie,* — les îles *Viti,* — la *Nouvelle-Guinée,* — la *Nouvelle-Bretagne,* — les îles *Arrou,* etc. — Sa population est de 2,500,000 habitants.

L'*Australie,* autrefois connue sous le nom de *Nouvelle-Hollande* et la plus grande des îles du globe, est considérée comme un continent ; elle est située au S. E. des îles de la Sonde.

La *Tasmanie* ou *Terre de Van Diemen* est située au S. S. E. de l'Australie, dont elle est séparée par le détroit de Bass.

La *Nouvelle-Calédonie* est une grande île située à l'E. de l'Australie.

Les îles *Fidji* ou *Viti* sont situées à l'E. de la Nouvelle-Calédonie.

La *Nouvelle-Guinée* ou *Papouasie* est une grande île située au N. de l'Australie, dont la sépare le détroit de Torrès.

Les îles *Arrou* sont situées à l'O. de la Nouvelle-Guinée.

L'archipel de la *Nouvelle-Bretagne* est à l'E. de la Nouvelle-Guinée.

L'archipel *Salomon* est situé à l'E. de la Nouvelle-Bretagne.

L'archipel de *La Pérouse* est situé au S. E. de l'archipel Salomon.

Polynésie.

528. Notions générales. — La *Polynésie*, dont le nom signifie *nombreuses îles*, est située à l'E. et au N. — Elle comprend un grand nombre de groupes d'îles disséminées dans toute la partie orientale de l'océan Pacifique. — Les principales îles sont : la *Nouvelle-Zélande*, — les îles *Tonga*, — l'archipel de *Cook*, — les îles *Toubouaï*, — l'archipel des îles *Taïti*, — les îles *Pomotou*, — les îles *Marquises* — les îles *Sandwich* ou *Hawaii*, etc. — Sa population est estimée à 1,500,000 habitants.

La *Nouvelle-Zélande* se compose de deux grandes îles séparées par le détroit de Cook et situées à l'E. S. E. de l'Australie.

Les îles *Tonga* ou *des Amis* sont situées au N. N. E. de la Nouvelle-Zélande.

L'archipel de *Cook* ou îles *Hervey* est situé à l'E. des îles Tonga.

Les îles *Toubouaï* forment un groupe important à l'E. S. E. de l'archipel de Cook.

Les îles *Taïti* ou *de la Société* se trouvent à l'E. de l'archipel de Cook.

Les îles *Pomotou* ou îles *Basses* sont à l'E. des îles Taïti ; la partie sud-est de cet archipel porte le nom d'îles *Gambier*.

Les îles *Marquises* ou *Mendana* sont situées au N. E. des îles Pomotou.

Les îles *Sandwich* ou *Hawaii* sont situées dans la partie nord-est.

Micronésie.

529. Notions générales. — La *Micronésie*, dont le nom signifie *petites îles*, est située au N. — Elle comprend l'archipel des *Carolines*, — l'archipel des *Mariannes*, — les îles *Mulgrave*, — les îles *Gilbert*, — l'archipel de *Magellan*, etc. — Sa population est estimée à 500,000 habitants.

L'archipel des *Carolines*, situé au S., est composé d'un certain nombre de groupes d'îles qui se dirigent de l'O. à l'E., et dont les plus remarquables sont les îles d'*Oualan* et de *Lamoursek*.

Les îles *Mariannes* ou *des Larrons*, dont la plus importante est *Guam*, se trouvent au N. des îles Carolines.

L'archipel de *Magellan* ou îles *Bonin-Sima* est situé entre les îles Mariannes, au S., et les îles du Japon, au N.

Les îles *Mulgrave* ou *Marshall* sont situées à l'E. des îles Carolines.

Les îles *Gilbert* se trouvent au S. E. du groupe des îles Carolines.

États indigènes.

530. Notions générales. —Des *États indigènes* indépendants se rencontrent dans les quatre parties de l'Océanie.

I. Dans la *Malaisie* :

1° Le royaume d'*Atchin*, qui comprend la partie nord-ouest de l'île Sumatra, possède une population d'environ 500,000 habit. ; capitale : *Atchin*, bâtie sur la pointe la plus septentrionale de l'île, ville de commerce.

2° Le royaume de *Siak*, qui est situé sur la côte est de l'île Sumatra, a une population d'environ 600,000 habit. ; capitale : *Siak*, ville maritime sur la rivière de ce nom.

3° La confédération des *Battahs*, peuplades sauvages, est établie sur la côte ouest de l'île Sumatra.

4° Le royaume de *Bornéo*, qui s'étend sur la côte nord de l'île de ce nom et sur quelques petites îles voisines, renferme une population d'environ 400,000 habit. ; capitale *Bornéo* ou *Brouni*, ville commerçante.

5° L'État de *Sarawack* est situé sur la côte ouest de Bornéo et possède une population d'environ 250,000 habitants et un important port du même nom ; il est placé sous le protectorat de l'Angleterre.

6° L'État des îles *Soulou*, dans l'île de même nom, au N. E. de l'île Bornéo, a pour capitale *Béouang*.

7° L'État de *Mindanao*, dans l'île du même nom, qui fait partie de l'archipel des Philippines, comprend la côte orientale et la partie méridionale de l'île, avec une population d'environ 300,000 habitants, et a pour capitale *Sélangan*.

. II. Dans la *Mélanésie :*

Le royaume des îles *Fidji* ou *Viti* possède une population d'environ 100,000 habitants et a pour capitale *Mabaou*, sur la côte orientale de l'île Viti-Lebou, et pour ville principale *Port-Kinnaird*, dans l'île Obalaou.

III. Dans la *Polynésie :*

1° Le royaume de *Taïti* a un gouvernement constitutionnel et pour capitale *Papéiti*, sur la côte nord de l'île Taïti ; il est placé sous le protectorat de la France.

2° Le royaume des îles *Sandwich* ou *Hawaii*, au N., qui compte environ 60,000 habitants, comprend l'archipel de ce nom et a un gouvernement constitutionnel ; capitale : *Honolulu*, port important sur la côte de l'île Ouahoo.

IV. Dans la *Micronésie :*

L'État de *Lamoursek*, dans l'île de ce nom, appartient au groupe des îles Carolines.

Établissements étrangers.

531. Notions générales. — Plusieurs États européens ont fondé dans l'Océanie des colonies qui acquièrent chaque jour plus d'importance. Les unes sont d'utiles relâches pour la navigation dans ces mers lointaines ; les autres possèdent des mines que l'on exploite avec succès ; d'autres, très-fertiles, situées dans des contrées plus anciennement connues, ont fourni de tout temps à l'Europe les précieux produits alimentaires de leur sol.

532. Possessions anglaises. — Les Anglais ont d'importantes possessions en Océanie, surtout dans la Mélanésie. — Leur population est de 2,500,000 habitants.

I. Dans la *Mélanésie :*

1° L'*Australie* a une superficie d'environ 7,000,000 de kilomètres carrés, près des trois quarts de la superficie de l'Europe ; ce qui l'a fait considérer comme un continent. Les Anglais l'ont divisée en sept provinces, qui comptent 1,900,000 d'habitants : 1° la *Nouvelle-Galles du Sud*, au S. E., chef-lieu : *Sydney*, sur le port Jackson : 135,000 habit.; ville principale : *Botany-Bay;* — 2° la province de *Victoria,* au S. S. E., chef-lieu *Melbourne,* sur le port Phillip : 212,000 habit.; — 3° la *Queensland* ou *Terre de la Reine,* au N. E., chef-lieu : *Brisbane,* sur la baie Moreton : 20,000 habit.; — 4° l'*Australie méridionale,* chef-lieu : *Adélaïde,* sur le golfe Saint-Vincent : 31,500 habit.; — 5° l'*Australie occidentale,* chef-lieu : *Perth,* sur la baie de Melville ; port de relâche : *King-George's-Sound* ; — 6° L'*Australie septentrionale,* placée sous la dépendance de l'Australie méridionale ; chef-lieu : *Palmerston,* sur le port Darwin; — 7° l'*Alexandraland,* territoire entre l'Australie septentrionale et l'Australie méridionale. La découverte des mines d'or dans le sud-est a beaucoup contribué au développement de la colonie.

2° La *Tasmanie* ou *Terre de Van Diémen* a une population de 105,000 habit. Les principales villes sont : *Hobart-Town,* chef-lieu, port sur la côte sud-est, 20,000 habit.; et *Launceston,* port de commerce, bâtie sur la côte nord.

II. Dans la *Polynésie :*
La *Nouvelle-Zélande,* formée de deux grandes îles séparées par le détroit de Cook et de plusieurs petites, a une population de 340,000 habit. Le chef-lieu est *Auckland,* dans l'île du Nord, chef-lieu des possessions anglaises, et le principal port. Les villes principales sont : *Napier, New-Plymouth, Wellington,* également dans l'île nord; *Nelson, Picton, Blenheim, Christchurch, Akaroa, Dunedin, Invercargill,* dans l'île sud.

III. Dans la *Malaisie :*
L'île *Labouan,* au N. O. de Bornéo, a de la houille, que les Anglais exportent à Singapour et en Chine.

L'Angleterre a de plus sous son protectorat l'État de *Sarawack,* dans l'île Bornéo.

533. Possessions hollandaises. — Les colonies hollandaises, situées toutes dans la *Malaisie,* sont considérables et forment un gouvernement général, dit *des Indes Néerlandaises* ou *orientales.*—La population s'élève à 23 millions d'habitants.

1° L'île *Java,* comprenant la grande île de ce nom et plusieurs îles voisines, avec une population de 18 millions d'habit., a pour chef-lieu *Batavia*, située dans la partie ouest-nord-ouest de l'île Java et près du détroit de la Sonde, grande place de commerce, magnifique rade, port militaire, capitale des Indes néerlandaises : 100,000 habitants.

2° La *Côte ouest et sud de Sumatra*, avec quelques îles voisines, compte 1,600,000 habitants; chef-lieu : *Padang*, port situé sur la côte occidentale ; ville principale : *Bencoulen*, sur la côte sud-est, entrepôt de café et d'épices.

3° La *Côte méridionale de Bornéo*, où l'on trouve 1,100,000 habitants, a pour chef-lieu *Bandjermassing*, port maritime.

4° L'île *Célèbes*, avec plusieurs îles voisines, a une population de 360,000 habitants. La ville principale est *Macassar*, à l'extrémité sud-ouest.

5° Les établissements de *Rio* et de *Banca* comprennent un certain nombre de petites îles situées dans les environs de Sumatra, de Java et de Bornéo.

6° La *partie occidentale de Timor*, avec les petites îles voisines, a une population de 600,000 habitants et pour chef-lieu *Koupang*.

7° Les *Moluques* ont 340,000 habitants. La plus importante est *Amboine*, avec une capitale du même nom, située au fond d'une baie, dans l'île de ce nom.

8° La *partie occidentale de la Nouvelle-Guinée* a pour chef-lieu *Fort-Dubus*, port maritime, sur la côte sud.

9° Les îles *Arrou*, à l'extrémité orientale, sont le principal marché de la partie sud-est de la Malaisie.

534. Possessions espagnoles. — Les Espagnols possèdent des établissements assez considérables dans la *Malaisie*. — La population est de plus dé 6 millions d'habitants.

I. Dans la *Malaisie* :

L'archipel des îles *Philippines* est peuplé de 5,800,000 habitants. Les îles les plus importantes sont : *Luçon*, qui a pour chef-lieu *Manille*, grande ville de commerce située au fond d'une vaste baie de la côte occidentale, capitale des possessions espagnoles : 200,000 habit., et l'île *Mindanao*, qui a pour ville principale *Sélagan*.

II. Dans la *Micronésie :*

L'archipel des îles *Mariannes* a pour île principale *Guam*, chef-lieu : *Agagna*.

535. Possessions françaises. — Les Français possèdent des établissements dans la Mélanésie et la Polynésie.

I. Dans la *Mélanésie :*

La *Nouvelle-Calédonie*, entourée de récifs nombreux, compte une population de 60,000 habit. et a pour chef-lieu *Nouméa*, sur la côte méridionale. Elle est devenue un lieu de colonisation et de déportation.

II. Dans la *Polynésie :*

Les îles *Marquises* ont une population estimée à 20,000 habit. L'île principale est *Nouka-Hiva*, où se trouve le *Fort-Collet*, chef-lieu de la colonie.

Plusieurs îles de l'Océanie sont également placées sous le protectorat de la France : les îles *Taïti*, où se trouve la station de *Papéiti*, résidence du gouverneur général; les îles *Pomotou*, *Gambier* et *Toubouaï*.

536. Possessions portugaises. — Les Portugais ont dans la *Malaisie* la partie orientale de l'île *Timor;* chef-lieu : *Dilli*, et l'île *Kambing*, au N. de Timor.

537. Possessions américaines. — Les États-Unis d'Amérique possèdent plusieurs îles dans la Polynésie, dont les plus importantes sont : le groupe de l'*Union*, les îles *Phœnix*, l'île *Jervis*, l'île *Malden*, l'île *Penrhyn*, l'île *Brook*.

Terres australes.

538. Notions générales. — On donne le nom de *Terres australes* ou *antarctiques*, de *Terres polaires du Sud*, à trois groupes principaux de terres isolées et désertes que l'on rencontre, au delà du 60e degré de latitude méridionale, dans l'océan Glacial antarctique couvert de glaces fixes ou flottantes, et dont on ne connaît que les côtes.

Les Terres australes les plus importantes à citer sont : 1° dans le groupe situé au S. de l'Océanie, les *Terres Sabrina, Clarie, Adélie* et *Victoria;* — 2° dans celui au S. de l'Amérique, les *Terres Sandwich, Joinville, Louis-Philippe, Palmer* et la *Géorgie australe;* — 3° dans celui au S. de l'Afrique, la *Terre d'Enderby.*

Exercices. Le maître trace sur le tableau la carte physique de l'Océanie. Il indique les États indigènes et les possessions européennes. Les élèves copient et mettent au net.

CHAPITRE XXXII.

Histoire de la Géographie.

Monde connu des anciens. — État de la géographie au moyen âge. — État des connaissances géographiques au commencement du quinzième siècle. — Progrès des connaissances géographiques depuis le quinzième siècle. — Époques des principales découvertes des temps modernes. — Époques des découvertes contemporaines.

539. Monde connu des anciens. — Les anciens, c'est-à-dire les Grecs et les Romains, ne connaissaient qu'une partie de l'Europe, de l'Asie et de l'Afrique ; ils ignoraient l'existence de l'Amérique et de l'Océanie.

Au temps du poëte Homère (10e siècle avant J. C.), on considérait la terre comme un cercle ou disque enveloppé par le fleuve Océan. La Grèce occupait le milieu du disque : elle avait au S. E. et à l'E. l'île de Crète, l'île de Chypre et la presqu'île de l'Asie Mineure; à l'O., la Sicile ou Trinacrie et l'Hespérie ou pays du Couchant; au N. E., la Colchide; au N., la Thrace; au S., l'Égypte et la Libye. Le reste, dans les quatre directions, ne présentait que des traditions incertaines.

Au temps de l'historien Hérodote (5e siècle avant J. C.), le monde était divisé en deux parties : l'Europe et l'Asie. L'Europe s'étendait jusqu'au Borysthène (Dniéper) et au Tanaïs (Don); elle comprenait la Grèce avec ses îles; l'Épire, la Thrace, l'Illyrie, l'Italie ou Petite Hespérie, l'Hispanie ou Grande Hespérie et la Scythie. L'Asie s'étendait jusqu'à la mer

Caspienne, l'Indus et le Nil, et comprenait l'Asie Mineure, la Perse, l'Inde, l'Asie centrale, l'Arabie, l'Égypte, la Libye et l'Éthiopie.

A l'époque du géographe Ératosthène (3e siècle avant J. C.), les voyages des Phéniciens et des Carthaginois et l'expédition d'Alexandre avaient fait progresser la science géographique. La terre était alors divisée en trois parties : l'Europe, l'Asie et la Libye (depuis nommée Afrique). A l'O. du continent se trouvait la mer Atlantique occidentale, avec les îles Fortunées (Canaries) et l'île d'Albion (Grande-Bretagne); au N., l'océan Septentrional ou Scythique, qu'on croyait uni par un détroit à la mer Caspienne; à l'E., la mer Atlantique orientale où se perdait le Gange; au S., la mer Érythrée (mer des Indes) et l'île de Taprobane (Ceylan). Ératosthène dressait une mappemonde d'après les longitudes et les latitudes, et Hipparque divisait le globe terrestre en 360 degrés.

Au temps des géographes Strabon, Pline et Ptolémée (1er et 2e siècles de J. C.), la géographie fit de nouveaux progrès à la suite des conquêtes des Romains. Le monde formait trois parties : l'Europe, l'Asie et l'Afrique. A l'O. se trouvait l'océan Atlantique, appelé au S. O. océan Éthiopique (golfe de Guinée); au N., l'océan Hyperboréen ou mer Paresseuse. La Chersonèse Cimbrique (Danemark) et la Scandinavie (Suède), qu'on prenait pour des îles, et la mer Baltique étaient connues très-imparfaitement. A l'E., on entrevoyait la Chersonèse d'Or, le pays de Siam et la Chine; au S. se trouvait l'océan Indien. L'intérieur de l'Afrique paraissait étendu, mais on n'avait aucune notion certaine sur cette contrée déserte.

540. État de la géographie au moyen âge. — Les invasions des barbares du Nord et de l'Est projetèrent, au 4e siècle, quelques lumières sur les contrées d'où ils sortaient; et les voyages et conquêtes des Arabes, jusqu'aux Indes en Asie et au Niger en Afrique, pendant les premiers siècles du moyen âge, étendirent les connaissances géographiques sur le nord et le sud-est de l'Asie et sur le nord et l'ouest de l'Afrique. Au 10e siècle, les expéditions des Normands scandinaves firent connaître la Prusse, la Scandinavie, la Finlande et la Russie; ils découvrirent aussi et colonisèrent le Groënland, qui fut oublié presque aussitôt que trouvé; ils abordèrent même à Terre-Neuve et sur la côte nord-est du nouveau continent. La géographie moderne de l'Asie, au centre, à l'est et au sud, fut fixée au 13e siècle par l'Italien Du Plan-Carpin, le Flamand Rubruquis et surtout par le Vénitien Marco-Polo. Au 14e siècle, des Français, les Dieppois, dont le commerce maritime était fort important, découvrirent en Afrique les îles du Cap-Vert, les Canaries et la côte de Guinée (1364).

541. État des connaissances géographiques au commencement du quinzième siècle. — D'après les cartes grossières dessinées au 14e siècle, l'Europe, l'Asie et l'Afrique étaient supposées former une grande île : la plupart des contrées de l'Europe étaient à peu près telles que nous les voyons aujourd'hui; l'Asie assez bien représentée dans la partie centrale et orientale; l'Afrique terminée au nord de l'équateur et baignée de ce côté par la mer.

542. Progrès des connaissances géographiques depuis le quinzième siècle. — Au 15e et au 16e siècle, les progrès de l'art de la navigation, l'invention de la boussole, le développement du commerce international, et aussi le désir de propager l'Évangile, font entreprendre de lointaines expéditions maritimes et produisent la grande époque des découvertes géographiques. Les Portugais doublent en 1417 le cap Nun, qui avait été jusqu'au 15e siècle le terme de la navigation dans l'océan Atlantique; sous la conduite de Barthélemy Diaz, ils abordent au cap de Bonne-Espérance (1486), s'ouvrant ainsi par mer le chemin vers les Indes. Les Espagnols, sous la direction du Génois Christophe Colomb, cherchent le même chemin en naviguant à l'ouest et découvrent l'Amérique (1492), d'abord les îles de la mer des Antilles, puis les côtes de la partie centrale du continent. Les Portugais doublent le cap de Bonne-Espérance, sous la conduite de Vasco de Gama (1497), et arrivent aux Indes, où ils explorent successivement l'Hindoustan, l'Indo-Chine (1511), les îles de la Malaisie (1513), la Chine (1516), l'Australie (1528) et le Japon (1543). Les Espagnols, sous le commandement du Portugais Magellan, arrivent à leur tour aux Indes en doublant le cap Horn (1520), découvrent une partie des îles de l'Océanie (1521), font le premier tour du monde et reviennent par le cap de Bonne-Espérance. Les Anglais

19.

essayent une nouvelle route par le nord en passant de l'océan Pacifique dans l'océan Glacial arctique, tentative qui ne devait réussir qu'au 19e siècle, mais qui eut pour résultat immédiat de relever les côtes septentrionales de l'Amérique en pénétrant dans la mer de Baffin et dans la mer d'Hudson (1616). Tout ce qui avait échappé aux anciens était enfin connu.

543. Époques des principales découvertes des temps modernes. — Les Portugais commencèrent les découvertes en relevant les côtes de l'Afrique occidentale. Nuño Tristan aborda le cap Blanc en 1441; Vello, les Açores en 1448; Nolly, les îles du Cap-Vert en 1449. Santarem et Escovar explorèrent les côtes de la Guinée en 1455. Cam aborda au Congo en 1472; Barthélemy Diaz, au cap de Bonne-Espérance en 1486.

Christophe Colomb partit de Palos, port d'Espagne, le 3 août 1492 et découvrit, le 12 octobre, la première terre de l'Amérique, l'île de Guanahani, l'une des Lucayes, qu'il appela San-Salvador, et en 1497, plusieurs des Antilles. Vasco de Gama doubla le premier le cap de Bonne-Espérance en 1497, explora la côte orientale de l'Afrique et les Indes en 1498. Jean Cabot découvrit Terre-Neuve, le Labrador et le littoral des États-Unis en 1497. Améric Vespuce aborda sur la côte nord de l'Amérique du Sud en 1499. Pinçon et Cabral découvrirent le Brésil en 1500. Noya aborda l'île Sainte-Hélène en 1502; Albuquerque, Zanzibar et Socotora en 1503; Alméida, l'île de Ceylan, et Acunha, l'île de Madagascar en 1506; Siqueira, le Malacca et Sumatra en 1508; Abreu, les îles de la Sonde et les Moluques en 1511. Balboa découvrit l'isthme de Darien et le Grand Océan en 1513; Pérez, le Pérou en 1515, conquis en 1532 par Pizarre; Diaz de Solis, la Plata en 1516; Andra, la Chine en 1516; Pinto, le Yucatan en 1517; Grijalva, le Mexique en 1518, conquis en 1520 par Fernand Cortez.

Magellan découvrit en 1520 la Terre de Feu et le détroit qui porte son nom, par lequel il entra dans l'océan Pacifique; il le traversa en entier et aborda aux îles Mariannes et aux îles Philippines en 1521. Bermudez aborda les Bermudes en 1527; Valaneta, la Nouvelle-Guinée en 1528; Jacques Cartier, le Canada en 1535; Fernand Cortez, la Californie en 1536; Almagro, le Chili en 1534; Roberval l'Acadie en 1541; Souza et Pinto, le Cambodge et les îles Lieou-Khieou en 1541; Borello et Pinto, le Japon, et Alvarédo, le fleuve Mississipi en 1543. Mendaña découvrit les îles Salomon en 1568 et les îles Marquises en 1595 ; Davis, le détroit de Davis en 1587 ; Barentz, la Nouvelle-Zemble en 1596. Quiros explora les îles Taïti en 1605 ; Hartighs, l'Australie ou Nouvelle-Hollande en 1606 ; Hudson, le détroit d'Hudson en 1607 ; Baffin, la baie de Baffin en 1610 ; Lemaire découvrit le cap Horn en 1616 ; Tasman, la Tasmanie ou Terre de Van Diémen, la Nouvelle-Zélande et la Nouvelle-Guinée en 1612 ; Cavelier de la Salle, la Louisiane en 1670 ; Dampier, l'île de la Nouvelle-Bretagne en 1700 ; Behring, le détroit de Behring et les côtes du Kamtchatka en 1728 ; Bougainville, les archipels des Navigateurs et de la Louisiade en 1768 ; Cook, la Nouvelle-Calédonie en 1774 et les îles Sandwich en 1775. Ici s'arrête la première période de l'histoire des grandes découvertes des temps modernes.

Découvertes contemporaines. — La période contemporaine a été signalée par de grandes découvertes dans toutes les parties de l'univers. Dans la direction du pôle nord, de hardis marins ont cherché un passage nord-ouest qui permît de passer de l'océan Atlantique dans l'océan Pacifique par la mer de Baffin et les terres arctiques. Kotzebue découvrit en 1815 les îles Laurent et Chamisso ; Ross découvrit la baie de Melville en 1819, le pôle magnétique et la presqu'île de Boothia (1829-1833). Parry trouva la baie du Prince Régent et la terre de Banks (1819-1820), et le détroit de la Fury et de l'Hécla (1821-1823). En 1827 il pénétra au nord du Spitzberg jusqu'à 82° 45′ de latitude nord. Sir John Franklin, parti d'Angleterre en 1845, disparut sans qu'on entendit désormais parler de lui. De nombreux voyages furent entrepris dans le but d'aller à sa recherche. Dans l'un d'eux, le capitaine Mac Clure découvrit en 1850 le passage nord-ouest, que la glace rend impraticable. Le docteur américain Kane et son lieutenant Morton trouvèrent en 1854 à l'ouest du Groënland une mer libre s'étendant au delà du cap Constitution vers le pôle. Mac Clintock découvrit en 1859 une boîte de fer blanc contenant la relation de la mort de Franklin laissée au cap Victory par les survivants de son équipage. Franklin était mort en 1847 ; son équipage mourut de faim après lui. En 1861, le docteur Hayes parvint au bord de la mer de Kane à 81° 35′ de latitude nord. Un autre Américain, Hall, arriva dans la même direction, en 1871, à 82° 16'. L'Allemand Petermann (1868-70) et après lui le Suédois Nordenskjœld explorèrent le Spitzberg. Enfin de 1872 à 1874, les lieutenants autrichiens Payer et Weyprecht découvrirent entre 79° 43' et 83° de latitude nord la terre François-Joseph.

Dans la direction du pôle sud, Biscoe découvrit la terre de Graham; Enderby, la terre d'Enderby, en 1830 ; Balleny, la terre Sabrina en 1839 ; Dumont d'Urville, la terre Louis-Philippe, la terre Adélie et la terre Clarie en 1840 ; Ross, la terre Victoria en 1841.

En Asie, Jaubert explora l'Arménie et la Perse (1805-1806), la Sibérie (1805-1808) ; Victor Jacquemont explora l'Hindoustan (1828-1832); le père Huc parcourut le Thibet (1839-1844). Le capitaine Lagrée et le lieutenant Garnier visitèrent l'Indo-Chine et le Laos (1866-1873). L'abbé Armand David parcourut la moitié de la Chine (1860-1872). Le colonel Gordon explora le plateau de Pamir à l'est du Turkestan (1873-1874).

En Afrique, Mungo Parck (1805) et Richard Lander (1824-1827) visitèrent la vallée du Niger. Denham découvrit le lac Tchad ; René Caillié en 1827 et Henri Barth en 1854 parvinrent à Tombouctou. Burton découvrit en 1858 le lac Tanganyika. Speke en 1858 découvrit le lac Victoria ou Victoria Nyanza d'où sort le Nil. Baker en 1864 parvint au bord du lac Albert ou Albert Nyanza dont les eaux contribuent aussi à former le Nil. M. d'Héricourt parcourut l'Abyssinie (1839-1845) ; les dames Tinné en 1863, MM. Schweinfurth (1868-1871) et Nachtigal (1868-1874) explorèrent la Nubie, le Darfour et le Kordofan. Le docteur Livingstone, le plus célèbre des voyageurs contemporains, parcourut pendant plus de trente ans (1840-1873), jusqu'à sa mort, toute l'Afrique méridionale entre le cap de Bonne-Espérance et le lac Tanganyika ; il explora le désert de Kalahari, le lac N'gami, les bords du Chobé, du Casaï, du Congo, du Zambèze, trouva la chute Victoria, le lac Nyassa, et finit par mourir à Ujiji, au bord du lac Tanganyika, après avoir reconnu cinq autres lacs à l'ouest de celui-ci. Le lieutenant anglais Cameron a traversé l'Afrique, de 1873 à 1875, depuis la côte de Zanzibar sur l'océan Indien jusqu'à celle de Loanda sur l'Atlantique, c'est-à-dire de l'est à l'ouest, et a découvert que les eaux du lac Tanganyika se déversent à l'ouest dans le Louvoubou, affluent du Loualaba, qui est sans doute un affluent du Zaïre, s'il n'en est le cours même. Un Américain, M. Stanley, qui avait fait un premier voyage en 1872 à la recherche de Livingstone, qu'il avait en effet rencontré, explore actuellement l'intérieur de l'Afrique. M. Alfred Grandidier a visité Madagascar (1865-1870). MM. Marche et de Compiègne ont parcouru au nord du Congo, sur la côte du Gabon, les bords de l'Ogooué, dont M. Marche continue aujourd'hui l'exploration avec M. Savorgnan de Brazza.

L'Amérique fut visitée par Alexandre de Humboldt (1800-1804). Agassis parcourut le Pérou ; Mackensie le fleuve Mackensie (1789-1793). Back découvrit en 1834 la rivière qui a reçu son nom. En 1842 Fremont traversa les montagnes Rocheuses, découvrit le Grand lac salé et la sierra Nevada. Enfin en 1870 et 1871, le lieutenant Doane, M. Longford et le docteur Hayden explorèrent vers les sources du Missouri et le lac Yellowstone la vallée de Firehole, qui renferme plus de quinze cents geysers, et qu'un décret du congrès américain a depuis déclarée Parc national des États-Unis.

L'Océanie a été explorée dans toutes ses parties par La Pérouse (1785-1788), Quadra et Vancouver (1791-1795), d'Entrecasteaux (1791-95), Flinders (1798-1803). Freycinet (1817-1820), Duperrey (1822-1825), Dupetit-Thouars (1837-1839), Dumont d'Urville (1826-1840), explorèrent toutes les parties du Pacifique. Burks, Wills, Gray et Kingen, en 1860-1861, Macdonald Stuart, de 1860 à 1862, traversèrent l'Australie du sud au nord. Giles visita l'intérieur de l'Australie.

Exercices. Le maître trace une carte du monde connu des anciens. Il trace ensuite une mappemonde et passe à la géographie du moyen âge, à celle du quinzième siècle et des suivants, et explique les dernières découvertes. Les élèves copient et mettent au net.

FIN.

TABLE DES MATIÈRES.

Cartes murales publiées à la librairie Delalain :

Carte murale écrite de la France, physique et politique, coloriée
à teintes plates, par bassins, avec lisérés pour les départements,
de 2 mètres de large sur 1 mètre 50 cent. de haut (3 mètres
carrés), par *MM. Morin* et *Engelmann,* géographes : nouvelle
édition.

Carte murale écrite de l'Europe, physique et politique, coloriée
à teintes plates, de 2 mètres 50 cent. de large sur 2 mètres de
haut (5 mètres carrés), par *MM. Morin* et *Engelmann,* géographes : nouvelle édition.

Mappemonde murale terrestre ou Planisphère, sur la projection
de Mercator, de 2 mètres 90 cent. de large sur 2 mètres
10 cent. de haut (6 mètres carrés), par *MM. Morin* et *Engelmann,* géographes, en 30 feuilles format carré, coloriées à
teintes plates.

Mappemonde terrestre murale, coloriée à teintes plates, de
1 mètre 75 cent. de large sur 1 mètre 10 cent. de haut (2 mètres
carrés), par *M. Velay,* professeur d'histoire et de géographie :
nouvelle édition.

Mappemonde céleste murale, coloriée à teintes plates, de 1 mètre
75 cent. de large sur 1 mètre 10 cent. de haut (2 mètres carrés),
par *M. Velay,* professeur d'histoire et de géographie : nouvelle
édition.

Géographie de la France et de ses colonies, physique, historique, politique, administrative et économique, rédigée conformément aux programmes officiels, par *M. L. Sanis,* professeur spécial de géographie des collèges de Paris : 5e édition, revue et modifiée ; 1 vol. in-12. — 1 f. 75 c.

Petite Géographie de la France et de ses colonies, *à l'usage des élèves des classes élémentaires,* par *M. L. Sanis :* 6e édition ; in-18. — 60 c.

Petite Géographie générale, suivie de la Géographie de la Terre Sainte, *à l'usage des élèves des classes élémentaires,* par *M. L. Sanis :* 7e édition ; in-18. — 60 c.

Atlas élémentaire de Géographie Contemporaine (Nouvel), *à l'usage des classes élémentaires,* composé de 10 belles planches gravées sur acier, coloriées à teintes plates avec lisérés, et contenant 20 cartes, par *M. H. Chevallier,* professeur agrégé d'histoire et de géographie ; 1 vol. in-folio. — 4 f. 50 c.

Atlas complet de Géographie Contemporaine (Nouvel), *à l'usage des classes de grammaire et des classes supérieures,* composé de 20 belles planches gravées sur acier, coloriées à teintes plates avec lisérés, et contenant 32 cartes, publié par *M. H. Chevallier,* professeur agrégé d'histoire et de géographie ; 1 vol. in-folio. — 8 f. Chaque planche se vend séparément, 50 c.

Atlas orographique et hydrographique des Bassins des grands fleuves de la France et de l'Europe qui ont été le théâtre des opérations militaires dans les temps modernes, composé de 10 planches reproduisant 26 bassins, par *M. A. Vuillemin,* géographe, officier d'académie ; in-folio oblong, imprimé à plusieurs teintes en chromo-lithographie. — 6 f.

Chaque Bassin se vend séparément.

Bassins de la Seine et de la Somme, in-folio oblong,	60 c.
Bassins de la Loire et de la Charente, in-folio oblong,	60 c.
Bassins de la Garonne et de l'Adour, in-folio oblong,	60 c.
Bassins du Rhône et de la Saône, in-folio oblong,	60 c.
Bassins du Rhin, de la Meuse et de l'Escaut, in-folio oblong,	60 c.
Bassins de l'Elbe et du Weser, in-folio oblong,	60 c.
Bassins de la Vistule, du Niémen, etc., in-folio oblong,	60 c.
Bassins du Volga, du Don et de la Dwina, in-folio oblong,	60 c.
Bassin du Danube, in-folio oblong,	60 c.
Bassins du Pô et de l'Adige, in-folio oblong,	60 c.
Les mêmes, trait et montagnes, sans écriture,	40 c.